네가 나라다

세월호 세대를 위한 정치철학

네가 나라다

세월호 세대를 위한 정치철학

김상봉 지음

도서출판 길

네가 나라다
세월호 세대를 위한 정치철학

2017년 5월 20일 제1판 제1쇄 발행
2017년 7월 15일 제1판 제2쇄 발행

2017년 12월 15일 제1판 제3쇄 인쇄
2017년 12월 20일 제1판 제3쇄 발행

지은이 | 김상봉
펴낸이 | 박우정

편집 | 권나명
전산 | 한향림

펴낸곳 | 도서출판 길
주소 | 06032 서울 강남구 도산대로 25길 16 우리빌딩 201호
전화 | 02) 595-3153   팩스 | 02) 595-3165

등록 | 1997년 6월 17일 제113호

ⓒ 김상봉, 2017. Printed in Seoul, Korea

ISBN 978-89-6445-141-0 03100

고호석 선생에게

폭력이 지배하던 세상에서
'사랑 공화국'을 꿈꾸던 벗이여,
다만 사랑의 나라를 꿈꾼 죄로
네가 고문당할 때,
같이 꿈만 꾸었던 나는
네 곁에 없었으니,
부끄러움이 아니었으면
내겐 고향의 추억 같은 것도 없었으리.

| 머리말 |

네가 나라다
―우리의 정치적 주체성을 위하여

　책을 쓰는 것은 대답해야 할 물음이 있기 때문이다. 이 책도 그러하다. 물음은 현실에서 온다. 현실은 고통을 통해서만 현실성을 증명한다. 고통이 아니었으면 우리가 보는 현실이란 것이 가상현실 속의 파노라마에 지나지 않는다고 말하지 못할 이유도 없었을 것이다. 그러므로 현실에서 오는 물음이란 고통스러운 아우성 또는 비명이다. 아니면 절규이다. 정신이 그 비명 소리를 듣고 깨어날 때, 비로소 참된 앎이 시작된다. 아리스토텔레스가 "사람은 본성적으로 알기를 원한다"라고 말할 때의 앎이 아니라, 함석헌이 "앎은 앓음이다"라고 말했던 것과 같은 그런 앎이.
　'이게 나라냐?'―이것이 우리가 마주한 물음이다. 존재가 오직 지속 가운데서만 일어난다면, 현실도 언제나 역사 속에서 전개될 것이다. 그리하여 물음이 역사 속에서 주어진다면, 물음에도 역사가 있을 것이다. 그러나 역사는 반복이 아니다. 물음은 역사 속에서 단순히 반복되는 것이 아니고 자라고 성숙한다. '이게 나라냐?'라는 물음도 마찬가지이다. 이를테면 신경림 시인은 박정희의 유신독재가 극단의 악을 향해 치닫고 있었던 1970년대 말 발표한 시 「다시 남한강 상류에 와서」에서 절규

하듯이 반복해서 물었다. "나라란 무엇인가, 나라란 무엇인가?" 하지만 그는 이 물음을 단순히 유신독재라는 당대의 현실적 문제 상황으로부터 곧바로 제출했던 것이 아니다. 도리어 그는 근 200년 전 황사영(黃嗣永) 백서(帛書)사건을 촉발했던 조선의 천주교 박해의 역사를 유신독재라는 당대의 현실에 포개면서 황사영이 물었을 물음을 회상하는 방식으로 저 물음을 물었다. 이를 통해 시인은 반독재 투쟁의 한복판에서도 절박한 현실적 요구와 고통스러운 물음이 뿌리내리고 있는 역사적 지층을 시인에게 어울리는 고상한 방식으로 우리에게 열어 보였던 것이다.

물음을 묻는 것은 시인의 일이다. 하지만 그 물음에 대한 대답까지 시인에게 요구한다면, 그것은 염치없는 일일 것이다. 시인이 물었으면 철학자가, 아니면 과학자라도 대답을 하는 것이 마땅한 일이었겠지만, 그 물음에 누가 진지하게 대답을 했었는지 나는 기억하지 못한다. 나 또한 그때는 함석헌의 표현처럼 일개 '정신적 무산자'에 지나지 않았으니 오랜 세월 속에 쌓이고 쌓여 선지피처럼 굳어진 피눈물의 무게 아래 깊은 바닷속의 넙치처럼 정신이 납작하게 가위눌려 있을 뿐이었다.

하지만 너·나 가릴 것 없이 전체로서 회고하자면, 그 시대는 형성이 아니라 비판과 저항이 먼저 요구되던 시대였다. 참된 나라가 무엇이든지 간에, 기존의 독재 권력을 타도하는 것이 절박한 선결문제였던 것이다. 물론 그런 싸움의 한복판에서 누군가는 참된 나라를 생각하고 설계할 수 있었더라면 좋았을 것이다. 그러나 누가 고문대 위에서 철학을 할 수 있겠는가? 그때는 시대가 국가 폭력 아래 무자비하게 고문당하던 시절이었고, 성찰과 지혜보다는 희생과 용기가 먼저 요구되던 미덕이었다. 그래도 생각하면, 그 시대의 희생과 용기 덕분에 오늘날 우리는 화염병도 최루탄도 날리지 않는 광장에서 평화로이 촛불을 들고 두려움 없이 우리의 정치적 의사를 표현할 수 있게 되었으니, 지난 시대의 모든 한계에도 불구하고 그것은 그 시대가 후세에 남긴 값을 따질 수 없이 소중한 유산이다. 그리고 이 유산 위에서 우리는 비로소 차분하게 사색

할 수 있게 된 것이다.

생각과 성찰이 물음에서 시작되는 것이라면, '이게 나라냐?'라는 물음은 그런 시대적 성숙의 징표일 것이다. 왜냐하면 이 물음은 이게 나라가 아니라는 심판이면서 동시에 그렇다면 무엇이 나라인가라는 물음을 함의하고 있거니와, 이 물음을 통해 우리는 기존의 국가를 단순히 비판하고 부정하는 데서 한 걸음 더 나아가 새롭게 형성해야 할 국가의 바람직한 모습을 묻고 있기 때문이다. 그리하여 그 물음은 지금 우리 시대가 단순한 비판과 부정의 시대가 아니라 형성이 요구되는 시대임을 우리에게 일깨우고 있는 것이다.

기존의 불의한 권력을 타도하고 심판하는 것이 문제라면, 그 일은 박근혜 탄핵 및 구속과 함께 시작되었으니, 어떻게든 끝을 보게 될 것이다. 하지만 청와대의 주인이 바뀐다 해서 자동적으로 바람직한 나라가 실현되는 것은 아니다. 새로운 나라를 원한다면 나라를 새롭게 만들어야 한다. 그런데, 만들기 위해서는 설계도가 있어야 한다. 하지만 우리에게 바람직한 나라의 설계도가 있는가? 이렇게 물으면 우리들 한국인이 누리고 있는 온갖 물질적 풍요에도 불구하고 여전히 벗어나지 못한 정신적 나태와 빈곤이 부끄러워진다.

물론 지나친 자학은 금물이다. 최근 몇 달 사이 '이게 나라냐?'라는 질문이 화산처럼 터져 나오기 전에도 이게 나라가 아니라는 자각은 조금씩 확산되어왔고, 그런 자각에 따라 새로운 나라의 밑그림을 그리려는 시도도 간간이 있었다. 거슬러 올라가면, 정치학자 최장집 교수가 김대중 정부 시절에 평화적 정권 교체의 성취에도 불구하고 한국 민주주의가 직면한 한계를 예리하게 지적한 것이 벌써 2001년의 일이었다(최장집, 『민주화 이후의 민주주의』, 후마니타스). 그리고 내가 '새로운 공화국을 꿈꾸며'라는 제목 아래 『경향신문』의 지면을 빌려 박명림 교수와 주고받는 편지 형식으로 반년 이상 열세 가지 주제에 대해 바람직한 국가의 밑그림을 그려본 것이 2009년의 일이며, 그 후 우리가 처음의 원고를 보완해 『다음 국가를 말하다』라는 책을 출판한 것이 2011년이었다. 그런 뒤 나는 이 책에서 제안했던 노동자의 경영 참여에 대한 근거를 정립하기 위해 다시 2012년 봄, 『기업은 누구의 것인가』라는 책을 출판했는데, 이 무렵 나뿐만 아니라 장하준 교수를 비롯해서 많은 경제학자들이 한국의 재벌 체제를 두고 갑론을박하던 것을 독자들은 기억할 것이다. 그러고 보면 나라의 현실이 세월호처럼 침몰해가고 있던 시간에도, 미래에 대한 나름의 준비가 아주 없었던 것은 아니며, 우리가 처한 현실에 대한 다양한 염려의 목소리들이 모여 새로운 변화의 밑거름이 되었다고 말할 수도 있을 것이다.

그런 목소리들 가운데서도, 어떤 특정한 사회 분야가 아니라 바람직한 국가의 총체적 이념에 관해서 보자면 유시민의 『국가란 무엇인가』라는 책이야말로 이즈음 우리 사회에 터져 나온 '이것이 나라냐?'라는 물음의 선구였다고 나는 생각한다. 그는 이 책에서 훌륭한 국가의 표준과 척도를 구하기 위해 고금의 정치 이론과 국가의 이념을 폭넓고 진지하게 반추한다. 하지만 이 책의 미덕은 단순히 남의 이론을 알기 쉽게 전달해주는 데 있다기보다는, 다양한 이론을 우리의 현실과 문제 상황으로 소환하여 그 의미와 타당성을 음미한 데 있다. 저자는 어떤 철학자나 정치·경제 이론가를 소개하더라도 기존의 권위나 평판이 아니라 오로지 우리 현실의 모순을 치유하는 데 얼마나 도움이 되느냐를 기준으로 삼아 그들의 이론을 비판적으로 검토한다. 아마도 이처럼 자기가 처한 현실적 문제 상황에 뿌리박은 주체적인 탐구의 정신이 나 같은 학자를 위해서도 책의 한 절을 할애하게 된 이유가 아니었을까 짐작하거니와, 이런 주체적 탐구와 성찰을 통해 유시민은 우리 사회 시민적 교양의 수준을 수동적 학습자의 자리에서 능동적 질문자와 주체적 판단자의 자리로 이끌어 올리는 데 적잖이 기여했으리라고 나는 생각한다.

하지만 새로운 정부의 출범과 함께 바람직한 나라를 적극적으로 형성해야 할 과제가 우리 모두에게 주어진 지금, 이 엄중한 시대적 과제를 감당하기 위해서는 우리가 반드시 같이 이야기하고 넘어가야 할 화두가 하나 있다. 그런데 그것에 대해 이야기하기 위해 이제 우리는 국가에 대한 기존 성찰의 전반적 한계를 넘어가지 않으면 안 된다. 이를테면 유시민은 방금 소개했던 그 훌륭한 책에서 자기가 원하는 나라가 정의로운 나라라면서 이야기를 시작한다. 생각하면 이것은 지은이의 개인적인 소망이기 이전에 국가의 불의에 시달릴 대로 시달려온 대다수 한국인들의 보편적 소망의 반영이었을 것이다. 그의 책이 출판되기 전에 번역되어 나온 마이클 샌델(Michael Sandel)의 『정의란 무엇인가』라는 책이 한국 사회에서 베스트셀러가 되었던 것도 필경 그런 소박하고 선량한 소망의 한 표출이었으리라고 나는 생각한다. 나 역시 한국이 정의로운 나라가 되기를 누구 못지않게 간절히 바라는 시민의 한 사람이다. 하지만 정말로 우리가 정의로운 나라를 원한다면, 그보다 먼저 해결해야 할 선결문제가 하나 있다. 이 책은 그 선결문제에 관한 이야기이다.

국가를 향해 정의를 요구하는 것이 국가에 특별히 과도한 일을 요구하는 것은 아니다. 그것은 개인에게 착하게 살라고 요구하는 것처럼 가장 기본적인 도덕적 요구이다. 이미 플라톤에게서 기초가 놓인 것이지만 정의란 국가의 가장 기본적인 존재이유이기 때문이다. 그런데 우리가 개인이든 국가든 누군가에게 도덕적 가치에 따라 행위할 것을 요구할 때, 우리는 그 당사자가 자기 자신의 행위를 스스로 결정할 수 있는 자유와 자율성을 지니고 있는 주체적 행위자라는 것을 암묵적으로 전제하고 있다. 냉정한 형법학자들도 긴급피난권에 의한 위법성 조각 사유라는 것을 인정하거니와, 만약 누군가가 항거할 수 없는 타인의 지배나 타율적인 강제 아래서 행위할 수밖에 없는 조건이라면, 그런 행위자에게 선한 행위를 요구하는 것도 그가 저지른 악행에 대해 책임을 묻는 것도 부질없는 일일 것이다. 마찬가지로 자기의식이나 자기성찰 없이 오로지 본능에 따라 행위하는 행위자에게도 우리는 도덕적 요구를 하지도 않고 도덕적 책임을 묻지도 않는다. 배고픈 고양이가 주인이 조리하려고 꺼내놓은 부뚜막의 생선을 먹어치웠다 한들, 누가 그 동물에게 남의 물건을 먹어치웠다고 도덕적으로 비난하겠는가?

이런 사정은 우리가 국가에 정의를 요구할 때도 마찬가지이다. 아무리 등짝에 착하게 살자는 문신을 하고 있어도 보스의 명령에 따라 언제라도 살인이나 폭력을 저지를 수밖에 없는 폭력 조직의 하수인처럼, 만약 국가가 벗어날 수 없는 외부로부터의 타율적 강제 아래 있다면, 또는 국가가 아무런 사유와 성찰의 능력도 갖추지 못한 고양이처럼 한갓 본능적 욕망에 따라 이리저리 움직이는 기관에 지나지 않는다면, 그런 국가에 정의를 요구하는 것이 무슨 의미가 있겠는가?

이를테면 한국 정부가 제주의 강정 마을에 해군기지를 건설하거나, 경북 성주에 사드(THAAD) 기지를 건설할 때, 국가는 더도 덜도 아니고 용역 깡패와 다를 바 없는 불의를 시민에게 자행하게 된다. 이 불의는 미국이라는 식민 종주국에 의해 강요된 것이므로, 우리가 아무리 정의로운 나라를 원한다고 하더라도 제거되지는 않는다. 오직 한국이 미국에 대한 반(半)식민지적 예속 상태에서 벗어나 아닌 것은 아니라고 말할 수 있는 주체적이고 자립적인 국가가 될 때만 안으로도 정의로운 나라가 될 수 있는 것이다. 이런 당연한 이치를 외면하고, 국가를 주체적인 나라로 만들려는 노력 없이 정의만을 요구하는 것은 돈 몇 푼에 하청받은 폭력을 행사하는 용역 깡패들 앞에서 선(善)을 요구하는 것처럼 부질없는 일이다. 그런데 사실은 너무 많은 한국의 지식인들이 이 선결 문제를 도외시한 채, 바람직한 국가와 이상적인 정치를 논해왔다.

아마도 이런 말을 치우친 진보 지식인의 과민함 정도로 치부하면서 일본이나 독일에도 미군 기지가 있고 그에 따른 크고 작은 문제들이 일어난다고 아는 체하는 사람들이 있을 것이다. 당연히, 주권의 개념도 플라톤적인 의미에서 이데아이다. 다시 말해 장 보댕(Jean Bodin)이 확립한 근대적 주권의 이념, 곧 분할 불가능하고 침해할 수 없는 절대적 주권을 실제로 행사하는 국가는 현실에 존재하지 않는 이념적 척도인 것이다. 이런 사정은 개인의 주체성의 경우에도 마찬가지이다. 누구도 순수하게 능동적인 주체로서만 살 수는 없다. 현실 속에서 우리는 때로는 자율적 주체로서 살지만 때로는 타율적인 객체로서 살아가는 것이다. 그리고 더 나아가 개인이든 국가든 우리가 추구해야 할 주체성이 나만 주체가 되고 남은 객체가 되어야 한다는 홀로주체성이 아니라 너와의 만남 속에서 내가 주체가 되는 서로주체성인 것도 분명하다. 하지만 어떤 경우에도 주체성을 처음부터 포기하는 것이 미덕일 수는 없다. 함석헌은 우리 역사에서 백 가지 폐해가 자기를 잊어버렸다는 그 한 가지 일에서 비롯되었다고 탄식했거니와, 자기를 스스로 포기한 뒤에는 개인이든 나라든 남을 상전으로 모시고 사는 노예의 운명을 피할 수 없다. 지상의 삶에서 온전한 선이 실현 불가능한 이데아라고 해서 우리가 선을 포기하고 사는 것도 아니고 선에 대한 의무를 면제받는 것도 아니듯이, 순수한 주권의 실현이 불가능하다는 것을 핑계 삼아 어떤 나라가 군사 주권을 남의 나라에 양도하고 찾아올 생각조차 하지 않을 정도까지 이른다면, 이런 국가란 온전한 선의 실현 불가능성을 핑계로 선하게 사는 것을 처음부터 포기한 개인처럼 멸시의 대상이 될 뿐인 것이다.

하지만 단지 남의 멸시가 두려워 나라의 주권과 주체성을 세워야 한다는 말은 아니다. 스스로 주체이기를 포기한 인간은 자율적인 판단능력과 행위능력을 잃어버리고 오직 외부의 지시와 명령에 따라서만 행위하는 타율적 인간으로 전락하게 된다. 그런데 나라가 주체성을 포기하고 나면 이런 나라 안에서는 마지막엔 누구도 주체적으로 판단하고 행위하지 못할 정도로 타율성이 보편적이고도 전면적인 상황이 되기에 이른다. 모두가 누군가의 명령을 기다리는데, 그렇게 모두가 남의 명령을 기다리고 있다는 바로 그 이유 때문에, 명령을 내릴 사람은 아무도 없는 기괴한 상황이 벌어지는 것이다. 세월호가 침몰해가던 바로 그 시간에 실제로 그런 일이 일어났던 것처럼.

오늘날 한국 사회의 민낯을 가감 없이 보여준 그 사건은 우리 사회를 지배하고 있는 보편적인 타율성과 그에 따른 무책임성이 낳은 참사였다. 그 사건에 책임을 지고 무기징역을 받아 복역 중인 세월호의 선장은 이름만 선장이었을 뿐, 자기가 조종하는 배에 대해 실제로는 아무런 결정권도 갖지 못한 1년 계약의 비정규직 노동자에 지나지 않았다. 스스로 판단하고 결정할 수 있는 아무런 권한도 없는 타율성은 기계적 운동의 원리이다. 기계는 사고가 나지 않는 한 미리 입력된 명령에 따라 동일한 운동을 반복하게 된다. 이런 사정은 인간이 총체적 타율성의 구조 속에서 거대한 기계의 부품으로 전락하는 경우에도 마찬가지이다. 기계적 조직의 일부로 편입된 인간은 철저한 타율성 속에서 동일한 동작을 반복하면 그것으로 족하다. 하지만 기계가 예정된 경로에서 벗어나게 되면 그때는 누군가가 기계 아닌 인간으로서 기계를 통제하고 주체적으로 대응하지 않으면 안 된다. 그러나 세월호가 치명적으로 정상적 상태에서 이탈했을 때, 그 배 안에는 스스로 판단하고 결정을 내리며 또 그 결정에 책임을 질 수 있는 권한을 가진 사람도 없었고, 스스로 사유하고 판단할 수 있는 주체적이고 자율적인 인간도 거의 없었다. 가만히 있으라는 선내 방송에 따라 가만히 있었던 학생들부터 허둥지둥하다 혼자 살겠다고 도망친 승무원들과 선장에 이르기까지 대개는 남의 명령과 지시에 따라 움직이는 사람들뿐이었던 것이다.

배 안의 상황만 그런 것이 아니었다. 위기 상황에 적절하게 대처할 수 있도록 명령하고 지시를 내릴 수 있는 사람이 누군가 배 밖에라도 있었더라면 참사를 막을 수도 있었을 것이다. 그러나 타율성과 수동성이 보편적 삶의 문법이 된 이 나라에서 세월호의 비상 상황에 직면하여 그 상황에 적합하게 명령하고 지시할 수 있는 주체가 세월호 외부에도 없기는 마찬가지였다. 가까이 있는 해경에서부터 멀리 있는 청와대에 이르기까지 모두가 남의 명령과 지시에 따르는 타율적인 인간들뿐이었던 것이다. 지난 몇 달 동안 우리는 박근혜가 어떤 의미에서 최순실의 지시에 따르는 타율적 대통령이었는지 그 실상을 어느 정도 알게 되었거니와, 정작 그렇게 대통령을 배후에서 조종했던 최순실은 법정에서 자신은 허세에 지나지 않고 진짜 실세는 고영태와 차은택이었다고 주장했다 한다. 이런 말은 희극적으로 들리기도 하고 가증스러운 변명처럼 들리기도 하지만, 아무튼 그 속에 일말의 진실이 담겨 있지 않은 것은 아니다. 그 진실이란 우리가 살고 있는 대한민국의 국가권력의 위계 속에 있는 사람들 가운데 누구도 자율적이고 주체적인 인간이 아니었다는 것이다. 그들 모두 자율적인 판단에 입각해서 공적인 권한을 행사하고 그에 책임을 지는 주체가 아니라, 고작해야 본능의 주체 또는 탐욕과 허영의 주체에 지나지 않았던 것이다.

그런 까닭에 그 전대미문의 참사 앞에서 누구도 책임을 지고 지시하거나 명령을 내린 사람이 없었다. 이것이 유대인 학살에 대한 책임을 지고 법정에 섰던 아돌프 아이히만(Adolf Eichmann)과 세월호 법정의 이준석 선장의 차이이다. 아이히만도 이준석도 거대한 기계적 조직의 톱니바퀴이기는 마찬가지였다. 하지만 아이히만에게는 명령하는 주체가 있었고, 그는 그 명령에 따라 행위했다. 철학자 한나 아렌트(Hannah Arendt)는 그런 아이히만의 생각 없음을 비판했지만, 적어도 아이히만에게는 명령을 내리는 주체가 있었다. 하지만 이준석 선장에겐 아무도 명령하거나 지시하지 않았다. 자신이 일개 톱니바퀴로 편입되어 있었던 거대한 기계장치가 작동을 멈추었으나 누구도 그 상황에 어떻게 대처해야 할지 그에게 명령하지 않았을 때, 그는 본능에 따라 침몰하는 배를 버리고 탈출했을 뿐이다. 바지도 챙겨 입지 않은 채로.

생각이 역사 속에서 일어나는 것이라면, 국가에 대한 집단적인 성찰이 일어나는 것도 많은 경우 어떤 역사적 사건에 의해 촉발될 것이다. 그리하여 이 땅에 사는 누군가에겐 국가에 대한 성찰의 뿌리에 한국전쟁의 트라우마가 있을 것이고, 또 다른 누군가에겐 5·18의 비극적 숭고가 있을 것이지만, 지금의 젊은 세대에겐 아마도 세월호 참사야말로 국가에 대한 물음을 촉발시킨 가장 중요한 사건이었다고 해도 크게 틀리지는 않을 것이다. 이 비극적인 사건은 드러난 것은 드러난 대로, 드러나지 않은 진상은 드러나지 않은 대로 우리에게 도대체 국가란 무엇인가라는 물음을 묻지 않을 수 없게 만들었던 것이다.

이 책은 그 물음을 묻는 젊은 세대에게 기성 세대의 한 사람이 건네는 응답이다. 하지만 정확하게 말하자면 나의 답은 동문서답이다. 왜냐하면 국가란 무엇인가라는 물음에 대해 나는 네가 국가요, 네가 나라라고 대답했기 때문이다. 질문에서는 국가가 주어였는데, 대답에서는 '네'가 주어이다. 그러니 나의 답은 답이 아니다. 하지만 국가가 우리를 호명하고 지배하는 주체가 아니라 너와 나, 바로 우리 자신이 국가를 이루는 주체임을 깨닫기 전에는, 우리는 끝끝내 우리가 바라는 바람직한 나라에 도달하지 못할 것이다. 국가는 기성품으로 만들어져 주어지는 물건이 아니다. 그것은 3인칭의 대상이 아니라 1인칭의 주체이다. 그러므로 이것도 저것도 국가가 아니고, 바로 네가 국가다. 네 속에 나라가 있다. 그러니 부디 이제 국가가 무엇이냐고 묻지 말고, 내가 누구인지, 우리가 누구인지 물어라! 오직 그렇게 대상으로서의 국가에서 주체로서의 자기에게로 물음의 방향을 돌릴 때, 비로소 우리에게 새로운 나라로 통하는 길이 열릴 것이다.

이런 의미에서 이제 단순히 국가의 정의가 무엇이냐는 것과 같은 교과서적인 물음이 아니라, 정치적 주체로서 나는 누구인지, 우리가 어떤 길을 걸어 오늘에 이르게 되었는지를 물을 때가 되었다고 나는 생각한다. 왜냐하면 내가 누구인지 우리가 누구인지를 알아야 내가 무엇을 할 수 있고 우리가 무엇을 할 수 있는지도 알 수 있기 때문이다. 이 책은 그런 뜻에서 자기를 주체적 시민으로 자각하는 평범한 독자들을 위해 쉽게 읽으라고 씌어진 한국인의 정치적 자기인식에 대한 대화, 추상적으로 표현하자면 시민과 국가의 정치적 주체성에 대한 대화이다. 왜냐하면 주체성이란 자기를 돌이켜 생각하고 자기를 아는 것에서 시작되는 것이기 때문이다.

하지만 자기를 아는 것이란 자기가 걸어온 길과 걸어야 할 길을 아는 것이 아니겠는가? 그런 의미에서 나는 이 책에서 우리들 한국인이 어떤 길을 거쳐서 박근혜 탄핵이라는 놀라운 성취에 이르렀는지를 돌아보고, 앞으로 어떤 길을 우리가 걷게 될 것이며 또 걸어야 할 것인지를 내다보려 했다. 그리고 특히 새롭게 정치적으로 각성된 젊은 세대를 위해 그들이 만들어가야 할 미래의 나라를 위한 최소한의 표준과 척도를 제시하려 했다. 하지만 나는 그 표준이나 척도를 추상적이고 일반적인 이론이나 이념이 아니라, 어디까지나 우리가 함께 만들어온 역사로부터 이끌어내려고 애썼는데, 이는 오직 우리의 역사와 현실에 뿌리박고 있는 표준과 척도만이 새로운 세대가 역사를 이어가면서 현실을 형성할 수 있는 든든한 기초가 될 수 있기 때문이다.

생각하면, 지금은 태양이 정오를 향해 올라가는 시간이다. 하지만 대선이 끝나고 박근혜와 그 하수인들에 대한 사법적 처리도 어느 정도 매듭지어지고 나면, 우리는 다시 차가운 현실과 마주하게 될 것이다. 그때가 오면 우리는 다시, 현존하는 국가를 아무리 파괴하고 부정하는 과정을 거듭하더라도 부정과 파괴 그 자체만으로는 결코 새로운 나라가 세워지지 않는다는 것을 깨닫게 될 것이다. 그러므로 이제는 누군가 새롭게 형성해야 한다. 하지만 누가 새로 시작할 수 있는가? 우리 역사가 늘 그랬듯이, 오직 낡은 정신에 구속되지 않은 젊은이들이 새 역사를 쓰게 될 것이다. 이 책은 그렇게 스스로, 더불어, 새로운 나라를 형성할 마음의 준비가 된 젊은이들에게 건네는 세 개의 구슬 주머니이다.

머지않아 다시 어둡고 추운 밤이 온다. 미안하지만, 이제 너희는 그 시간을 스스로 지나야 한다. 하지만 밤은 성숙의 시간이다. 그러니 두려워 말고, 밤이 오거든 주머니를 열어라. 그리고 네 속에서 아침으로 통하는 길을 찾아라. 오직 너희가 나라다.

이 책의 형식은 대화이지만, 실은 가상의 대화이다. 처음에는 실제로 대화를 했었고, 그것을 녹취해서 다듬을 생각이었으나, 녹취록을 처음 보는 순간 나는 그것이 가능한 일이 아님을 깨달았다. 대화는 아무리 치밀하게 준비하더라도 허술한 말과 논리의 비약을 피하기 어렵다. 만약 사사로운 인터뷰라면 그런 것도 그런 것대로 의미가 있겠지만 공적인 문제에 대한 대화의 경우라면 이야기가 달라진다. 그래서 나는 예전 고명섭 선생과 대화 형식으로 『만남의 철학』을 쓸 때처럼 이 책도 실제 대화와 많은 사람의 질문을 토대로 자유로이 재구성할 수밖에 없었다. 책은 3부로 구성되어 있는데, 제1부는 40대 이상을 대화의 상대로 상정하고 썼으며, 제2, 3부는 20~30대를 대화의 상대자로 상정하고 썼다. 그리고 실제로 많은 분들이 이 대화에 직접 간접으로 참여해주었다. 우선 이상욱 선생은 처음부터 같이 책을 기획했으며, 나와 여러 차례 대화를 진행하고 그것을 녹취했다. 그런 만큼 이 책의 제목부터 시작해 행간의 도처에 그의 목소리가 숨어 있다. 광주의 '김상봉 철학 연구회—우는 씨올' 학생들이 질문을 주었고, 부산의 신운과 박태식, 서울의 박혜윤 선생께서 주변의 지인들에게 질문을 받아서 보내주었다. 특히 청년의 가난에 대한 질문은 나의 제자 서나루 선생에게서 받은 것이다. 원고를 1차로 탈고한 뒤에도 여러 분들이 읽고 의견을 주었는데, 서울의 최은경, 이다은 선생과 광주의 제자들인 이무영과 이규호 선생이 소중한 조언을 주었으며, 독일의 김경원과 김수진은 거의 논문 지도에 견줄 수 있을 만큼 여러 차례에 걸쳐 세세한 조언을 주었다. 그런 과정을 거쳐 원고를 마감한 뒤에는 편집자인 권나명 선생으로부터도 아무에게서나 받을 수 없는 소중한 교정과 조언을 받았다. 그리고 난 뒤에도 마지막으로 언론학자이신 남궁 협 교수님께 조언을 구했다. 이 모든 분들의 참여와 도움에 깊이 감사드린다.

마지막으로 덧붙이는 말 하나. 나는 이 책을 서울의 '너도 나라', 광주의 '우는 씨올'에 모인 학생들 때문에 썼다. 그대들에 대한 사랑과 믿음이 없었더라면, 내가 흐르는 물 위에 씨를 뿌리는 어리석은 수고를 이렇게 다시 반복하지는 않았을 것이다.

모두에게 평화가 있기를!

2017년 5월
광주에서
김상봉

• 차례

|머리말| 네가 나라다　　　　　　　　　　　　　　　　7

제1부 걸어온 길을 돌아보다

이론의 주체성과 미래에 대한 예측 가능성　　　25
독재국가에서 기업국가로　　　　　　　　　　　38
경제의 공공성 부재와 87년체제의 종말　　　　　50
기업국가로부터 군주국가로의 퇴행　　　　　　67
학문 및 예술과의 불화　　　　　　　　　　　　78
『조선일보』와 청와대의 불화　　　　　　　　　84
세월호, 새로운 시작　　　　　　　　　　　　　93
2016년 4월 총선과 1979년 10월 16일　　　　　104

제2부 나아갈 길을 내다보다

끝나지 않은 연극, 끝나지 않은 추태　　　　　111
마음속에 있는 나라　　　　　　　　　　　　　116
힘의 나라, 뜻의 나라　　　　　　　　　　　　129
일상의 파시즘　　　　　　　　　　　　　　　139
노동조합의 문제　　　　　　　　　　　　　　151

과거 청산의 과제와 의의	157
고갈된 기성 세대	164
선출되지 않은 권력에 대한 민주적 통제와 지방분권	175
정치에 대한 관심과 정당에 대한 무관심	181
남북 분단과 정당정치의 파행	192
통합진보당 해산 판결 또는 국가보안법에 대하여	208
이념과 사명	213
여성 또는 소수자와 국가	228
남북통일에 대한 희망	245

제3부 —— 네가 나라다

가난한 청년의 출가(出家)	255
사랑의 나라	259
한국 경제의 위기와 재벌 해체의 당위성	264
노동자의 경영 참여와 기업의 민주화	278
복지국가의 길	285
철학 없는 시대	291
김일성과 마르크스	298
새로운 철학에 대한 요청	303

― 제 1 부 ―

걸어온 길을
돌아보다

이론의 주체성과 미래에 대한 예측 가능성

박○○ 이 대화의 직접적인 계기가 된 사건이 박근혜 탄핵이니, 아무래도 선생님의 예언에서부터 이야기를 시작해야 하지 않을까 싶은데요.

김상봉 뭐, 다 지난 이야기인데요.

박 진짜, 어떻게 아셨어요?

김 그렇게 물으시니 좀 쑥스럽네요.

박 지난 몇 년 동안 꾸준하게 선생님은 저희들에게 머지않아 대규모 민중 봉기가 일어나리라면서, 박근혜 정부가 2016년까지는 버티겠지만 2017년에는 임기를 마치지 못하고 무너질 거라고 말씀하셨지요. 이번 일이 터지고 나서, 다른 누구보다 선생님 강의를 들었던 학생들 사이에서도 그 예측이 많이 화제가 되었더군요. 언론 인터뷰나 외부 강연에서도 그렇게 말씀하신 흔적이 더러 남아 있어서 저도 보았습니다만, 박근혜가 임기를 마치지 못할 것을 예측한 것이 명확하게 활자화된 것이 『경향신문』이었는데, 신문사에서도 그 예측이 놀라웠던지 선생님 인터뷰에서 그 부분만 발췌해서 한 번 더 인터넷판에서 소개했더라고요.

김　사람이 오늘만 살고 내일 죽을 것도 아니고 역사는 끝없이 이어져야 하는 건데, 그런 삶 속에서 미래를 예측하는 거야 누구라도 할 수 있고, 또 해야 하는 일이 아닌가요? 개인의 삶에서는 누구라도 내일 일을 미리 예상하고 준비하잖아요. 나랏일도 마찬가지죠.

박　그렇다면 이번 상황을 예측한 사람들이 드물었던 이유는 또 뭡니까?

김　역사의식의 결핍 때문이겠죠.

박　그런 역사의식의 결핍이나 예측의 부재에 대해, 선생님은 이유가 뭐라고 생각하십니까?

김　모두 하나의 근본 원인으로 귀착되는데, 그게 주체성의 부재 때문이에요.

박　갑자기 말이 어려워질 것 같은 불길한 예감이 드는군요.

김　별로 그렇지도 않아요. 들어보세요. 주체가 객체의 반대말이잖아요. 그런데 객체가 뭡니까? 대상이에요. 인식의 대상, 욕망의 대상 또는 행위나 작용의 대상이겠지요. 그런데 이 둘의 관계를 보면 소박하게 말해 주체가 능동적인 행위자나 작용자라면 객체는 수동적으로 그 작용을 받아들이는 대상이 되는 거지요.

그런데 사람의 경우에 어떤 때는 주체가 되기도 하고 어떤 때는 객체가 되기도 하겠지요. 그래서 주체나 객체는 고정되어 정해진 것은 아니라서 내가 능동적으로 행위할 때는 주체가 되는 거고 남으로부터 수동적으로 어떤 작용을 받아 움직일 때는 객체가 되겠지요. 이런 주체와 객체의 관계를 사람의 사회적 삶에 한번 적용해보면 어떻겠어요? 한 사람이 완벽하게 다른 사람의 지시와 명령에 따라 움직인다면, 그런 사람이 노예지요. 이에 반해 모든 것을 자기 스스로 결정하여 능동적으로 행위한다면 그게 자유인이라고 할 수 있고요.

그러니까 주체성이란 자유로운 존재 상태를 가리킨다고 말하면 되겠지요. 그 반대가 노예 상태인 거고. 쉽죠?

박　노예제도는 오래전에 폐지되지 않았습니까?

김　노예가 아니라도 우리는 노예 상태에 빠져들 수 있고 노예적인 삶을 살 수 있어요. 그래서 정신을 차려야 돼요.

박　좀 구체적으로 말씀해주시죠.

김　예를 들어 고등학생이 밤 늦게까지 자기 의사에 반하여 교사의 명령과 지시 때문에 학교에서 야간 자율학습을 해야 한다면, 그게 노예 상태지요. 한국전쟁이 일어났을 때 제주 모슬포에서, 예비검속으로 붙잡혀온 마을 사람을 향해 상관의 명령에 따라 자기 의사에 반해 총을 쏘아야 했던 병사들도 그 상황에서는 노예 상태에 있었던 거예요. 서울 지하철 구의역에서 스크린도어를 고치다가 들어오는 열차를 피하지 못하고 사망한 청년 노동자도 자기가 스스로 정하지 못한 노동조건에 매여 일할 수밖에 없었다는 점에서 노예적 상태에서 노동했던 거고요. 그 청년이 자기 집 방문을 수리하는 경우였더라면 가능한 모든 위험을 미연에 방지했겠지만, 지하철공사에서 노동할 때는 아무것도 스스로 결정할 수가 없었던 거예요. 모든 것은 타율적으로 결정되어 있고, 그는 그 결정에 따라 움직여야 했던 거지요. 그런 게 다 노예 상태인 거예요.

박　그건 알겠습니다만, 그게 미래에 대한 예측과 무슨 상관이 있습니까?

김　개인도 자유로운 상태에 있을 수도, 노예적인 상태에 있을 수도 있지만, 나라나 겨레도 마찬가지에요. 식민지 국가라면 전체로서 일제강점기 때의 조선과 조선인처럼 노예 상태에 있는 거지요. 그런데 개인이든 겨레든 노예 상태에 있을 때 나타나는 특징이 있는데, 그 가운데 하나가 공간적으로는 전체를 살피지 않고 시간적으로는 미래를 내다보지 않는다는 거예요.

박　그건 왜 그렇습니까?

김　다 부질없으니까요. 자기가 스스로 결정하고 책임져야 할 일이 아닌데, 누가 자기와 아무 상관 없는 일을 열심히 고민하고 생각하겠어요? 세계 전체를 생각하는 것은 세계 전체가 나의 일이라고 생각하는 사람들이 하는 일이고, 미래를 내다보고 예측하는 것도 미래를 스스로 형성할 수 있는 사람들이 하는 일 아니겠어요? 그런데 집단적으로 노예 상태에 처한 겨레는 세계를 형성할 수도 없고 자기를 스스로 형성할 수도 없으니까, 전체를 생각하지도 않고 미래를 내다보지도 않는 것이 정신적 습관이 되는 거예요. 생각은 전체를 둘러보는 거고 미래를 내다보는 건데, 그렇게 생각하지 않는 것이 노예적 정신의 중요한 특징이지요.

박   해방된 게 벌써 얼마나 오래전 일인데, 아직도 우리가 식민지라는 말씀입니까?

김   일본이 한국을 병합한 것이 언제였던가요?

박   1910년 아닙니까.

김   그리로 가는 과정에서 가장 결정적인 계기가 된 사건은 뭡니까?

박   아마도 1905년 을사늑약이었겠죠.

김   내용은요?

박   외교 주권과 군사 주권을 일본에 빼앗긴 것 아닙니까?

김   지금 우리 군사 주권 가지고 있나요?

박   전시작전통제권이 없으니 사실은 없다고 해야겠죠.

김   답이 나왔네요. 그래서 이 나라는 미국의 반(半)식민지인 거예요.

박   그게 미래에 대한 예측과 무슨 상관이 있는지요?

김   반식민지라는 게 스스로 자기 일을 다 결정할 수 있는 자유가 없다는 말이잖아요. 그래서 처음부터 포기하는 게 버릇이 되는 거예요. 그게 버릇이 되면 할 수 있는 것도 포기하게 되는 거지요. 요새 정치인들이 사드(THAAD, 고고도 미사일 방어체계) 얘기하는 거 들어보세요. 대다수는 처음부터 미국 앞에서 우리가 할 수 있는 것은 아무것도 없다고 생각하고 있기 때문에 사드 배치를 철회할 수 없다고 말하는 거 아니겠어요? 이렇게 되면 사드에 관해 미래를 생각할 필요가 없어지지요. 그냥 미국이 하라는 대로 해야지 뭐, 이렇게 되는 거지요.

그런데 이게 사드 배치 하나뿐이겠어요? 나라가 전체로서 반식민지 상태에 있으니, 매사에 스스로 미래를 설계하고 형성하는 것은 고사하고 뻔하게 보이는 경우에조차 미래를 예측하고 대처하는 것이 어려워지겠지요. 어차피 내 힘으로 할 수 있는 일은 아무것도 없으니까. 생각하면, 믿기지 않는 얘기지만 1997년 겨울 외환위기 때도 나라 금고가 텅텅 비었다는 걸 사흘 전까지도 몰랐다잖아요. 고시 합격하고 경제 부처에서 일하는, 시험 치는 데는 선수인 사람들이 …….

박　고시 공부를 해서 관료 생활 하는 사람들이야 원래 아무 생각이 없는 사람들 아닌가요? 공무원들이야 상부의 명령에 따라 움직이는 사람들이라 원래 영혼이 없다잖아요. 영혼이 없으니, 생각도 못할 거고. 그런데 평생 생각하는 것이 직업인 학자나 지식인들이 미래를 예측하지 못하는 건 왜 그렇습니까? 저는 그게 이상한 거죠.

김　아무리 공무원이 상부의 결정에 따라야 한다고, 미국이나 독일의 재무부 고위 공무원이 나라 금고가 비었는지 찼는지를 모르겠어요? 한 사회의 기풍이란 건 어떤 분야에서나 비슷하게 나타나는 거예요. 그런 점에서 한국의 관료나 학자나 다를 것이 없어요. 그저 분야가 다르기 때문에 노예적 사고방식이 다르게 나타날 뿐이죠.

박　그게 어떻게 다르게 나타난다는 겁니까?

김　관료의 경우에는 권력에의 예속이고 학자의 경우엔 이론적 예속이겠죠. 보수적인 성향의 학자들은 미국의 첨단 이론으로 세상을 보려 할 거고, 진보적인 성향의 학자들은 그들대로 구미의 이른바 진보 학자들의 이론으로 세상을 보는 거죠. 이론의 예속, 이론의 매판이라는 점에서는 한 치도 다르지 않아요.

박　그게 그런데 한국의 학자나 지식인들이 미래를 예측 못하는 것과 무슨 상관이 있다는 겁니까?

김　미래는 아무렇게나 예측합니까? 아니면, 예측이 어떻게 가능하지요? 이를테면 물리적 세계에서 몇 년 뒤에 일식이 일어날 거라는 걸

어떻게 예측할 수 있답니까?

박　그야 법칙을 알기 때문이지요. 태양계의 운동법칙에 해와 달과 지구에 관한 데이터를 집어넣으면 일식도 월식도 예측할 수 있겠죠.

김　자, 그럼 역사는 어떻습니까? 먼저, 박근혜 정부가 임기를 마칠 수 있느냐 없느냐를 일식이나 월식처럼 예측할 수 있는 겁니까?

박　아니죠.

김　그러면 반대로 그것이 전혀 아무것도 예측할 수 없는 건가요?

박　글쎄요. 그렇게 물으시니까 선뜻 대답하기가 …….

김　왜요? 어렵습니까?

박　당연히 어렵죠. 무슨 법칙이 미리 주어져 있는 것도 아니고.

김　그래요? 마르크스는 역사 발전의 법칙을 말하지 않았던가요? 요새 세계체제론자들은 또 어떻습니까? 알튀세르 같은 온갖 구조주의자들도 있을 테고. 그 사람들 다 무슨 법칙과 구조에 대해 말하지 않던가요? 그 사람들 말 듣고 있으면 엄청난 확신으로 세상을 다 인식하고 있는 것처럼 보이던데. 또 우파 경제학자들은 그들대로 우리가 잘 모르는 수학 공식까지 써가면서 제법 경제 현상을 예측할 수 있는 것처럼 말하고요.

박　그런 걸 법칙이라 할 수 있는지 모르겠지만, 설령 그렇다고 하더라도 그게 한국 사회의 미래까지 예측할 수 있는 도구가 되지는 않잖아요.

김　네, 다시 답이 나왔군요. 그러니까 한국의 학자들이 한국의 미래를 예측하지 못한다면, 그건 모두 사회과학에서 이론의 주체성이 없어서 그런 거예요.

박　남의 이론으로 자기 나라를 설명하거나 예측할 수 없다는 뜻입니까?

김　당연히 그렇죠. 함석헌이 말했듯이, 다 예측할 수 있어도 역사가 아니고 전혀 예측할 수 없어도 역사가 아니에요. 그런 의미에서 보자면 이론이 아무리 주체적이라도 미래의 역사를 다 예측할 수는 없지요. 하지만 인간의 역사를 물리적 세계처럼 다 예측할 수는 없어도, 일정한 가능성의 범위 내에서 일어날 법한 일을 미리 내다보고 그에 따라 미래를 준비할 수는 있어요. 하지만 그 까닭은 역사가 물리적 세계처럼 고정된 법칙 아래 움직이기 때문이 아니고, 우리들 자신이 만들어왔고 만들어 나갈 집단적 삶의 과정이기 때문이에요. 똑같은 예측이라도 성격이 전혀 다른 거죠.

박　그 성격이 어떻게 다릅니까?

김　물리적 세계에서 예측은 인식의 주체가 인식되는 대상을 예측하는 것이지만, 역사에서 예측은 주체가 자기 자신을 예측한다는 거예요. 그런데 여기서 주체가 개인이 아니라 집단이기 때문에 확실성이 떨어지는 거지요. 만약 나 개인의 내일 일을 예측하는 거라면, 그 예측이 맞아떨어질 확률이 대단히 높겠죠. 내가 마음먹은 대로 하면 되니까요. 하지만 그 경우에도 완벽하게 예측할 수 없는 까닭은 언제라도 예상 밖의 일이 일어날 수 있기 때문이지요.

박　나랏일도 주체가 자기를 예측하는 겁니까?

김　그렇습니다. 다만 주체의 범위가 넓어지는 거예요. 내가 박근혜 정부의 미래를 예측할 때 나는 개인 또는 고립된 개별적 주체로서 예측하는 게 아니고 한국인이라는 집단적 주체의 일원으로서 예측하는 거예요. 다시 말해 '나'로서가 아니라 '우리'로서 예측하는 거지요. 더 나아가 내가 세계의 미래를 예측한다면, 나는 그때도 역시 인류의 일원으로서 예측하는 거지요. 그러나 그때마다 주체로서 주체 자신을 돌아보고 예측한다는 점에서는 다르지 않아요. 다만 내가 참여하고 있는 주체성의 범위가 넓어지면 넓어질수록 예측의 확실성은 떨어지겠지요. 나 혼자 일주일 뒤에 무엇을 할 것인지는 혼자 결정하면 그대로 실행될 수 있지만, 나를 포함해서 열 사람이 1년 뒤에 여행을 하기로 한 것은 앞의 것보다는 그대로 일어날 확률이 떨어지지 않겠어요? 이런 것과 비교하면 박근혜 정부의 미래가 어떻게 될지를 예측하는 것은 그보다는 훨씬 더 어려운 일이지요. 왜냐하면 그건 한국 사람 전체의 생각과 행위가 얽혀 있는 일이니까요.

박　그건 거의 불가능한 일처럼 보이는데요.

김　그래서 사람들이 예측할 엄두를 내지 않는 거죠. 하지만 그럼에도 불구하고 그걸 시도하는 게 학문이에요.

박　그게 어떻게 가능합니까?

김　아까 물리적 세계에서는 법칙이 있어서 예측이 가능하다고 하셨죠?

박　네, 맞습니다.

김　역사에 그런 법칙은 없지요. 그래서 물리적인 방식으로 예측할 수도 없고요. 하지만 그 대신 우리가 걸어온 길이 있어요. 다시 말해 한국인들이 만들어온 역사는 한국인들이 걸어온 길과 같아요. 그런데 사람이 걷던 길을 이어가며 계속 걷는 거지 갑자기 비약할 수는 없잖아요. 한 겨레가 단체로 같이 걷는 역사의 길도 마찬가지예요. 사회과학자들이 '경로의존성'(path dependency)이란 말을 쓰잖아요. 의미는 좀 다를 수 있지만, 역사를 전체로서 볼 때도 일종의 경로의존성이라는 게 있어요. 사람이 개인으로든 집단으로든, 걸어온 길을 걷는 거죠. 그래서 지금까지 걸어온 길을 되돌아보면 앞으로 어떤 방향으로 나아갈지가 어느 정도 가늠이 되는 거지요. 그래서 역사를 내다보기 위해서는 먼저, 우리가 어떤 길을 걸어왔는지 돌아봐야 돼요. 그런데 되돌아보면 역사의 길도 반복이 있는 게 보여요. 이를테면 민중항쟁이 그렇죠. 한국의 근현대사에서 반복해서 일어났던 민중항쟁의 공통된 성격이나 주기, 그리고 전개 과정 같은 것들이 보이지 않겠어요? 더 나아가 뒤따르는 봉기들 사이에 일종의 내적 발전 같은 것도 인식할 수 있는 거지요. 처음엔 국가 폭력을 피해 도망치고 유랑걸식하던 민중이 도둑이 되고, 소수의 도둑의 발호가 민중들의 대규모 민란으로 탈바꿈하고, 반란의 폭도들이 새로운 종교와 이상을 내걸고 무기를 든 농민군으로 바뀌고, 다시 그들이 지극히 평화적인 방식으로 제국주의에 맞서 일어나고, 이런 모든 과정들 속에서 하나의 연속적 발전을 관찰할 수 있지 않겠어요?

그런데 이론적 주체성이 없으면 자기 역사를 되돌아보지 않게 돼요. 한국의 미래를 예측하기 위해서는 한국의 역사를 되돌아봐야 되고 세계의 미래를 예측하기 위해서는 인류의 역사를 되돌아봐야 하는데, 한국의 지식인들이 입에 올리는 거의 모든 이론이 서양에서 수입된 것이라 한국의 역사에 조회할 필요가 없는 것이다 보니, 역사의식이란 것이 퇴화할 수밖에 없고, 미래를 내다보지 못하게 되는 거지요. 그러면서 서양적 관점으로 비관만 하는 거지요. 사실은 한국의 민중항쟁사를 돌이켜보면 30년이 지나기 전에 반드시 거대한 봉기가 일어났는데요.

박   그리고 보니까 1987년 이후 30년 되는 해가 2017년 올해군요. 그러니까 선생님의 예측도 그것과 상관이 있었던 겁니까?

김   물론이지요. 조금 전에도 말씀드렸듯이 한국의 민중항쟁사에도 일정한 주기 같은 게 있어요. 수학적으로 딱 떨어지는 건 아니지만 아무리 길어도 30년이 지나기 전에 거대한 봉기가 일어나고 세상이 바뀌었어요. 동학농민전쟁이 1894년입니다. 3·1운동이 1919년이고요. 꼭 10년 후 1929년 일어난 광주학생운동은 광주라는 이름이 붙어서 사람들이 오해하기 쉬운데, 함석헌이 교사로 재직했던 평안북도, 아니 국경 너머 만주까지 뒤흔든 전국적 봉기였습니다. 봉건 왕조와 식민지 지배체제 아래서도 그렇게 줄기차게 봉기한 것이 우리 조상들입니다. 그 정신이 어디 갑니까? 1945년 해방 후 제주 4·3에서부터 한국전쟁을 거치면서 조금만 생각이 다르면 시민을 학살하던 야만적인 공포정치 아래서도 1960년 4·19혁명을 통해 이승만의 독재정치를 끝낸 것이 또한 우리입니다.

그런데 그런 역사가 단지 후진국의 소요만은 아니었습니다. 3·1운동은 식민 지배 아래 있는 피지배 민족이 어떻게 폭력 없이 저항할 수 있는지를 전 세계에 보여준 사건입니다. 흔히들 비폭력 저항이라 하면 간디를 먼저 생각하는데, 3·1운동 이래 4·19를 거쳐 이번의 촛불 시위에 이르기까지 우리가 보여준 비폭력 저항의 전통은 세계 어디에 내놓아도 놀라운 역사 아닙니까. 중국의 5·4운동이 일어난 것도 3·1운동이 일어난 같은 해 5월이었는데, 저는 간디나 중국의 민중들이 3·1운동을 보고 배웠다고 주장할 생각까지는 없지만, 아무 상관이 없다고 말하는 것도 과학적인 태도는 아닐 거예요. 20세기는 우리가 생각하는 것보다는 훨씬 더 밀접하게 세계가 서로 얽혀들기 시작한 시대예요. 인도의 시인 타고르가 1913년 노벨문학상을 받은 뒤 일본을 처음 방문한 것이 1916년이고, 그가 식민지 조선을 위해 처음으로 쓴 시가 발표된 것이 1917년이에요. 간디가 3·1운동을 몰랐을 수는 없지요. 바로 옆의 중국은 말할 것도 없고.

4·19의 경우에도 학생이 기존의 지배 체제를 무너뜨린 혁명의 주체로 등장한 사건으로서 세계사적으로 의미심장한 사건이에요. 그 전까지는 혁명의 주체는 늘 계급이라고 생각했잖아요. 노동계급 말이에요. 그런데 이미 19세기 말, 20세기 초에 공산주의 운동 진영 내에서 수정주의 논쟁이 시작되었고, 제2차 세계대전 이후 서구에서는 더는 정통적인 마르크스적 계급 이론을 지지할 수 없는 상황에 이르게 되지요. 그렇게 노동계급이 혁명의 주체라는 고전적인 관점이 그대로 유지되기는 어려워졌지요. 그런 시대에 서구에서 일어난 혁명이 바로 1968년의 68혁명이에요. 그 혁명이 어디서 시작되었나요? 공장이 아니라 대학이었잖아요. 낭테르 대학.

그런데 사실 1960년대에는 프랑스의 68혁명이 일어나기 전부터 미국에서 베트남전쟁에 반대하는 학생들의 데모가 요원의 불길처럼 일어났어요. 그래서 전반적으로 보았을 때, 서구의 1960년대는 학생운동의 시대였다고 말할 수 있어요. 스튜던트 파워(student power)라는 말이 그 시절 유행어 가운데 하나였지요. 그런데 이것 역시 따지고 보면 1960년

4·19에서 시작된 것 아닌가요? 우리가 학생운동의 원조 아니냐고요.

박   하하! 아마 선생님 말고는 누구도 그렇게 생각하지 않을 겁니다.

김   저 역시 프랑스 68혁명이 4·19혁명을 보고 따라한 것이라고 주장할 생각은 없어요. 그네들의 혁명의 역사에는 그네들 나름의 문맥이 있지요. 하지만 우리 역시 마찬가지죠. 우리의 민중항쟁사 역시 우리가 걸어왔던 길이고, 나름의 문맥과 문법이 있어요. 그리고 거기에 준거해서 지금 우리가 선 자리와 앞날을 내다보아야 한다는 거예요. 그러니까 지금 상황에서 대규모 저항이 일어날 것이냐 아니냐 하는 것도 그런 역사 속에서 비로소 온전히 논할 수 있는 거죠.

박   그렇다면 지금 우리가 보고 있는 촛불 시위도 따지고 보면 지난 항쟁의 역사로부터 잉태된 것이라는 말이 되겠군요.

김   그렇습니다. 서준식 선생의 『옥중서한』(1989)에 보면 당신이 처음 감옥에 들어갔을 때, 이미 수십 년 동안 옥살이를 하고 있었던 장기수 선생님들이 계셨는데, 그분들의 기억 속에서 이 땅의 민중항쟁은 1811년 홍경래 난까지 거슬러 올라가는 거였대요. 그걸 통해 그분은 처음으로 운동에도 역사가 있구나 하는 것을 깨닫고 그 앞에서 겸손을 배웠다고 하더라고요. 당연히 그 긴 역사 속에서 새로운 항쟁도 잉태되는 것인데, 태아가 세상에 나오기까지 열 달이 걸리듯이, 봉기가 터져 나오는 것도 시간이 걸리지요. 그런데 처음엔 아무 조짐도 느껴지지 않으니까, 많은 사람들이 이제 봉기는 일어나지 않는 모양이라고 생각할 수도 있겠죠. 그런 의미에서 꽤 오랫동안 한국 사회에서 일종의 비관주의 같은 게 만연해 있었다고 생각해요. 예전에 88만원 세대 담론을 한번 생각해보세요. 그게 결국 왜 요즘 젊은이들은 체제에 저항하지 않는가 하는 물음을 던지고 거기 대답한 거 아니었어요?

박   저도 그렇게 이해하고 있습니다.

김   그런데 단지 그 책뿐만 아니라 많은 지식인들이 젊은 세대의 탈정치적 경향을 우려했었지요. 이를테면 제가 2007년에 서경식 선생님과 대담을 할 때도 그게 주요한 주제 가운데 하나였어요. 서 선생님은 한국의 젊은 세대가 이전의 민주화 세대가 보여준 정치적 급진성을 상실한 것이 아닌가 하는 우려를 표명했지요.

박　선생님은 별로 걱정할 것이 없다고 답하셨지요. 그 이유가 인상적이었습니다만.

김　날 때부터 정치적인 사람이 누가 있겠어요? 정치적으로 각성되면 정치적 인간이 되는 거고, 아니면 그냥 짐승처럼 살거나 노예로 사는 거지요. 그런데 유럽 같으면 시민 교육이나 정치 교육의 전통이 공교육에서부터 확립되어 있으니까 일찍부터 정치적 인간으로 길러지는 거지만, 우리는 거기 비하면 공교육 덕분에 젊은 세대가 정치적으로 각성된다고 말하기는 어렵겠지요.

박　그런데도 염려할 필요가 없다고 말씀하셨던 이유가 뭡니까?

김　그것도 역사를 돌이켜보면 보여요. 현실이 우리 모두를 각성시키기 때문이지요. 더 정확하게 말하자면 한국의 지배 세력의 패악질이 정치에 무관심한 상태에 있던 국민을 자극하기 때문이에요. 한국에서 국가는 끊임없이 가부장적 상징을 통해 국민을 보호하는 거대 주체라도 되는 듯이 신성시되어왔지만, 그건 현실을 은폐하기 위한 이데올로기에 지나지 않아요. 실상을 말하자면 한국에서 국가는 합법적인 수탈 기구나 다름없어요. 그래서 국가와 국민 사이에 본질적인 전쟁 상태가 조성되어 있지요. 한국의 지배계급이란 더도 덜도 아니고 국가기구를 사적으로 전유해서 다수의 국민을 수탈하는 부류에 지나지 않는데, 이들이 공공심이라는 건 눈곱만큼도 없고, 무엇을 해야 하고 하지 말아야 하는지에 대한 분별도 없을 뿐만 아니라, 나쁜 짓을 할 때라도 멈추어야 할 한계가 있다는 것을 전혀 몰라요. 그래서 마지막에는 성경에 있는 말처럼 광야의 돌멩이들이 견디지 못하고 비명을 지를 때까지 악행을 멈추지 않지요. 그 결과 사회적인 악이 극단에 이르게 되고, 그렇게 되면 민중이 더는 참지 못하고 일어나게 되는 거지요. 언제나 그게 우리의 민중항쟁사의 내적 논리였어요. 불의한 현실이 우리를 각성시키고 역사가 우리를 의식화한 거예요.

박　민중이 특별히 정치적 의식을 가지고 있지 않아도 지배계급의 불의함이 봉기를 불러오게 되어 있다는 말씀이군요.

김　바로 그 말입니다. 박정희 때를 한번 생각해보세요. 그 딸처럼 아비도 막판에는 나랏일에는 관심 없고 주색잡기에 골몰했는데 처음엔 주로 미혼의 연예인들을 불러들였다 합니다. 그런데 그렇게 불려간 많은 연예인들이 그걸 또 좋아했다고 하더라고요. 일단 박정희 눈에 들면 출셋길이 열린다고 생각했던 거지요. 사람이 그렇게 어리석어요. 하지만 나중에는 유부녀들까지 불러들이기 시작했지요. 신혼 초의 연예인이 불려 들어가서 결국 이혼하는 일까지 일어날 정도였으니, 그런 권력이 유지될 수 있었겠어요? 경제는 위기로 치닫고, 결국 다른 곳도 아닌 부산과 마산에서 거대한 봉기가 일어나 그 여파로 박정희는 자기 심복에게 머리에 총을 맞고 죽었지요. 그때도 그런 일이 일어나기 직전까지 아무도 예측한 사람은 없었어요. 그런데 그런 일이 일어나더라고요.

저는 그 후 역사에 대한 섣부른 비관이나 민중에 대한 경멸을 깨끗이 버렸어요. 그리고 생각했죠. "아! 때가 되면 반드시 일어나는구나. 그때를 위해 미리 준비해야 하는구나." 그게 제가 부마항쟁에서 얻은 교훈이에요. 서경식 선생과 대담하면서 했던 말도 그거였지요. 때가 되면 일어나게 되어 있으니, 우리가 해야 할 일은 공연히 민중을 불신하고 염려하면서 부질없는 비관론을 퍼뜨리는 것이 아니고, 임박한 봉기를 견인하고 또 준비하는 거라고.

박　그때 이후로 최근 몇 년, 선생님께서 대규모 대중 봉기가 일어날 거라고, 그래서 박근혜 정부가 임기를 마치지 못할 거라고 예언해오신 것도 그런 문맥에서였다는 것이 이해가 됩니다. 하지만 동시에 저는 서경식 선생의 입장도 너무 잘 이해가 됩니다. 왜냐하면 1987년 이후 정말로 오랫동안 한국인들이 탈정치화되어온 것도 부인할 수 없는 사실이잖습니까. 저부터도 이처럼 큰 봉기가 일어날 거라고는 상상 못했었거든요.

김　그 마음 저도 이해합니다. 박정희가 그렇게 오랫동안 집권한 것 같았는데, 계산해보면 고작 18년이었습니다. 그에 비하면 1987년 이후 작년까지 29년 동안 전반적으로 보자면 한국 사회는 너무 조용했다고 말할 수 있지요. 거의 30년 동안이나 체제가 유지된 셈이니까. 하지만 그 까닭은 87년의 성과가 그만큼 위대한 것이었기 때문이에요. 이승만 독재부터 박정희 독재를 거쳐 전두환에 이르기까지 얼마나 오랫동안 우리가 독재 권력 아래서 국가 폭력에 시달렸던가요. 그런데 87년 6월 항쟁을 통해 누가 뭐래도 민주주의적 정치제도가 정착되었지요. 거리에서 화염병 대신 촛불을 들고 대통령 탄핵을 외칠 수 있는 세상이 된 거예요. 따지고 보면 이명박도 박근혜도 민주적 선거를 통해 우리가 선출한 대통령이잖아요. 그런 상황에서 부마항쟁이나 5·18 같은 봉기가 시도 때도 없이 일어나기는 어렵지요.

독재국가에서 기업국가로

박　그렇다면 그런 상황에서 머지않아 다시 거대한 봉기가 일어날 거라고 예측한 근거는 뭡니까?

김　추상적으로 말하자면 87년체제의 한계 때문이지요. 그런 까닭에 우리가 1987년 이후 걸어온 길을 더는 계속 걸을 수 없는 상황이 되리라고 보았기 때문입니다. 무언가 새로운 길을 열어 나가지 않으면 안 될 막다른 길에 봉착하리라고 생각했던 거지요.

박　그 한계가 무엇입니까?

김　한마디로 말하자면, 한국이 정치적 민주주의는 이루었으나 경제적 민주주의는 이루지 못했기 때문입니다.

박　경제적 민주주의가 뭡니까? 그것부터 좀 분명히 할 필요가 있을 것 같습니다. 예전에 김종인 씨가 박근혜 후보 캠프에 있을 때 경제민주화를 들고 나오면서 그게 사람들 입에 오르내리기 시작한 것 같은데 도무지 그 내용이 뭔지 알 수가 없어서요.

김　맞습니다. 당시 경제민주화란 구호는 경제민주화를 하지 않기 위해 내건 수사에 지나지 않았지요. 하지만 함석헌도 말했듯이 언제나 가짜는 진짜의 전조입니다. 그들이 비록 가짜였지만 경제민주화를 구호로 내걸어야 했다는 사실 자체가 그 문제의 심각성을 증명해주는 거지요. 하지만 자세한 이야기는 뒤에서도 할 수 있을 테니 여기서는 원론적인 개념에 대해서는 가장 기본적인 것만 언급하고 현상적 차원에서 문제를 드러내는 정도로 그치는 게 좋겠습니다.

박　좋습니다. 그럼 우선 경제민주화가 뭔지부터 좀 말씀해주시죠.

김　정치권력도 권력이지만 경제권력도 권력이지요. 정치적인 민주주의가 정치권력, 곧 국가권력을 국민의 민주적 통제 아래 두는 것을 의미하듯이, 한 사회가 건강하게 유지되기 위해서는 경제권력 역시 민주적 통제 아래 두어야만 합니다. 그런데 정치권력의 현실태가 국가기구로 나타난다면 경제권력의 현실태는 자본과 기업으로 나타납니다. 그러므로 정치의 민주화가 국가권력의 민주적 통제에 존립하는 것처럼, 경제의 민주화는 자본과 기업의 지배권에 대한 민주적 통제에 존립한다고 말할 수 있습니다.

박　국가권력을 민주적으로 통제한다는 것은 쉽게 이해가 됩니다만, 자본과 기업을 어떻게 민주적으로 통제할 수 있는지는 쉽게 그려지지가 않는군요.

김　바로 그것이 지금 우리가 당면한 문제입니다. 경제권력을 민주적으로 통제한다는 것이 무엇인지를 사실 우리는 상상조차 하지 못하고 살아왔던 거지요. 아무것도 상상할 수 없었으므로, 아무런 대책도 세울 수 없었고, 아무런 대책도 없었으므로, 그냥 당할 수밖에 없었던 겁니다. 그것이 87년체제의 한계였고요.

박   좋습니다. 그럼 구체적으로 경제의 민주화가 어떻게 가능한지는 나중에 다시 듣기로 하고, 지금은 거꾸로 현실의 문제 상황에서부터 시작했으면 합니다. 경제권력이 민주적으로 통제되지 않을 때 생기는 문제가 무엇인지부터 말씀해주시지요.

김   간단히 세 가지로 정리할 수 있겠습니다. 먼저 국가의 위기입니다. 만약 우리가 자본이나 이 자본이 구체화된 기업을 민주적으로 통제하지 않으면, 20세기 초 독일의 경제학자 발터 오이켄(Walter Eucken)이 누누이 경고했듯이 반드시 사적 경제권력 또는 자본권력이 국가의 정치권력을 직간접으로 장악하여, 정치적 민주주의의 기초까지 흔들리게 됩니다. 왜냐하면 기업이 대개 가족기업으로 운영되었던 19세기까지와는 달리 기업 규모가 개별 국가의 경계를 넘어 초국적기업으로 확장된 우리 시대에는 자본 또는 기업의 힘과 활동 범위가 국가의 힘이나 주권의 경계를 넘어가는 까닭에, 자본권력이 국가의 통제를 벗어나는 데 그치지 않고 거꾸로 국가가 기업 또는 자본에 도구적으로 종속될 위험이 증대됩니다. 함석헌이 말했듯이 보다 큰 단체에 보다 작은 단체는 종속될 수밖에 없는데, 현대 사회에서 때때로 국가보다 기업이 더 큰 단체이기 때문입니다.

그런데 기업의 관심은 이윤에 있으므로 국가가 기업의 도구로 전락한다는 것은 국가가 사적 이윤 추구의 도구가 된다는 말과 같습니다. 하지만 모두를 위한 공공적 기구여야 할 국가기구가 사적 이익 추구의 도구가 되는 순간 국가는 그 존재이유를 잃어버립니다. 그리고 존재이유를 상실한 국가는 반드시 현실 속에서도 존재의 위기에 봉착하게 마련입니다. 그런 위기를 피하려면 사적 이익을 추구하는 기업이 공공적 이익을 침해하지 않고 도리어 공공적 이익에 이바지하도록 제도적 수단을 강구하는 것이 산업화된 현대국가에서는 정치적 민주주의의 안정을 위해서도 필수적인 과제가 되었습니다. 그래서 이른바 선진 산업국가에서는 자기 나름의 전통과 관습에 어울리는 방식으로 자본 또는 기업 활동을 민주적으로 통제하거나 공공적으로 또는 사회적으로 규율하는 경제제도를 발전시켜왔습니다.

한국이 1987년 정치의 민주화를 이룬 뒤에 민주주의를 우리 사회에 온전히 정착시키기 위해서는 그다음 단계에서 반드시 자본이나 기업에 대한 일정한 민주적 통제와 규율의 방식을 제도적으로 확립해야만 했던 거지요. 그런데 우리는 그 일을 전혀 하지 못했습니다. 정확하게 말하자면 거의 누구도 그에 대한 문제의식 자체가 없었고, 그런 까닭에 그걸 시도조차 하지 않았습니다.

그 결과 오이켄이 염려한 상황이 그대로 한국에서 벌어졌는데, 그게 한동안 사람들 입에 자조적으로 오르내렸던 "대한민국은 삼성 공화국이다" 또는 "삼성 왕국이다" 하는 식의 말에 반영되어 있지요. 즉, 헌법에는 엄연히 대한민국의 모든 권력은 국민으로부터 나온다고 씌어 있는데, 실제로는 재벌 가문이 지배하는 국가가 되어버린 거예요. 북한에서 국가 위에 당이 있고 당 위에 수령이 있듯이, 남한에서는 국가 위에 삼성이 있고 삼성 위에 이건희가 있었던 거지요.

이렇게 해서 군부독재 국가 또는 현대판 절대군주 국가가 재벌 국가 또는 기업독재 국가가 된 거지요. 그걸 노무현 대통령이 우아하게 표현해서 권력이 청와대에서 시장으로 넘어갔다고 말했더랬지요. 하지만 정말로 권력이 시장으로 넘어갔다면 국가권력의 존재이유가 뭐랍니까? 재벌들 대리인 노릇 한다는 말밖에 더 되겠어요? 거시적으로 보자면, 바로 여기에 87년 국가체제의 실패와 한계가 놓여 있다고 말할 수 있습니다.

박   한동안 '비즈니스 프렌들리'(business friendly)라는 구호가 도처에서 유행하던 때가 생각납니다. 그런데 바보 같은 질문이기는 합니다만, 그게 왜 문제라는 겁니까? 많은 사람들이 기업이 잘되면 모두를 위해 좋은 것 아니냐고 생각할 텐데요.

김　기업국가는 공화국일 수 없습니다. 고대 로마에서 '공화국'이란 말은 원래 공공적인 일 또는 공공적인 소유물(res publica, public thing)이란 뜻을 지닌 말이었어요. 국가란 것이 공공적 기구요, 국가가 수행하는 일 역시 공공적 업무라는 것이 공화국이라는 이름에 담긴 뜻이라 할 수 있지요. 여기서 '공공적'(publicus)이라는 형용사는 원래 인민을 뜻하는 포풀루스(populus, people)라는 명사에서 파생한 형용사예요. 그러니까 공화국이란 한마디로 말해 인민의 것(res populi, the people's thing), 곧 인민에게 귀속되는, 인민을 위한 기구라는 뜻을 가지는 이름이었던 거지요. 공화정 시대 로마인들은 국가가 왕의 사적 소유물이 아니라 모든 인민 공동의 기구라는 자부심을 '레스 푸블리카'라는 이름에 담았다고 보아도 되겠지요.

그런데 나라가 기업국가가 되어버리면 기업이 국가기구를 도구로 삼아 사적 이익을 추구하기 시작하지요. 그럼 국가가 우리 모두의 나라, 모든 인민의 나라가 아니라 그들의 나라가 되어버리는 거죠. 그걸 은폐하고 기업의 이익이 국민 모두의 이익이라고 선전하기 위해 내건 구호가 '비즈니스 프렌들리'였던 거예요. 한동안 많은 사람들이 그걸 믿기도 했고요. 하지만 지금 우리는 박근혜와 최순실 그리고 이재용 덕분에 1987년 이후 한국 사회가 '우리 모두를 위한 나라'로 나아가지 못하고 소수의 재벌 가문 금수저들을 위해 철저히 도구화된 나라가 되었다는 것을 처절하게 확인하고 있는 것 아니겠습니까?

그런데 이렇게 나라가 기업국가가 되어버리면, 공화국의 원리만 훼손되는 것이 아니고 민주주의도 후퇴하게 마련입니다. 그래서 상황이 더 악화된 거지요.

박　이제 두 번째 이유로 넘어가는 건가요?

김　그렇습니다.

박　보통 사회주의 계획경제를 두고는 민주주의의 원리에 반대된다고 말하지만 시장경제는 민주주의와 같이 간다고 말하지 않나요?

김　프리드리히 하이에크(Friedrich A. Hayek)가 퍼트린 거짓말입니다. 기업의 사장을 종업원이 선거로 뽑습니까?

박　아니죠.

김　세상에서 가장 독재적인 조직이 한국의 기업이에요. 여기에 무슨 설명이나 근거가 필요한 것은 아니겠죠? 혹시 대한항공의 '땅콩 회항' 사건 같은 예를 들어 설명을 해야 하나요?

박　아뇨. 설명하지 않으셔도 한국인이면 다 이해하고 동의할 겁니다.

김　정치적 자유와 민주주의의 원리가 동시에 우리의 경제적 삶을 규율하지 못하면, 우리의 일상이 노예적 예속에 떨어지게 됩니다. 왜냐하면 광화문 광장이 아니라 우리가 일하는 직장이야말로 우리의 일상의 삶의 지평인데, 그 일상의 삶의 세계에서 우리를 지배하는 권력이 바로 경제권력이기 때문입니다. 이 경제권력을 민주적으로 통제하지 못할 경우 그 권력은 아무런 방해도 받지 않고 이윤을 위해 인간을 도구화하고 노예화하게 되는 거지요.

박　사실 광화문에서 촛불을 드는 많은 사람들이 광장에서는 주권자로서 자유로운 시민이지만 집회가 끝나고 집으로 돌아갈 때는 다시 예속된 노예의 자리로 돌아가는 것 같은 착잡한 감정을 느끼는 것도 그 때문이리라 생각합니다.

김　그런데 그런 사정이 좁은 의미의 회사나 기업에만 해당되는 것은 아닙니다. 국가가 기업국가가 되면, 나라 안의 크고 작은 공동체 조직들도 기업 조직을 닮아가게 마련이에요. 기업이 이른바 오너(owner) 한 사람의 무소불위의 권력에 의해 지배되듯이 사회 전체가 그에 동조 현상을 보이는 거지요. 군사독재 시절에는 사회가 군대에 동화되었어요. 잘 믿기지 않으시겠지만, 그 시절에 어느 사립대학에서는 총장이 월요일마다 교수와 직원을 모두 운동장에 집합시켜 구보를 시키기까지 했더랍니다. 새로 부임한 젊은 철학 교수 하나가 거기 반발해서 총장에게 대들었다가 결국 사표 내고 이민 가버린 일까지 있었어요.

그런데 민주화가 되어 이런 꼴을 더 안 볼 줄 알았는데, 그게 아닌 거예요. 나라가 온통 기업국가가 되면서 이번에는 온 사회가 군대가 아니라 기업을 닮기 시작한 거예요. 그런데 개인의 입장에서 보자면 기업은 어떤 의미에서는 군대보다 더 나빠요. 왜냐하면 군대는 그냥 상명하복이라고 지시에 순응하기만 하면 적당히 요령을 피울 수도 있지만, 기업은 독재적인 조직문화에다가 짐을 하나 더 얹어 사람을 괴롭혀요. 돈을 벌어오라고 끊임없이 닦달을 하는 거지요. 그런데 그 돈 벌어도 내 것이 되는 것도 아니에요. 다 남의 주머니로 들어가는 돈을 벌기 위해 점점 더 삶이 얽매이는 거예요.

그걸 가장 잘 보여주는 한 사례가 국립대학이에요. 총장 직선제는 민주화의 산물이었는데, 지금 그거 다 없어진 셈이죠. 그러면서 대학도 수익을 내야 한다고 끊임없이 압박을 받아요. 국립대학 교수가 그걸 실감할 정도면, 다른 곳에서 일하는 사람들은 어떻겠어요? 일상의 삶에서 예속 없이 자유롭게 살기 위해서는 아예 출근을 하지 않는 삶을 살 수 있어야만 되는 거지요. 놀고먹는 삶을 살 수 있어야 한다는 거예요. 그런데 누가 놀고먹을 수 있나요? 그리고 그것이 어떻게 정당한 삶의 방식이라고 말할 수 있겠어요? 그런데 한국이 그런 사회가 되어버린 거예요. 날 때부터 부모 재산으로 평생 놀고먹을 수 있는 인간들과 그런 놈팡이들을 부양하기 위해 평생 비정규직으로 고생해야 하는 사람들로 나뉜 거지요. 그런데 언제부터인가 보통 사람들은 너나 할 것 없이 그렇게 닦달을 당하면서 살고 있는데, 어느 날 그나마 좀 나은 미래를 위해 흙수저들이 죽어라 입시 공부에 목매고 있을 때 허구한 날 놀다가 돈으로 대학 들어간 금수저 하나가 "돈도 실력이야, 너희 부모를 원망해!" 하고 대놓고 떠들었으니, 어찌되었겠어요? 4·19와 부마항쟁과 5·18의 후예들이 결국 폭발한 거지요.

박   우울하군요. 세 번째 문제는 뭡니까?

김   기업국가의 마지막 문제는 가난이에요. 민주적으로 통제되지 않는 권력은 언제나 개인에게 독점된 권력이지요. 이건 정치권력이나 경제권력이나 마찬가지예요. 군부독재 시절에는 군부의 지배권이 오직 한 사람에게 귀속해야만 했던 것처럼, 자본권력 역시 자본의 독점을 추구하게 마련이에요. 그리고 자본은 독점 상태가 되어야 권력이 돼요. 모두가 같은 소득과 자산을 소유하고 있다면 모두 경제적으로 평등하다는 말이니까 경제권력이란 것이 출현할 수 없겠죠. 오직 집중되고 독점된 부와 자본만이 권력인 거예요. 1987년 이후 한국 사회가 고삐 풀린 기업국가, 재벌국가가 되면서 실제로 자본이 극소수의 손에 독점되거나 집중되게 되는데, 그 결과가 바로 양극화예요. 대중의 가난이죠. 돈이 소수의 손에 있으니까.

박 그런데 제 기억에 따르면 굳이 박근혜 정부나 이명박 정부 때만이 아니라 더 거슬러 올라가 김대중, 노무현 정부 시절을 생각해보더라도, 우리 사회에는 기업이 잘되면 결국 모두가 그 혜택을 보게 된다는 어떤 믿음 같은 것이 있는 듯합니다. 그러니까 기업이 부자가 되면 나도 부자가 된다는 믿음이지요. 그런데 그것이 허황한 믿음이라는 것을 알기는 알겠는데, 막상 설명하려면 참 어렵습니다. 그래서 그 믿음을 청산하는 것도 쉽지 않은 것 같고요.

김 기업이 잘되는 것과 그 기업의 노동자가 잘사는 것은 그 자체로는 아무 관계가 없습니다. 왜냐하면 기업이 잘되면 일단은 사장에게 좋은 거지 노동자에게 좋은 것은 아니니까요. 알기 쉬운 예로 어떤 식당에 손님들이 매일 줄을 서서 기다릴 정도로 장사가 잘된다 합시다. 그렇다고 종업원 임금이 그에 비례해서 올라간다는 소리 들어본 적 있습니까? 그래서 대개, 식당에서 일하시는 분들 보면 손님이 많다 해서 그다지 기쁜 표정이 아니지요. 그래봤자 몸만 더 피곤하니까. 이런 이치가 큰 회사라고 다를 것 같아요? 기업의 이윤을 위해서는 종업원의 임금은 적으면 적을수록 좋은 거니까, 그 자체로 보자면 기업의 이윤과 종업원의 임금은 일종의 모순 대립 관계에 있다고까지 말할 수 있지요. 소규모 개인 사업이든 기업이든 간에, 모든 영리업체는 업주가 자기 이익의 극대화를 추구하게 마련이기 때문에, 이미 19세기에 마르크스가 정확하게 진단했듯이 그냥 내버려두면 자본주의 사회에서 사람들 사이의 빈부의 격차가 커지는 것은 일종의 논리적 필연입니다.

박　그런데 유럽의 많은 나라들을 보면 자본주의적 경제체제를 유지하고 있지만 우리처럼 빈부 격차가 심하지는 않지 않습니까?

김　바로 그게 국가의 개입 덕분이지요. 그런데 기업국가가 되고 나면, 기업이 국가를 도구화해버려 국가가 기업의 부의 재분배 과정에 개입하기 어려워집니다. 그러면 원래 자본주의 경제의 생리대로 빈부의 격차가 진행되는데, 그 현상을 지금 우리가 실감 나게 경험하고 있는 겁니다. 설령 세계경제 전체가 호황을 누리는 시절이라서 모든 기업이 다 잘된다고 가정하더라도, 그것이 노동자에게도 좋은 결과가 되는 경우는 세 가지 정도밖에 없겠죠. 하나는 사장이 스스로 종업원의 임금을 올려주는 경우, 다른 하나는 종업원들 자신이 노동조합이나 다른 노사협의 창구를 통해 회사 이윤의 분배에 참여할 수 있는 경우, 마지막으로 국가가 개입해서 기업의 이윤을 사회적으로 재분배하는 경우입니다. 그런데 나라가 기업국가가 되고 나면 이 세 가지가 모두 어려워집니다. 국가기구를 매수한 재벌이 법인세 인하부터 시작해 온갖 수단을 동원해서 국가의 재분배 정책을 방해하고, 동시에 노동조합을 점차 무력화할 테니까요.

박　그래도 마음씨 좋은 사장들도 있을 수 있지 않습니까?

김　자본주의 사회에서 누군가가 자기 이익을 위해 남을 착취하는 것은 기업주와 노동자 사이에서만 일어나는 일이 아니고, 아무 대책 없이 내버려둘 경우에는 기업들 사이의 관계에서도 마찬가지로 일어나는 일입니다. 이건 백 가지 이론보다 그냥 사례를 들어 말하는 것이 낫겠는데, 광주 기아자동차의 종업원 평균 연봉이 1억이 넘습니다. 1차 협력업체들의 평균 연봉은 5천만 원 정도라고 알려져 있습니다. 그런데 2차

협력업체로 가보면 평균 연봉이 다시 절반 정도로 낮아집니다. 3차 협력업체까지 가면 대다수 노동자들이 연봉 2천이 되지 않는 임금을 받고 노동하는 것이 현실입니다. 이렇게 차이가 나는 주된 이유는 기업의 영업이익 자체가 차이가 나기 때문입니다. 그리고 하청업체가 영업이익을 내기 어려운 까닭은 납품을 받는 회사에서 하청회사들이 일정 수준 이상의 영업이익을 낼 수 없도록 납품 단가 등을 통해 통제하기 때문이지요. 그 강제는 겉으로는 양자 사이의 합의된 계약을 통해 이루어지지만, 실제로는 힘 있는 큰 회사의 수탈과 착취인 거지요. 그래서 실제로 아무리 마음씨 좋은 사장이라 하더라도 구조적으로 종업원의 임금을 올려줄 수 없는 것이 한국 경제의 실상입니다. 결국 이재용 같은 재벌의 자식들은 가만히 앉아서 점점 더 많은 돈을 벌어들이고 있을 때, 대다수 국민은 그만큼 더 가난해지는 거지요. 그런데 이런 상황을 악화시키는 요인이 한국 경제에는 하나 더 있습니다.

박 뭡니까?

김 다른 어떤 나라보다도 한국 사회에서는 자본이 인격적 권력으로 작용한다는 겁니다. 마르크스는 『자본』에서 자본가를 '인격화된 자본'(personifiziertes Kapital)이라 불렀는데, 이는 자본주의 경제에서 자본가의 인격성이나 주체성이 그다지 본질적인 변수가 아니라는 것을 뜻하는 말이기도 합니다. 자본주의는 비인격적인 자본의 자기 증식의 원리에 따라 움직이는 것일 뿐, 인격적 주체의 의도가 개입할 여지가 없다는 거지요.

박 선생님은 그런 입장에 대해 일관되게 반대해오신 걸로 압니다만.

김 네. 『서로주체성의 이념』(2007)에서 말했듯이, 저는 거꾸로 자본이야말로 홀로주체성의 구도 속에서 사물화된 주체라고 봅니다. 그래서 주체의 욕망에 의해 자본주의의 객관적 질서가 영향을 받고 규정된다고 생각하지요. 그리고 그것이 같은 자본주의 질서 속에서도 개별 국가에 따라 경제질서가 현저히 달라지는 결정적인 이유라고 생각하고 있습니다. 사람들은 지금 전 세계가 자본주의 경제질서 속에 있다고 말하지만, 예를 들어 독일의 경제질서와 한국의 경제체제는 약간 과장해서 말하자면 전혀 공통점이 없다고까지 말할 수 있을 정도로 차이와 이질성이 뚜렷합니다.

박   그리고 그 차이는 자본주의가 아니라 주체, 또는 더 쉽게 말해 사람에서 비롯된다는 말씀이지요?

김   그렇습니다. 한국 사회에서는 어디에서도 공공성이란 것을 찾아보기 어려운데, 특히 경제질서에서는 더 그렇습니다. 그래서 경제가 철저히 인간의 사적 욕망에 의해 규정되지요. 그런데 사람이 돈을 벌기 위해 발버둥치는 까닭이 뭐라고 생각하세요?

박   그야 잘 먹고 잘 살기 위한 것 아닙니까.

김   그건 선생님이나 저처럼 돈이 없는 사람들 생각이에요. 정말로 돈이 많은 사람들은 제 한 몸 잘 먹고 잘 살자고 돈 버는 게 아니죠. 나보다 돈을 열 배 더 번다고 해서 내가 세 끼 먹을 때 다섯 끼나 열 끼를 먹는 건 아니거든요. 물론 내가 입은 옷보다 열 배 더 비싼 옷을 입을 수도 있고 내가 타는 차보다 백 배 더 비싼 차를 탈 수도 있지요. 하지만 몸에 관계된 욕망에는 어차피 한계가 있게 마련이에요.

박   그럼 그것 말고 다른 어떤 욕망 때문에 그렇게 많은 돈을 독점하려 하는 겁니까?

김   타인을 지배하기 위해서지요. 그것이야말로 홀로주체의 진정한 욕망이에요. 돈은 먹고살기 위해서 필요한 거지요. 그런데 그걸 위해 필요한 돈이 많아봐야 얼마나 많겠어요? 그럼에도 불구하고 사람이 더 많은 돈을 바라는 건, 타인을 지배하기 위해서예요. 그래서 부가 자기 개인의 사용 범위를 넘어서면, 그때부터 그건 더 이상 재산이 아니고 권력이에요.

박   좋습니다. 그런데 그게 지금 우리가 말하는 대중의 가난과 무슨 상관이 있습니까?

김　자본이 단순히 자기 증식의 원리에 의해 증가하는 경우와 달리 홀로주체의 권력의지에 의해 독점의 길로 나아가게 되면, 대중은 단순히 자본주의의 구조에 의해 자연적으로 가난해지는 것이 아니고, 독점자본가의 주체적 의지에 의해 의도적으로 가난에 내몰리게 됩니다. 그래서 상황이 훨씬 더 악화되는 거지요. 예를 들어 지금 한국 사회에 심각한 그림자를 드리우고 있는 노동의 비정규직화는 단순히 자본주의 일반의 문제일 뿐만 아니라 한국의 경제체제의 문제이기도 합니다. 언뜻 보면 그건 어쩔 수 없는 문제인 것처럼 보이고, 또 세계화된 시장경제 질서 속에서 실제로 그런 측면이 없는 것은 아니지만, 꼭 그런 것만은 아니에요. 왜냐하면 기업주 입장에서는 그거야말로 늘 바라는 일이거든요. 모든 노동자를 비정규직으로 만들 수만 있다면 얼마나 좋겠어요? 필요한 때는 쓰고, 필요 없으면 버릴 수 있으니까. 하지만 단지 이것만이 좋은 게 아니에요. 대중이 가난하면 가난할수록 자본의 지배력은 커지지요. 그래서 가진 자가 다른 사람을 지배하기 위해서는 그 다른 사람들이 가난해야 돼요. 그리고 이를 위해서는 대중을 가난하게 만들어야겠지요. 이게 한국의 비정규직화의 근저에 놓여 있는 숨은 의도이고 객관적인 경향성이에요. 사람들이 스스로 먹고살 만하면, 남에게 고개를 숙이겠어요? 그러니까 돈으로 사람을 지배하기 위해서는 사람들 대다수를 먹고살기 힘들게 만들어야 그들이 돈 있는 사람에게 고개를 숙이겠지요. 그래서 더는 물리적 폭력으로 국민을 지배하는 것이 어려워진 민주화 이후의 기업국가에서 돈으로 사람을 지배하기 위해서는 국민을 전반적으로 가난하게 만들고 아직 살 만한 사람들에게도 끊임없이 가난의 공포를 불러일으켜 심리적으로 억누를 필요가 있지요. 이것이 재벌에 포섭된 한국 정부가 지금까지 지속적으로 추진해온 이른바 신자유주의 경제정책의 본질이에요. 그리고 잘 아시다시피 이런 경향성은 1987년 이후 누가 집권했든 그다지 차이가 없었습니다. 그 이유는 누가 집권하든 기업국가의 한계를 벗어나지 못했기 때문이지요. 그래서 이제는 근본에서 기업국가의 문제를 다시 생각할 수밖에 없는 상황이 되었다는 겁니다.

경제의 공공성 부재와 87년체제의 종말

박　말씀을 듣다 보니 문득 얼마 전에 김진태 의원이란 자가 촛불시위를 폄하하여, 경제보다 정의가 더 중요하다고 생각하는 게 미친 거라고 말했더군요.

김　그 사람처럼 자기가 먹고살 만하니까 지금 상황이 얼마나 심각한지 전혀 모르는 사람들이 여전히 많은 모양입니다. 하지만 이제 그런 선동은 약효가 다하지 않았나 싶습니다. 그가 말하는 경제가 우리와 무슨 상관이 있나요. 박정희의 권력이 내 권력이 아니었듯이, 이재용의 돈도 내 돈이 아니잖아요? 우리가 왜 그들의 경제를 걱정해야 합니까? 너무나 오랫동안 우리는 그들의 경제를 우리 모두의 경제라고 하는 거짓 선전에 속아왔습니다. 그 결과 우리는 더 가난해지고 그들은 더 부유해졌지요. 하지만 이제 그들의 경제는 그들보고 염려하라 하고 우리는 우리 자신의 살림살이를 걱정해야 할 때가 되었습니다.

박　저도 작금의 사태를 지켜보면서 이재용의 돈이 내 돈이 아니라는 그 당연한 사실을 한국인들이 또렷이 자각하고 있다는 것을 반복해서 확인하고 좀 놀라운 생각도 들었습니다. 한동안 '비즈니스 프렌들리'라는 구호 아래 재벌 기업의 이익이 전 국민의 이익인 것처럼 그렇게도 세뇌를 받았는데, 그게 약효가 없었던 걸까요?

김　약효가 없지 않았으니 이렇게 상황이 악화된 것 아니겠습니까? 하지만 동시에, 그렇게 거짓이 증폭되어 끝에 이르렀으니까 속이 빈 고무풍선처럼 터져버린 거라고 말할 수 있겠지요. 정치든 경제든 올바른 길을 걸을 때는 지속 가능하지만, 길이 아닌 곳을 우격다짐으로 걷기 시작하면 머지않아 더 나아갈 수 없는 한계에 봉착하게 되지요. 그리고 이런 경우 길 아닌 곳을 빨리 달리면 달릴수록 한계에 빨리 도달하겠지요. 지금 박근혜와 이재용의 대한민국이 그런 상황에 온 거라고 보시면 되겠습니다. 해방 이후 독재자들에 의해 계속 올바른 길에서 벗어나 더는 나아갈 수 없는 한계에 봉착한 나라를 이 땅의 시민들이 그나마 다시 앞으로 나아갈 수 있는 길 위에 올려놓은 게 1987년이었지요. 그런데 그 후 한국은 조금씩 걷기 어려운 길로 이탈해왔고, 최근 들어서는 정치와 경제가 모두 아예 걸어서는 안 되는 길, 걸을 수 없는 길로 폭주해버린 거예요. 그게 지금 우리가 마주한 위기의 핵심이라고 할 수 있습니다.

박 정치나 경제에도 걸을 수 있는 길이 있고 걸을 수 없는 길이 있다는 말씀인데, 어떤 의미에서 지금 한국의 정치·경제가 걸을 수 없는 길을 걸어온 것인지 조금 더 분명하게 말씀해주실 수 있나요? 특히 선생님은 철학자들 가운데서는 좀 예외적이랄까 아니면 특이하다 싶을 정도로 삼성 불매나 노동자 경영권은 말할 것도 없고 최근에는 광주시와 함께 전기차 생산을 기획하시는 등 경제 문제에 지속적인 관심을 가져오셨는데, 앞에서 87년체제의 한계를 한국이 기업국가가 된 것이라고 규정하면서 거론하신 현실의 여러 문제들은 드러나 있는 현상이니까 이해하기는 하겠습니다만, 그게 근본에서 우리의 정치·경제가 걸을 수 없는 길을 걸었기 때문이라고 한다면, 걸을 수 있는 길과 없는 길이 따로 있는 건지, 그렇다면 어떤 길이 걸을 수 있는 길이고 어떤 길이 없는 길인지, 그게 갑자기 궁금해져서 묻습니다.

김 사실은 지금 우리가 받아들인 정치제도와 경제제도가 모두 서양에서 온 거잖아요. 그래서 처음엔 이게 참 낯설었죠. 어찌 보면 해방 후 우리가 정치의 영역에서 겪어야 했던 모든 고통스러운 시행착오가 근본에서 보자면 그게 우리 땅에서 나고 자란 것이 아니기 때문이었다고 말할 수도 있을 거예요. 그런데 오랫동안의 반(反)독재 투쟁을 통해 한국인들은 정치적 삶의 의미는 이제 스스로 깨우쳤다고 자부할 수 있을 거예요. 하지만 경제에 관해서는 아직도 우리가 걸음마 단계에 있다고 해야 할 거예요.

박   아니 한국이 세계적으로도 첨단의 산업국가이고 경제규모로도 열 손가락 안에 드는 나라인데, 우리가 경제에서 걸음마 단계에 있다는 게 말이 됩니까?

김   정치의 영역에서 한국인이 백성이나 머슴이 아니라 시민이 된 게 그리 오래된 일이 아니잖아요. 사실은 지금 광장에서 부딪히고 있는 촛불 시위대와 탄핵반대 시위대의 대립은 단순히 박근혜 하나를 두고 벌어지는 대립이 아니라 시민과 백성의 충돌이라고 말할 수 있는 거지요. 국가의 머슴과 백성이 시민이 되는 것이 그렇게 어려운 일입니다. 아직도 백성이 다 없어지지 않았으니까요. 헌법에 민주공화국이라고 명시되어 있다고 해서 민주공화국이 실질적으로 실현되는 것이 아니듯이, 외면적으로 아무리 첨단의 산업국가이고 경제규모가 크다 해서 나라의 경제가 온전한 길을 걷는 것은 아니에요.

박   그렇다면 한국 경제에서 무엇이 문제라는 말씀입니까?

김   한마디로 말하자면 경제의 공공성이 전혀 없는 것이 한국 경제의 근본적 문제입니다. 87년체제의 위기는 바로 거기에 있습니다. 국가가 기업국가가 되었다고 말할 수 있을 정도로 온 사회가 경제에 의해 장악되었는데, 경제질서와 그 운영 방식에 공공성이 전혀 없는 거예요. 그럼 어떻게 되겠어요? 국가 자체가 위기에 처할 게 너무 당연한 거 아니에요?

그런데 더 심각한 문제는, 한국의 현실은 그렇다 치고 학문적 이론이나 넓은 의미에서 담론의 차원에서도 경제의 공공성이라고 하는 것이 그냥 개별적인 사례에 관해서만 논의되는 정도에 머물러, 경제의 공공성이라는 문제가 정치·경제를 모두 아우르는 보편적 사회질서의 차원에서 논의되지 못하고 있다는 거예요.

예를 들어 2008년 이명박 정부 때 촛불 시위의 발단이 되었던 미국산 쇠고기 수입 건도, 박근혜 정부 들어 본격적으로 문제가 된 의료 민영화도, 그리고 이재용의 삼성 지배 구조에 관건이 되는 금융과 산업의 분리도, 더 나아가 요즘 사람들이 예전에 비해 적극적인 관심을 가지기 시작한 이른바 재벌개혁까지, 모두 크게 보면 경제의 공공성이 문제가 되는 개별적 사례들이라고 할 수 있습니다. 그런데 이런 걸 우리는 아직 하나의 원리 아래서 통합적으로 이해하고 논의하는 단계에 이르지 못했어요. 그냥 별개의 문제로 다루는 거지요. 그래서 위태로워요. 어떤 굳건한 원리가 없다면, 여기저기서 분출하는 개별적인 공격을 때마다 개별적인 논리로 방어해야 할 테니까요.

박 그래서 경제의 공공성에 대해서도 어떤 보편적인 척도를 얻기 위해 철학적인 성찰이 필요한 거군요.

김 맞습니다. 그런데 오늘날과 같은 민주주의적 국가체제가 보편적인 국가이념으로 자리잡은 것이 서양에서도 근대에 들어와서 가능했던 것처럼, 경제의 공공성이라는 것도 실은 근대국가의 형성과 함께 새롭게 등장한 이념입니다. 사실 서양의 근대가 그렇게 소란스러운 혁명의 소용돌이에 빠져들 수밖에 없었던 까닭도 정치는 정치대로 경제는 경제대로 근대적 사회질서가 새로운 것이었기 때문이지요. 거기 적응하는 것이 서양 사람들에게도 쉬운 일이 아니었던 거예요. 좀 단순화해서 말하자면 계몽주의와 시민혁명이 근대 국민국가 내에서 시민이 정치적 삶에 적응하는 과정이었다면, 19세기 이후 일어난 사회주의 운동과 공산혁명은 새롭게 등장한 경제질서에 적응하는 과정이라고 말해도 크게 틀리지 않을 거예요.

그런데 문제는 근대적 정치·경제 질서에 적응하는 과정이 아직 끝난 게 아니라는 거예요. 오늘날 우리가 보고 있는 전 지구적인 혼란은 근대적 세계질서가 전 인류에게 강요한 변화에 인류가 아직 다 적응하지 못했기 때문이에요. 트럼프의 미국도, IS의 중동도 그래서 앓는 몸살이지요. 그런데 미국이나 중동은 우리와는 조금 멀리 있으니까 실감이 나지 않을 수도 있지만, 저는 이 문맥에서 중국의 경우를 주목하라고 말하고 싶어요.

박 어떤 의미에서 중국에 주목하란 말씀입니까?

김 중국이라는 나라를 도대체 어떻게 규정할 수 있겠어요? 사람들은 소련이 붕괴된 뒤에 현실 사회주의가 끝난 것처럼 말하지만, 그럼 중국은 사회주의 국가가 아니었던가요? 여전히 공산당이 통치하고 있는 나라잖아요. 그런데 이른바 개혁·개방 이후 자본주의 시장경제에 편입되자 많은 사람들이 중국은 껍데기만 사회주의일 뿐 자본주의 국가라고 말하지만, 최근 중국의 저명한 학자가 그런 소리에 대해 중국은 마오 시대부터 이미 국가자본주의 또는 공산당 영도 하의 민족자본주의 체제였다고 하더라고요(원톄쥔, 『백 년의 급진: 중국의 현대를 성찰하다』, 114, 38쪽). 그럼 뭐가 자본주의고 뭐가 사회주의예요? 생각하면 도무지 지금까지 우리가 알고 있는 통상적 개념으로는 도저히 규정할 수 없는 국가가 중국이에요. 어차피 근대 이후 강요된 정치·경제적 변화에 인류는 각자의 상황과 조건에 따라 각자의 개성적인 방식으로 적응할 수밖에 없고, 그 과정에서 인류는 자기에게 어울리는 정치·경제 질서를 형성해 나가겠지요.

하지만 그 다양한 변이의 가능성에도 불구하고 근대 이후 한 가지는 보편적인 원칙과 척도로서 우리에게 주어져 있는데, 그것이 정치는 민주적이어야 하고 경제는 공공적이어야 한다는 거예요. 이 두 가지 원칙이야말로 근대국가를 규정하는 본질적 좌표축으로서 이 좌표축 위에서 움직이지 않으면 근대국가는 존립할 수 없어요. 그리고 거기서 정치의 민주화와 경제의 공공성이 얼마나, 어떤 방식으로 조화를 이루느냐에 따라 개성적인 균형 상태에 도달하게 되겠지요. 그런데 우리는 정치의 민주주의는 상당히 높은 수준에 이른 데 반해 경제의 공공성은 전혀 없다시피 한 정도라 아직도 사회가 균형에 이르지 못한 거예요. 그래서 흔들리는 거죠.

박 　알겠습니다. 그럼 이제 경제의 공공성이 무엇을 뜻하는지 좀 말씀해주시죠.

김 　한없이 길게 말하지 않도록 먼저 핵심을 추려서 말씀드리고 시작하는 게 좋겠습니다. 경제의 공공성이란 첫째, 정치와 경제가 분리되어 있지 않다는 것, 둘째, 국가도 경제주체라는 것, 셋째, 모든 경제활동이 전체에 의해 규정되고 전체를 위한 것이 되어야 한다는 것, 그리고 넷째, 이 원칙을 지키지 않을 때 국가와 사회 전체가 위기에 빠지게 된다는 것입니다.

그럼 이제 하나씩 살펴봅시다. 첫째로 정치와 경제가 분리되어 있지 않다는 말은 너무나 당연하게 들리지만 실은 근대 이후 경제활동의 가장 중요한 특징입니다. 왜냐하면 서양에서도 근대 이전에는 그렇지 않았거든요. 뚜렷한 대비를 위해 고대와 근대를 비교하자면, 고대에서는 경제가 집안일이었습니다. 경제주체가 가족이었던 거지요. 제가 학창시절에 읽었던 경제원론 교과서에 보면 으레 경제주체를 가계와 기업 그리고 정부라고 설명했습니다. 하지만 이건 우리 시대의 이야기일 뿐, 고대에는 기업은 없었고, 국가 또는 정부 역시 경제활동의 주체는 아니었습니다. 그래서 경제라는 말 자체의 의미가 지금과는 달랐습니다.

박 　어떻게 달랐습니까?

김 　경제를 영어로 이코노미(economy)라고 하잖아요. 그런데 그 말이 원래 고대 그리스에서 가정관리술을 뜻하는 오이코노미아(oikonomia)에서 차용한 것입니다. 이 낱말은 오이코스와 노모스라는 두 낱말이 결합해서 만들어진 것인데, 오이코스(oikos)는 집을 뜻하고 노모스(nomos)는 법이나 통치 또는 관리나 분배 같은 것을 의미합니다. 그러니까 집을 관리하는 것이 오이코노미아입니다. 그런데 여기서 집을 관리한다 할 때 집이란 건물을 뜻하는 것도 아니고 수신제가(修身齊家)라 할 때처럼 가족들 사이의 무슨 윤리적인 관계를 말하는 것도 아닙니다.

박 　그럼 뭐지요?

김 　재산입니다. 집을 관리한다는 것은 재산을 관리한다는 뜻입니다. 그래서 이 말이 나중에 근대에 와서도 자연스럽게 경제라는 말로 쓰일 수 있었던 겁니다.

박 　그렇다면 이 낱말 속에 경제가 가정 일이라는 관념이 묻어 있는 겁니까?

김 　맞습니다. 고대 그리스뿐만 아니라 로마의 경우에도 경제는 가정의 일이었습니다. 굳이 차이를 말하자면 그리스보다 로마의 경우에는 가정의 규모가 컸는데, 그 까닭은 경제의 규모가 커졌기 때문이라고 생각하시면 크게 틀리지 않을 겁니다. 로마에서 영어의 패밀리(family)에 해당하는 파밀리아(familia)라는 말은 오늘날 우리가 생각하는 혈연공동체일 뿐만 아니라 노예까지 포함해서 같이 일하고 같이 먹는 사람들의 경제공동체이기도 했습니다. 따지고 보면 우리말에 가족 구성원들을 가리켜 식구(食口)라고 표현하는 것도 비슷한 관념의 표현이겠지요.

그런데 지금 이 문맥에서 우리의 논의를 위해 중요한 점 하나를 강조하자면, 서양 고대 사회에서 경제가 집안일이었다는 것은 그것이 나랏일이 아니었다는 것을 의미합니다. 다시 말해 정치는 먹고사는 문제와는 상관없는 활동이었습니다. 그리고 국가는 경제 문제에는 무관심했던 거지요. 먹고사는 것은 시민들이 가정의 차원에서 해결해야 할 문제였던 거지요. 이런 분리는 언어에도 반영되어 있는데, 그리스어에서 오이코스의 반대말이 폴리스(polis)입니다. 그리고 오이코노미아가 재산을 관리하는 가정 일이라면, 폴리테이아(politeia)는 폴리스, 곧 나라의 형태나 정부 또는 넓은 의미의 나랏일이었던 거지요. 이상적인 국가를 논한 것으로 잘 알려진 플라톤의 대화편 『국가』의 원래 제목이 '폴리테이아'인데 이 책에서 플라톤은 국가의 최소 규모를 일종의 경제적 분업을 통해 확정하기는 하지만, 분업화된 경제적 활동의 상호 관계에 대해서는 아무런 관심도 보이지 않았습니다. 그런 의미에서 경제적 활동 그 자체에 대해서는 무관심했던 거지요.

박   재밌군요. 1992년 미국 대선에서 빌 클린턴이 "문제는 경제야, 바보!"(It's the economy, stupid!)라는 말로 돌풍을 일으켰던 것으로 기억합니다만, 어느 나라든 우리 시대에는 경제 문제야말로 가장 중요한 정치적 의제 아닙니까? 그럼 고대 사회에서는 국가의 존재이유는 무엇이었습니까? 국가는 정말로 경제와는 아무런 상관도 없었나요?

김   당연히 상관이 없지는 않았습니다. 사실은 고대국가의 존재이유도 따지고 보면 경제 문제를 해결하기 위한 것이었다고 말할 수 있습니다.

박   그럼 고대국가의 경제정책은 무엇이었습니까?

김   그걸 경제정책이라 부르는 게 어폐가 있기는 하지만, 실은 전쟁입니다. 국가 차원의 약탈이고 해적질이지요. 전쟁은 복잡하게 말할 것 없이 토지와 그 토지를 경작할 노예를 조달하기 위한 경제적 목적에서 수행되었습니다. 고대 사회에서 정치와 경제가 전쟁을 통해 매개된다는 것을 가장 극명하게 보여주는 것이 스파르타의 경우인데, 스파르타 시민들은 일체의 노동이나 경제활동을 하지 않고 오직 전쟁을 준비하는 삶을 살았습니다. 그들에게 시민적 삶이란 군인의 삶이었고, 정치적 활동이란 곧 전쟁이었습니다. 그런데 그들이 전쟁을 하는 이유는 경제적 활동을 하지 않기 위해서였지요. 다시 말해 자기들을 먹여 살릴 노동과 경제활동을 담당할 노예를 얻고 지배하기 위해 정복 전쟁을 수행했던 겁니다. 물론 스파르타는 시민들을 부양할 정도의 영토와 노예를 자체적으로 충분히 확보하고 있었으므로 로마처럼 무제한적인 영토 확장을 추구하지는 않았습니다. 하지만 경제를 위해 전쟁을 수행한다는 고대국가의 본질적 존재이유를 망각하지 않기 위해 이미 정복되어 그들에게 노예로 지배받고 있던 원주민 집단을 상대로 새해를 맞을 때마다 엄숙하게 새로운 전쟁을 선포했다고 합니다. 물론 이미 정복되어 있는 적이었으므로 전투를 벌일 필요는 없었습니다만.

박   우습군요. 전쟁 말고 다른 나랏일은 없었습니까? 또는 시민의 정치적 삶은 오직 전쟁뿐이었나요? 오직 먹기 위해 산다는 것도 우습지만, 그 먹을 걸 확보하겠다고 오직 싸우기 위해 사는 건 더 한심하지 않습니까?

김　맞습니다. 하지만 이 질문은 오늘을 사는 우리들 자신에게 돌아오는 질문이기도 합니다. 여기 학생들도 같이 앉아 있으니까 제가 거꾸로 물어보고 싶은 게 있습니다.

박　뭡니까?

김　만약 여러분들이 전혀 노동을 할 필요가 없고 사치를 부릴 수 있을 정도로 충분한 재산이 있다면 그다음에 어떻게, 무엇을 하면서 살고 싶습니까? 모두 돈독이라도 오른 사람들처럼 대다수 한국인들이 돈을 좇아 살고 있는데, 정말로 그리스인들처럼 돈 벌기 위해 노동 같은 건 할 필요 없고 노예들이 다 경제 문제는 해결해준다고 한다면, 과연 어떤 삶을 살고 싶습니까? 아니 어떤 삶을 살 수 있을 것 같습니까?

박　막상 그렇게 물으시니 답하는 것이 쉽지 않군요. 그리스인들은 어땠습니까?

김　예. 그 물음에 대해 답이 없는 게 오늘날 우리들 삶의 진정한 빈곤입니다. 돈 걱정 없는 박근혜의 취미가 고작 주사 맞기였다는 거 아닙니까? 어찌 보면 그게 우리의 절망적인 자화상이지요. 그에 비하면 고대 그리스 시민들은 이 점에서 비길 데 없는 모범을 보여준 사람들이었습니다. 먹고사는 문제를 가정에서 노예들에게 맡기고 난 뒤에 정치적 광장으로 나온 시민들이 추구한 것이 자유로운 자기실현이었습니다. 그런데 자유로운 자기실현이라는 것이 말은 쉽지만, 현실에서는 그렇게 쉽게 할 수 있는 건 아니에요. 정해진 것이 아무것도 없으니까요. 어린 아이들에게 평생 놀고먹을 재산을 안겨주고 "너 자유롭게 살아라"라고 한들, 그가 온전히 자기를 실현하는 건 아니거든요. 이건 한국의 돈 많은 금수저 자식들이 어떻게 사는지 보면 너무 잘 알 수 있지요. 그들에게 노동하지 않아도 되는 자유란 자기실현의 토대가 아니라 자기에겐 방종이고 남에겐 패악질의 근거가 될 뿐이잖아요.

그런데 그리스인들은 이 점에서 영속적인 전범을 보여줍니다. 그래서 위대하다는 거예요. 그리스의 역사를 보면, 처음에 그들은 올림픽 경기에서 자기의 몸의 힘과 아름다움을 과시했습니다. 그건 육체의 자기실현이지요. 하지만 인간이 그냥 육체로만 존재하는 건 아니라는 걸 깨달은 뒤에는 정신적 자기실현에 몰입하게 되는데, 그 결실이 바로 지금까지도 그 영속적 가치를 잃지 않은 그리스의 예술과 학문입니다. 사실 오늘날 우리가 알고 있는 서양의 학문과 예술은 거의 모두 고대 그리스에서 그 기초가 놓였다 해도 과언이 아닙니다. 소크라테스와 플라톤 같은 철학자들은 차치하고라도 호메로스와 아이스퀼로스나 소포클레스 같은 시인들부터 시작해서 유클리드 같은 수학자에 이르기까지 이름을 들기 시작하면 끝이 없을 거예요.

그런데 그런 정신적인 자기실현이 그냥 개인의 사적인 삶의 영역에서 이루어진 일이 아니고, 어디까지나 시민으로서의 정치적 삶 속에서 가능했던 일이지요. 예를 들어 『오이디푸스 왕』 같은 비극 작품이 어떻게 탄생했는지를 한번 생각해보세요. 매년 추운 겨울이 가고 새봄이 오면 아테네에서는 국가가 후원하는 비극 경연대회가 열렸습니다. 많은 지원자들 가운데 세 명의 작가를 선정하여 비극 작품을 청탁하고 동시에 부유한 시민을 선정해서 작가가 작품을 쓰고 공연을 하는 데 드는 비용을 후원하게 했는데, 부자의 입장에서는 그렇게 비극 공연을 후원하는 것이 대단한 명예였습니다.

박 그러니까 정치의 영역에서 시민으로서 산다는 것이 한편에서는 전쟁하는 삶이었지만 다른 한편에서는 경제적 염려로부터 벗어나 자유롭게 학문과 예술에 종사하는 인문학적 삶이었군요. 멋있는데요!

김 바로 그겁니다. 이렇게 추상적으로 표현해도 된다면, 인간은 한편에서는 육체를 가진 존재로서 자연의 필연성에 매여 있습니다. 쉽게 말해 먹어야 되고, 또 먹고 나면 배설해야 하는 거죠. 그런데 그리스인들은 이 일을 집 안에서 처리했다는 겁니다. 그런데 인간이 먹기 위해 사는 건 아니잖아요. 그건 최소한의 생존의 조건일 뿐이죠. 인간이 사는 건 무언가 의미 있는 일, 가치 있는 일을 함으로써 자기를 형성하고 실현하기 위해서인데, 그걸 우리는 필연성과 구별하여 자유의 영역이라고 부를 수 있겠지요. 그런데 이 자유의 영역이 바로 국가의 울타리 속에서 열리는 정치적 삶의 영역이었던 거예요.

박　로마의 경우에도 마찬가지였습니까?

김　같은 점도 있고 다른 점도 있지만 여기서 세세하게 말할 수는 없고, 단지 국가가 경제활동의 주체가 아니었다는 것은 마찬가지입니다.

박　그러면 그런 상황에 변화가 생긴 것이 근대였다는 말씀입니까?

김　그렇습니다. 마르크스의 책 『자본』의 부제가 '정치경제학 비판' 아닙니까. 그런데 오늘날 흔히 정치경제학 하면 좌파경제학을 가리키는 말처럼 쓰이기도 하는데, 원래는 그게 아니고 애덤 스미스로 대표되는 근대적 의미의 국민경제학을 가리키는 말이었습니다. 그런데 이 말이 처음 쓰인 건 17세기 초 초기 절대왕정 시대의 프랑스였는데, 이는 근대적 국민국가를 상대적으로 일찍 건설한 프랑스에서 경제 문제가 국가의 주요한 과제로서 등장했다는 것을 나타내는 거지요. 그 뒤 프랑스의 '에코노미 폴리티크'(economie politique)가 영국으로 건너가 '폴리티컬 이코노미'(political economy)로 옮겨졌는데, 나중에 독일인들은 이 말을 그냥 음역하지 않고 원래 자기들 낱말로 옮겨 '폴크스비르트샤프트'(Volkswirtschaft)라고 불렀습니다. '비르트샤프트'가 '이코노미'에 해당하는 말이고, '폴크'는 '피플'(people)에 해당하는 말입니다. 그러니까 국민경제학인 셈이지요.

박　미안하지만 그 낱말을 그렇게 장황하게 설명하시는 이유가 뭡니까?

김　앞서 제가 '이코노미'란 말이 그리스에서는 오이코스(oikos), 곧 가정의 관리라고 말씀드렸잖아요. 그리고 오이코스는 경제활동이 일어나는 공간이고 그에 반해 폴리스(polis)는 자유로운 자기실현으로서 정치적 삶의 공간이라고 말씀드렸지요. 그래서 고대 그리스적 관점에서는 오이코노미아와 폴리스는 문맥이 좀 다르기는 하지만 소포클레스의 비극 『안티고네』에서 보듯이 대립적인 삶의 두 차원이었어요. 그런데 '폴리티컬'(political)이라는 낱말은 폴리스의 형용사니까, 고대 그리스였더라면 오이코노미아 앞에 '폴리티컬'이라는 형용사는 일종의 형용모순인 거예요. '국가적 가정관리', 이게 말이 되겠어요? 그런데 고대적 관점에서는 형용모순인 상황이 근대에 오면 지극히 당연하고 정상적인 상황이 되었다는 것을 '폴리티컬 이코노미'란 낱말이 보여주는 거라는 말이에요.

박 그러니까 정치와 경제가 이제는 분리할 수 없이 공속한다는 것이 그 낱말 속에 표현되어 있다는 말씀이군요. 이유가 뭡니까?

김 그 이유를 말하자면 정말로 강의를 시작해야 할 거예요. 다른 무엇보다 근대적 생산력의 증대와 자본주의적 생산양식에 대한 이야기부터 해야겠죠. 이 주제를 어렵고 복잡하게 설명하기 시작하면 한이 없을 테니 지금 우리의 관심사에 국한해서 말씀드리자면, 다른 무엇보다 생산력의 발전과 함께 생산활동과 생산과정이 사회화되기 시작했다는 것이 가장 중요한 변화입니다.

박 마르크스는 자본주의의 특징으로 생산수단의 사적 소유를 말하고 도리어 자본주의 극복의 과제로서 생산수단의 사회화를 말하지 않았던가요?

김 그랬지요. 그래서 우리가 자본주의를 좀 오해하게 되었지요.

박 마르크스가 잘못 생각했다는 뜻인가요?

김 그가 생산수단의 사적 소유를 말했을 때, 그가 알고 있었던 생산수단은 사적으로 소유할 수 있는 한계 내에 있는 것들, 그러니까 사물적인 것들이었다고 봐야지요. 하지만 근대 이후 자본주의 경제활동을 특징짓는 생산수단은 사실 개인이 사물적으로 소유할 수 없는 거예요.

만약 사람들이 생산수단을 순전히 사물적으로 이해해서 그것이 기계나 공장 설비 또는 자본 같은 것만을 뜻한다면 그런 건 사적으로 소유될 수 있지요. 그리고 마르크스 역시 그런 관점에서 생산수단의 사적 소유를 말한 것이고요. 하지만 그런 사물적인 생산요소들이 조직화되지 않는다면 아직은 아무 쓸모가 없어요. 조직화되어야만 진짜 생산수단이라 할 수 있는 거죠. 그런 의미에서 단순히 사물적 요소가 아니라 조직화의 원리야말로 시대마다 달라지는 경제활동의 양상을 규정하는 거예요. 그런데 고대 사회에서는 생산수단 또는 생산요소를 조직화하는 것이 가족의 울타리 안에서 이루어졌어요. 그리고 조직화되어야 할 생산요소도 모두 사적으로 소유할 수 있는 사물이었지요. 노예는 권리능력이 없는 소유물로 간주되었으니까요.

하지만 근대에 이르면 자본가와 노동자의 관계가 아무리 착취와 억압의 관계라 하더라도 고대적인 의미에서 주인과 노예의 관계는 아니죠. 다시 말해 노동자가 자본가가 사적으로 소유하고 있는 사물적 생산수단은 아니란 말이에요. 하지만 자본주의적 생산양식이란 노동자들의 대규모 협업을 통해 이루어지고, 그 협업이란 인간의 사회적 조직화를 통해서만 가능한 거잖아요. 그런 의미에서 사회적 조직화가 자본주의적 생산양식의 본질에 속하는 거지요. 부정적으로 말하자면 경제가 더 이상 가정 일이 아니고 사회화된 거예요. 그것을 가장 잘 보여주는 것이 주식회사지요. 법인이니까 그것도 인격체예요. 사회적 또는 집단적 인격인 거지요. 그런데 인격체를 누가 사적으로 소유할 수 있나요? 그러니 주식회사를 두고 생산수단의 사적 소유 운운한다면 그건 더 이상 현실에 맞는 이론이라 말할 수 없어요. 사실은 마르크스도『자본』마지막쯤에서 주식회사에 대해 언급하면서 생산수단의 사회화로 나아가는 통로일 수 있다는 걸 인정하지요. 하지만 그는 그걸 더 깊이 탐구하지 못하고 세상을 떠났어요.

박 충분히 이해하겠습니다. 하지만 생산활동 또는 경제활동이 사회화되었다는 것이 국가가 새로운 경제주체로 등장했다는 것의 근거가 됩니까? 개별 기업이 사회적 협업을 통해 생산활동을 하면 그만이지 않나요?

김　경제가 가족 내의 일이었을 때, 국가는 그것에 개입할 필요가 없습니다. 그건 인간과 사물 사이의 관계니까요. 하지만 근대 자본주의 경제에서 개별 기업 내의 인간관계 그리고 기업과 기업 사이의 거래나 상행위가 모두 개별 기업이 규정할 수 없는 초기업적 영역이잖아요. 사람과 사람의 계약 관계니까요. 그 영역의 규정된 형식이 독일 경제학자들의 표현을 빌리자면 경제질서(Wirtschaftsordnung)지요. 그리고 그 경제질서를 규정할 수 있는 주체는 국가밖에 없고요. 그런데 경제질서야말로 어떤 의미에서는 시장과 경제활동의 양상을 근본적으로 규정하는 거니까, 보다 포괄적인 경제활동이라고 말할 수 있겠지요. 그리고 이런 의미에서 이제는 국가가 가계 및 기업의 경제활동을 보다 높은 차원에서 규제하는 경제정책을 통해 경제활동에 참여하는 또 하나의 경제주체로서 등장한 거지요.

박　그리고 그런 의미에서 경제와 정치가 구별될 수 없게 되었다는 말씀이겠군요.

김　네. 국가가 단순히 시민의 안전을 책임지고 정치적 자유를 실현할 수 있는 지평인 것만이 아니라 동시에 시민의 경제적 욕구를 공공적으로 충족할 책임을 진 일종의 경제공동체가 된 거예요. 그래서 이제는 국가가 초기업적 차원에서 경제활동을 하게 된 거지요. 그렇게 국가가 수행하는 경제활동이 경제정책이에요. 그런데 경제정책이란 가계와 기업들의 경제활동을 단순히 소극적인 의미에서 규제하거나 지원하는 것일 수도 있지만, 과거 미국의 뉴딜 정책이나 한국의 경제개발 5개년 계획, 더 나아가 이명박의 4대강 사업처럼 구체적인 사업의 수행으로 나타날 수도 있어요.

그런데 국가가 국민경제에 어떻게 개입하든지 간에, 기업은 그런 국가의 후견에 의지해서만 기업 활동을 할 수 있어요. 어떤 기업도 혼자 힘으로 허공에서 성장할 수는 없어요. 국가가 공정한 상거래를 법으로 보장해주고, 도량형을 통일해주며, 통일된 화폐의 가치를 지켜주고, 미래의 노동자를 교육해주지 않았더라면 어떻게 기업이 혼자 경제활동을 할 수 있겠어요? 하물며 한국처럼 후발 산업국가들의 경우에는 국가가 기업을 육성하기 위해 유형무형의 지원을 해주게 마련이거든요. 그런데 그동안 한국의 재벌들과 거기 기생하는 언론, 그리고 더 나아가 정부조차 마치 시장은 국가 없이도 혼자 돌아가고 기업도 자기 힘만으로 존재할 수 있고 성장해온 것처럼 기업에 대한 신화나 이데올로기를 유포해왔지만, 그거 전혀 사실과 부합하지 않아요.

기업도 국가와의 유기적 관계 속에서 활동할 수 있고, 경제도 정치와 마찬가지로 공공성과 공정성의 원리를 지켜야 하는데, 마치 경제는 저 혼자 자립적인 영역이라는 듯이 허세를 부리다가 지금 우리 사회가 이 지경에 이른 거지요. 거꾸로 국가도 단순히 시민들의 정치적 활동을 통해 형성되는 공동체일 뿐만 아니라 같이 먹고사는 경제공동체이기도 한 거예요. 그래서 이제는 경제질서가 우리 모두가 정치적으로 관심을 가지고 더불어 형성해 나가야 할 국가적 과제라는 것을 자각해야 돼요. 그리고 그런 의미에서 저는 좀 뜬금없이 들릴지 모르겠지만 우리 역사 속에서 그런 경제공동체로서 근대적 국가의 이념이 한국적인 방식으로 형상화된 것이 5·18의 항쟁공동체였다는 것을 상기시키고 싶습니다.

박　정치와 경제의 공속 및 경제적 공동체로서의 국가에 대해 이야기를 하시다가 갑자기 5·18은 왜 나오는 것인가요?

김　너무 서양 이야기만 하는 것 같아서요. 실은 우리의 민중항쟁사는 우리들이 우리들 자신의 방식으로 이상적인 국가를 지향해온 역사거든요. 그리고 제가 늘 얘기했듯이 그 나라의 이념이 5·18을 통해 가장 또렷하게 계시되었다는 거지요.

박　그런데 그게 경제와 무슨 상관이 있습니까?

김 『철학의 헌정』(2015)에서도 말했듯이 5·18 항쟁공동체에서 계시된 참된 나라의 이념이 사물적인 형상으로 나타난 것이 셋 있습니다. 헌혈의 피, 총이나 수류탄, 주먹밥, 이 셋인데요, 헌혈은 시민들이 서로의 고통을 나누어 진다는 것을 뜻합니다. 총이나 수류탄 같은 무기는 불의와 폭력으로부터 시민 공동체를 지키기 위해 같이 싸운다는 것을 뜻하고요, 마지막으로 주먹밥은 시민들이 같이 먹는다는 것을 의미합니다. 이 세 가지야말로 참된 나라의 토대지요. 그런데 세 번째 주먹밥을 나눈다는 것이야말로 나라가 경제공동체라는 것을 의미하는 겁니다. 한쪽에서 배불리 먹고 있는데 다른 한쪽에서 굶고 있다면, 그건 나라가 아니죠. 쉽게 말해 같은 나라에 살면서 지금처럼 날 때부터 금수저 흙수저로 분리된 나라는 나라가 아닙니다.

박 그러니까 소박하게 말하자면 같이 (주먹밥을) 먹는다는 것이 경제의 공공성이란 말씀이군요.

김 저는 그것이 근대적 국민국가의 근저에 놓여 있는 암묵적인 약속이라고 생각합니다. 국가의 존재이유 가운데 하나가 국가의 구성원을 굶기지 않겠다는 것, 단순히 정치적 의미에서 자유나 시민권을 보장하는 것만이 아니라 경제의 영역에서도 차별받지 않을 동등권과 필요한 생활수준을 보장하는 것이라고 생각해요. 물론 근대 국민국가가 처음부터 이 약속을 하고 건설된 건 당연히 아닙니다. 처음엔 중세의 봉건적인 지배 구조가 해체되는 와중에 유럽 각처에서 왕들이 귀족이나 봉건영주들의 권력을 빼앗아 단일 지배 체제를 확립하는 게 국민국가의 형성 과정이었지요. 다시 말해 처음부터 아래로부터 국민(nation)이 형성된 것은 아니란 말입니다. 그러니까 지금도 스페인의 일부인 카탈루냐 지방은 스페인으로부터 독립하고 싶어하잖아요. 하지만 바로 그런 까닭에 왕들이 자기의 왕국을 유지하기 위해서는 국민들에게 약속을 할 수밖에 없었죠. 그것이 처음에는 부르주아 계급과의 타협으로 나타났지만, 결국 프롤레타리아 계급에까지 확대되어온 역사가 유럽 근대국가의 역사예요.

박   마르크스는 국가를 부르주아의 업무를 처리해주는 위원회 정도로 보지 않았습니까?

김   그거야 마르크스가 틀린 얘기를 한 거죠. 공산당이 통치하는 중국의 국가기구를 가리켜 부르주아의 업무를 대행하는 도구에 불과하다고 말한다면 중국 사람들이 화내지 않겠어요? 우리가 중국 공산혁명의 역사를 생각하더라도 그렇게 쉽게 말할 수 있는 게 아니죠. 또 호치민의 후예들이 통치하는 베트남은 어떤가요? 현재의 베트남이 아무리 많은 문제를 안고 있다 하더라도 감히 베트남 정부가 부르주아의 하수인이라고 말할 수는 없어요. 그럼 독일은 어떤가요? 따지고 보면 중국이나 베트남 정부가 부르주아의 하수인이 아니라면, 독일도 아니겠죠. 마르크스는 그 시대의 모순에 너무 몰입한 나머지 국가에 대해 너무나 편협한 이해에 갇혀 있었는데, 국가에 대한 마르크스식의 일면적 매도는 『조선일보』가 정치에 대한 무차별적인 냉소를 퍼뜨리는 것과 별반 다르지 않아요.

제가 굳이 이런 말씀을 드리는 건, 국가가 그 자체로서 절대선도 아니지만 절대악도 아니라는 거예요. 국가는 사람을 잡아먹는 괴물일 수도 있고 정반대로 인간의 자유와 참된 만남이 실현되는 지평일 수도 있어요. 우리의 과제는 어떻게 하면 국가를 보다 이상적인 척도에 가까워지도록 만들 수 있느냐를 고민하는 거지요. 그리고 그 척도의 하나로서 경제의 공공성을 말씀드리는 거고요. 국가가 경제활동의 한 주체로서 등장한 후 국가의 가장 중요한 임무는 경제의 공공성을 확립하는 거라는 말씀이에요.

여기서 경제의 공공성이란 전체 경제활동이 궁극적으로 모두를 위해 그리고 모두에 의해 수행되는 것을 의미한다고 말할 수 있겠지요. 국가의 임무는 모든 개별적 경제주체들의 경제활동이 이런 의미의 공공성의 원칙을 지키도록 경제질서를 규제하는 것이에요. 경제의 공공성은 자기의 이익만이 아니라 남의 이익, 궁극적으로는 전체의 이익을 추구할 때 가능한 것인데, 개별 기업이나 가정은 경제활동이 일어나는 지평, 즉 시장에서 서로 경쟁하는 관계에 있기 때문에 경제의 공공성을 먼저 고민하지는 않거든요. 그래서 국가가 경제의 공공성을 위한 경제질서를 확립하지 않고 개별적 경제주체들을 자기들끼리 알아서 경쟁하게 그냥 내버려두면, 필연적으로 전체 경제질서가 약육강식의 자연 상태에 가까워지게 돼요. 그러면 단순히 경제적 영역만이 아니라 사회 전체가 다시 약육강식의 자연 상태에 수렴하게 되는 거지요. 바로 지금 삼성 같은 재벌이 지배하는 한국의 경제가 그런 모습을 보이잖아요.

정리하자면, 87년체제의 한계는 근본에서 보자면 경제와 정치가 공속한다는 것, 그리고 정치권력이 우리 모두에 의해 민주적으로 통제되어야 하듯이 경제 역시 우리 모두를 위해 공공적으로 운영되어야 한다는 것을 자각하지 못한 데 기인한다고 말할 수 있어요. 그래서 정치를 민주화한 것처럼 경제의 공공성을 확립하는 것이 앞으로의 과제인 거지요.

기업국가로부터 군주국가로의 퇴행

박　좋습니다. 원칙적으로 1987년 이후 한국 사회가 기업국가가 되고 경제가 공공성을 결여한 것이 87년체제 위기의 근원이라는 것은 이제 이해하겠습니다. 그런데 그것은 이명박 정부는 말할 것도 없고, 선생님도 방금 언급했듯이 김대중, 노무현 정부 때도 마찬가지 아니었습니까? 그런데 그때는 조용하다가 박근혜가 집권한 뒤에 지금의 위기 상황이 벌어진 이유는 뭡니까? 이제 시기를 좀 좁혀서 말씀을 해주시죠.

김　그거야 모든 일에 때가 있기 때문이지요. 기업국가의 모순이 객관적으로 극단에 이르는 것과 그 모순을 시민이 주관적으로 자각하는 것이 모두 시간이 걸리는 일이 아닙니까? 김대중, 노무현 정부 시절만 하더라도 아직 두 가지가 모두 무르익지 않았을 때지요. 그런 점에서 박근혜는 열심히 기업국가의 모순을 극단에까지 밀어붙임으로써 새로운 시대의 도래를 앞당겼다고 말할 수 있겠습니다. 그 점에서 대단히 큰 공을 세웠다고 해야겠지요.

박　좋습니다. 그럼 박근혜 정부 들어 어떤 변화가 위기 상황을 불렀을까요?

김　다른 무엇보다 박근혜가 기업국가를 다시 군주국가로 되돌리려 함으로써 지배 세력 내부의 치명적인 불화를 불러온 것이 위기의 큰 원인입니다.

박　내부적 불화라면, 지배 세력 내의 불화를 뜻하는 겁니까? 구체적으로 설명해주시면 좋겠습니다.

김　기업국가를 지탱하는 세 개의 기둥이 있습니다. 그 하나가 당연히 재벌이고요, 다른 하나가 국가기구이고, 마지막이 기업화된 족벌 언론입니다. 이렇게 기업국가의 지배 권력이 자체 내에서 분화될 수밖에 없는 까닭은, 철저한 전체주의 국가가 아닌 한, 기업과 국가기구가 동일한 하나의 기구로 통합될 수는 없기 때문입니다. 그래서 기업과 국가는 유기적으로 결합하겠지만 분리된 기관으로 남아 있는 거지요. 국가기구가 기업의 대리인 노릇을 한다고 말할 수도 있겠고요.

그런데 아무리 기업국가라 하더라도 그 자체로서는 국가기구가 기업에 딸린 하부 조직은 아니기 때문에, 기업은 일정한 민주적 의사 결정 과정을 통해서만 국가기구를 도구화할 수 있습니다. 그 민주적 의사 결정은 대중의 여론에 결정적으로 의존하게 되는데, 그 여론을 장악하고 있는 것이 언론입니다. 예를 들어 태안 유조선 사건이 터졌을 때, 한국의 주요 언론이 미국의 언론처럼 삼성의 책임을 집요하게 물고 늘어졌더라면, 삼성이 고작 58억 원이란 돈으로 이 엄청난 사건을 마무리하지는 못했을 겁니다. (미국 알래스카 유조선 사건을 생각해보세요.) 만약 『조선일보』처럼 압도적인 영향력을 가진 신문이 삼성반도체에서 일하다가 백혈병에 걸린 노동자들의 죽음과 그에 대한 삼성의 태도를 사실대로 보도했더라면, 삼성이 아무리 돈으로 국가기구를 매수한다 하더라도 대중의 분노를 잠재울 수는 없었을 거예요. 이런 의미에서 언론이야말로 국가기구와 재벌 기업을 결합해주는 매개인 것이고, 그래서 우리는 1987년 이후 한국의 지배 권력은 재벌 기업과 국가기구 그리고 언론의 세 축으로 이루어져 있다고 말할 수 있는 거지요. 한국 사회가 근본적 변화를 겪지 않는다면, 이런 사회 전체적 권력구조는 앞으로도 지속될 것이므로 기억해둘 필요가 있습니다.

박 좋습니다. 그런데 박근혜 정부 들어 그 세 권력집단 사이에 균열이 생겼다고 하셨는데, 이유가 무엇입니까?

김 한마디로 말해 박근혜가 기업국가를 군주국가로 되돌리려 했기 때문이지요. 일단 청와대에 들어가자, 5년 단임의 대통령이 마치 자기가 세습군주인 것처럼 여왕의 흉내를 내기 시작한 거예요.

박 어릴 적부터 보고 배운 것이 그것뿐이니까, 달리 어떻게 할 수도 없었겠지만, 우리 사회가 얼마나 취약하면 그런 식의 퇴행이 가능했을까 싶은 자괴감도 듭니다. 기업국가라는 것이 일종의 시스템이라면, 그 시스템이 개인의 일탈적 욕망에 의해 그렇게 쉽게 흔들릴 수 있는 겁니까?

김 그게 구조적으로는 한국 기업이 가족기업이기 때문이에요. 공공성은 고사하고, 사회성이라는 게 전혀 없어요. 현재 한국의 많은 재벌 기업이 크게는 수십만 명의 종업원으로 이루어진 거대기업인데, 형식만 법인일 뿐, 실질적으로는 개인 한 사람의 사유물이나 마찬가지이지요. 그러니까 형식과 실질 사이에 괴리가 반드시 일어나게 되어 있습니다. 법리적으로 보자면 법인은 법적으로 운영되어야 하는 사회적 기관인데, 실제로는 법인이 아닌 자연인이 지배하거든요. 그런데 이 자연인의 지배가 처음부터 탈법적이기 때문에 문제예요.

박　무슨 말씀인지 이해하기 어렵습니다. 법인은 뭐고 자연인은 뭔지, 그게 한국의 재벌 기업과 무슨 상관이 있는지부터 좀 설명해주시죠.

김　간단히 말해 이렇습니다. 삼성 계열사가 수십 개 있는데, 거의 모두 주식회사일 거 아닙니까?

박　그렇겠죠.

김　그런데 모든 주식회사는 법인 기업이에요. 법인(法人, legal person)이란 법이 인정해준 인격이지요. 주식회사는 모든 종류의 법인 가운데서도 대표적인 법인입니다. 어떤 의미에서는 19세기 이후 새롭게 형성된 법인 개념은 당시부터 본격적으로 등장한 주식회사를 위해 만들어졌다고 볼 수도 있어요. 그만큼 주식회사와 법인의 개념은 뗄 수 없이 연결되어 있지요. 법에서 법적 주체로서 인격을 다룰 때, 똑같은 인격이라도 자연인이 개인을 가리킨다면, 법인은 개인이 아니고 단체를 가리켜요. 그런데 그 단체가 사람들로 이루어진 단체라면 사단법인이 되는 거고, 사람이 아니라 돈이나 다른 요소로 이루어진 단체라면 재단법인이 되겠지요.

박　그런데 굳이 그런 단체를 억지로 인격이라고 간주하는 이유는 뭡니까?

김　상행위를 하고, 법적 계약의 주체가 되기 때문입니다. 그리고 권한과 책임의 주체가 되니까요. 그래서 할 수 없이 단체를 마치 자연인인 것처럼 인격으로 간주해야 할 필요가 생기는 거지요. 그런데 이건 필요성이 그렇다는 거고, 19세기 법철학에서는 그 현실적 필요성을 법 이론과 조화시키기 위해 엄청나게 골머리를 앓았어요. 하지만 이런 얘기는 접어두고 다시 우리 현실로 돌아오기 위해 한 가지만 언급하자면, 법인이 법적으로는 인격체로 간주되기 때문에 자연인과 법인에 공통된 중요한 특징이 하나 있어요.

박　그게 뭡니까?

김　주인이 없다는 거예요. 노예제도가 폐지된 뒤에 인간에게 주인은 없잖아요? 사물은 소유의 대상이 될 수 있어도, 한 인간이 다른 사람의 소유물이 될 수는 없는 거예요. 그런데 이 원칙이 법인에도 그대로 적용돼요. 그러니까 한국에서 재벌 총수를 두고 오너(owner), 곧 소유주라고 부르는 건, 법적으로 보자면 세상에 없는 무식한 말이에요. 주식회사는 법인이기 때문에 소유할 수 있는 물건이 아니에요.

박 그것 참, 너무 상식과 동떨어진 이야기처럼 들리는데, 주식회사에 오너가 없으면 누가 어떻게 운영합니까?

김 우리나라가 그렇게 상식이 없는 나라예요. 주식회사에는 오너가 아니라 대표가 있을 뿐이에요. 이건 현대 국가에 주인은 없고 단지 나라를 대표하는 국가원수가 있을 뿐인 것과 같아요. 국가 역시 넓은 의미에서 보자면 일종의 법인이거든요. 이와 마찬가지로 주식회사 역시 주인이 아니라 대표가 되는 사람이 법인의 구성원들로부터 권한을 위임받아 운영하게 되는 거예요. 그리고 권한만큼 법적인 책임을 지는 거지요. 그 대표가 바로 주식회사의 이사들이에요. 그리고 그 가운데서도 대표이사가 국가로 치면 대통령이나 수상 노릇을 하는 거지요.

박 이해하겠습니다. 그런데 한국의 재벌 기업이 뭐가 문제라는 것인지요?

김 그 질문에 대답하기 위해 제가 거꾸로 질문을 드릴게요. 이건희가 당시 80여 개 되는 이른바 삼성의 계열 기업들 중에서 어떤 기업의 이사나 대표이사였던가요?

박 글쎄요. 그걸 제가 어찌 알겠습니까?

김 맞아요. 모르시는 게 어쩌면 당연하지요. 하지만 당시 매년 연말이 되면 이건희가 사장단 인사를 한 건 알고 계시죠.

박 그건 신문에 늘 보도가 되었으니까요.

김 그런데 무슨 권한으로 그랬을까요?

박 그럼 이건희가 모든 계열사의 대표이사였겠군요.

김 아니요. 대표이사는 고사하고 어떤 계열사에서도 등기된 이사직을 맡고 있지 않았습니다. 그는 법적으로는 삼성에 속한 모든 기업들과 아무 관계도 없는 사람이었어요. 다시 말해 어떤 법적인 권한도 가지고 있지 않은 사람이었다는 거지요. 그냥 삼성의 이름을 달고 있는 몇몇 기업의 주식을 소유한 주주였을 뿐이에요.

박　그런데 이건희가 삼성의 회장이라면서 계열사에 대해 실질적으로 모든 권한을 행사하는 것이 가능했던 이유가 뭡니까?

김　그 이유는 하나밖에 없어요. 국가기구와 언론이 묵인해주었기 때문이죠. 법적으로 아무런 권한이 없는 사람이 기업의 인사와 경영에 개입한다면 그건 있을 수 없는 월권인데, 정작 법적으로 권한과 책임을 지고 있는 이사들이 그걸 묵인했다면 그건 배임이죠.

박　주주들이 묵인해주었기 때문이기도 하지 않습니까?

김　그렇기도 하고 아니기도 하겠지요. 주식회사의 성격상 주주들이 힘을 합쳐 할 수 있는 일이 사실 많지 않습니다. 대다수 주주들은 그렇게 할 의사도 없고요. 주식 투자라는 것이 주식을 소유한 기업의 경영에 관심을 가지고 개입하기 위해서가 아니고 시세 차익을 얻으려는 것인지라, 기업에 문제가 있으면 소유 주식을 파는 게 빠르지, 기업 경영에 개입하고 간섭하는 건 생각하기 어려운 일이지요. 주주들의 그런 원천적인 한계를 두고 주주들의 묵인이나 동의라고 말하는 것은 다소 아전인수 격인 말입니다. 지난번 삼성물산과 제일모직의 합병에 대해 엘리엇 펀드가 소송을 제기한 것처럼 가끔은 주주들 중에서 한국의 재벌 지배 체제에 대해 문제 제기를 하는 경우도 있지만, 그런 시도가 성공하기 어렵다는 것은 그 소송의 전말을 보아도 알 수 있지요. 그러니까 주주들의 묵인이나 동의라기보다는 주주들이 아직은 개입할 수 있는 방법이 없다고 하는 게 사실에 더 가까울 거예요.

박　이건희가 굳이 어떤 계열사의 이사도 맡지 않은 까닭은 뭘까요?

김　책임을 지지 않기 위해서겠죠. 서류에 서명을 하는 순간 법적 책임을 져야 하니까요. 권한만 누리고 책임은 지지 않기 위해 어떤 계열

기업의 등기이사로도 이름을 올리지 않은 거예요. 그러니까 이 점에서 삼성은 그 자체로서 불법적 지배 체제를 통해 유지되고 있었던 거예요. 국가기구와 언론이 묵인하고 있기 때문에 가능한 지배 구조지만, 상황에 따라 언제라도 뒤집어질 수 있는 취약점이기도 하죠.

박　그렇다면 박근혜 정부 들어서서 무슨 상황 변화가 일어났다는 말씀인가요?

김　네. 이명박은 자기가 5년 단임의 대통령이라는 것을 잘 알고 있었으므로, 지배 세력 내의 권력 지형 자체를 건드릴 생각은 하지 않고, 5년 동안 대통령 자리에 있으면서 챙길 수 있는 걸 알아서 챙겨서 청와대를 떠났지요. 4대강 사업 하면서 들어간 수십 조 예산이 누구의 주머니로 들어갔는지 저야 잘 모르지만 ……. 아무튼 당시 이명박은 주식회사 대한민국이라는 기업국가의 바지 사장이었고 실질적으로는 이건희가 한국을 지배하고 있었다고 할 수 있죠.

그런데 박근혜 정부 들어 이 구도에 변화가 생긴 거예요. 물론 박근혜라고 해서 이명박과 달리 권력 구도를 변화시킬 무슨 비법이 있었던 것은 아니죠. 자기 아비 때처럼 재벌 위에 군림하고 싶다 하더라도, 이미 한국이 기업이 지배하는 국가로 바뀌었는데, 그게 쉬운 일은 아니지요. 하지만 그렇다고 해서 공주로 자란 성격과 욕망이 어디 갔겠어요. 집권 초기에 박근혜가 청와대에 재벌 총수들을 불러 식사를 하는 자리에 이건희도 참석했는데, 아마 그는 박근혜가 창조경제 어쩌고 하면서 자기들을 가르치려 하는 걸 보고 마음속으로 그렇게 생각했을 거예요. "이 사람이 자기가 바지 사장이라는 걸 아직 모르나? 5년 뒤에는 여기 없을 사람인데 ……." 하지만 이런 이야기는 제가 이해를 돕기 위해 추측해서 그려보는 상황이고, 집권 1년 차엔 서로를 탐색하는 기간이니 무슨 변화가 특별히 일어났다고 할 수는 없겠지요.

그런데 바로 다음 해인 2014년 5월에 이건희가 쓰러져, 살았는지 죽었는지 알 수 없는 상태에 들어가버린 거예요. 그렇게 돈이 많은 사람이

고작 일흔한 살의 나이에 그렇게 쓰러지리라고는 아무도 상상하지 못했겠지요. 고대 그리스의 일곱 현인 가운데 하나인 솔론이 말했듯이 인간의 삶이란 그렇게 우연한 거예요. 아무튼 이 일로 삼성과 청와대의 갑을 관계가 완전히 바뀌어버렸어요. 지배 세력 내부로부터 보자면 박근혜가 몰락한 건 그 때문이에요.

박   어떻게 갑을 관계가 바뀌었다는 겁니까?

김   그 전에야 이건희가 박근혜에게 굳이 아쉬운 소리를 할 일이야 있었겠어요? 하던 일을 하던 대로 하면 그만이었겠죠. 그런데 이건희가 쓰러진 뒤에는 상황이 달라진 거예요. 일단 천문학적인 상속세가 문제가 되었고, 그보다 경영권 승계는 더 복잡한 문제로 등장한 거죠. 이건희는 그 아비인 이병철이 살아 있을 때부터 이 두 가지 문제를 치밀하게 준비해서 큰 어려움 없이 처리할 수 있었는데, 이재용의 경우엔 이건희가 갑자기 쓰러지는 바람에 아무런 준비도 없이 어려운 시험을 풀게 된 거지요.

그런데 이 두 가지 문제가 모두 국가의 법이라는 장애물을 통과해야 하는 시험이에요. 상속세도 법률이 정해놓은 거고, 경영권 승계는 그보다 더 복잡하게 국가의 법률과 얽혀 있는 문제란 말이지요. 하지만 아무리 어려운 문제라도 시험관이 도와주면 다 풀 수 있어요. 최근 밝혀진 국민연금의 부당한 의결권 행사가 대표적인 사례라고 할 수 있죠. 그런데 세상에 공짜가 있나요. 도움을 청하려면 무릎을 꿇어야죠. 결국 모든 면에서 이제 삼성이 청와대의 눈치를 볼 수밖에 없는 처지에 놓인 거예요. 꼼짝할 수 없이 덫에 걸린 거죠. 예전 같으면 박근혜는 고사하고, 어떻게 최순실 같은 사람이 이건희나 이재용을 상대로 호가호위할 수 있었겠어요? 상상도 할 수 없는 일이 현실로 벌어진 거예요.

이렇게 되자 본격적으로 기업국가를 예전 유신독재 시절의 절대군주 국가로 되돌리려는 시대착오적인 망상이 본격적으로 날개를 단 거죠. 그 무렵부터 제가 원론적인 의미에서의 봉기의 필연성에서 한 걸음 더 나아가 일관되게 박근혜가 임기를 마치지 못할 거라고 예상한 건 근본적으로는 그것 때문이에요. 한마디로 말해 박근혜가 한국의 자본가들과 불화할 것이 너무도 분명해졌으니까요.

박 　정말로 그것이 그렇게 분명하게 보였습니까?

김 　네. 실제로 그 무렵부터 강의실에서는 물론이고 다른 곳에 강연을 가서도 박근혜 정부가 임기를 마칠 수 없을 거라고 말하기 시작했지요. 근데 거기엔 제가 가지고 있는 평소의 문제의식도 한몫했습니다.

박 　그게 뭡니까?

김 　마르크스가 국가기구를 가리켜 부르주아의 문제를 처리해주는 위원회라고 비난한 것은 잘 알려져 있지요. 그런데 이런 식으로 생각할 때, 사람들은 국가권력과 자본 사이의 대립을 생각하지 못해요. 한국에서도 여전히 마르크스를 신봉하는 학자와 지식인들이 너무 쉽게 자본의 이익과 국가권력을 동일시하는 경향이 있는데, 저는 그런 식의 추종이 비과학적인 신앙이라고 늘 비판해왔지요. 한국 사회를 과학적으로 인식하는 데 심각한 장애 요인이라고.

그런데 마르크스가 국가를 그렇게 비판한 건 당시의 산업국가가 민주화되었기 때문에 가능했던 일이에요. 누가 국가권력을 장악하든지 간에 민주화된 국가에서는 그 권력이 위임받은 권한이지요. 그 권한은 자기들을 대신해서 자기들의 이익을 관리해달라는 뜻으로 위임한 거고요. 그렇게 위임한 자를 국민 전체라고 하면 국민의 국가가 될 거고, 부르주아 계급이라 하면 부르주아의 위원회가 되겠죠. 그런데 어떤 경우든 정치권력은 위임받은 권력이고, 권력을 위임받은 자는 누군가의 대리인이잖아요.

마르크스 시대에는 대다수 노동자들이 선거권이 없었기 때문에 국가가 부르주아의 위원회라는 말이 가능했고, 마르크스주의자들이 민주주의적 선거제도를 비판했지만, 20세기에 들어와서는 부자든 가난한 사람이든 모두 선거에 참여하면서, 선거를 통해 대자본가가 권력을 장악하는 것이 그렇게 쉽지 않게 되었어요. 물론 미국 같은 나라, 여전히 자본가의 지배 아래 있죠. 하지만 비용이 너무 많이 드는 거예요. 그리고 민주적으로 선출된 정부가 자본가의 입장에서 볼 때 불리한 정책을 너무 많이 만들어요. 그래서 19세기에는 마르크스주의자들이 대의민주주의를 비판했지만, 20세기 들어서면 상황이 오히려 반대가 되어 밀턴 프리드먼(Milton Friedman) 같은 우파 경제학자들이 대의민주주의 제도를 비판한다니까요.

그런데 이런 우스꽝스러운 상황이 벌어지는 건 선거로 통치자를 뽑는 민주국가의 경우이고, 군주국가라면 어떻겠어요? 왕이 누구의 대리인이라고 생각하겠어요? 루이 14세가 짐이 국가라고 했다잖아요. 이건 이승만의 경우나 박정희의 경우에도 마찬가지지요. 물론 지금 한국이란 나라가 객관적으로 박근혜가 영구 집권을 꿈꿀 수 있는 상황은 아니죠. 하지만 아무리 그렇다 하더라도, 분명한 건 박근혜가 스스로 누구의 대리인이라고 생각하지는 않았으리란 사실 아니겠어요? 그가 국민의 대리인이라고 생각했겠어요? 아니면 삼성이나 현대의 대리인이라고 생각했겠어요? 그냥 자기의 꿈이 이루어지는 나라였잖아요. 우주가 도와서…….

박 하하. 그건 저도 동의할 수 있습니다.

김 그러니까 이제 기존의 재벌 권력과 자기밖에 모르는 청와대가 충돌하는 건 시간문제라고 제가 확신했던 거지요. 그리고 그 확신이 하나씩 둘씩 현실 속에서 검증되었고요.

박 구체적으로 그 충돌이 어떻게 나타났나요?

김 여러 가지가 있지만 대표적인 것만 들자면, 시간적으로 첫째가 창조경제고 둘째가 개성공단 폐쇄, 그리고 마지막이 사드 배치 논란이라고 할 수 있지요. 이명박 정부를 회상해보면 딱히 경제정책이라고 할 만한 게 없었어요. 사실 이명박 씨야 기업가 출신이니 경제에 대해 아는 체하려면 훨씬 더 잘했을 텐데도, 특별히 내세운 경제정책이란 게 없었단 말이에요. 그건 정부가 이제 더는 굳이 재벌 위에서 당상관 노릇을 하지 않겠다는 뜻이라고 해석할 수 있지요. 기업이 알아서 돈을 벌면 되는 거죠. 대신 이명박 정부 때는 미국산 쇠고기, 4대강 사업 같은 사업 아이템만 있었죠. 이런 건 누이 좋고 매부 좋은 사업이지, 이래라 저래라 지시하는 정책은 아니지요.

하지만 박근혜는 처음부터 하지도 않을 경제민주화를 입에 올리더니, 창조경제를 한댔잖아요? 둘 다 아무 내용도 없는 헛구호인데, 그 정책 아닌 정책이 적용되는 영역이 넓게는 경제, 좁게는 재벌이니, 그 구호는 결국 재벌에게 군기 잡기 위한 명분 아니겠어요? 1987년 이후 이명박 정부까지 좋은 세상을 살던 재벌의 입장에서는 박근혜가 갑자기 군기를 잡겠다고 나서는 걸 보았을 때 기분이 어땠을까요?

하지만 이건 시작이었을 뿐이고 정말로 문제가 된 건 개성공단과 사드 배치였지요. 개성공단 폐쇄는 거기서 사업을 하고 있던 기업인들에겐 파산선고와 같은 거였는데, 그건 박근혜가 자기밖에 모르는 사람이라는 것을 만천하에 증명한 사건이었지요. 나라 경제가 어떻게 되든 아무 상관도 없는 거예요. 그런데 개성공단 폐쇄로 피해를 입은 기업은 대부분 중소기업이었지만, 사드의 경우는 삼성과 엘지, 아모레화장품이나 롯데 같은 대기업부터 시작해 명동에서부터 제주에서 장사하는 사람들까지 광범위하게 피해를 보게 되잖아요. 사드 배치 이야기 처음 나왔을 때 오죽하면 전경련에서 맨 먼저 반대 성명을 냈겠어요.

그런데 박근혜가 이처럼 기업하는 사람들과 치명적인 불화를 빚었는데, 다른 분야와는 화기애애하게 지냈을 리가 있겠어요? 노동계와의 불화는 기본이고, 문화예술계 그리고 마지막에는 국사 교과서 국정화 문제로 보수적인 학자들조차 등을 돌리게 만들었지요. 그런 식으로 박근혜는 집권 기간 내내 만들지 않아도 될 적들을 열심히 계속 더 많이 만들어왔어요.

학문 및 예술과의 불화

박   저도 그건 왜 그랬는지 정말 이해가 되지 않습니다.

김   그게 모두 아비에게 돌아가려는 망상 때문이었겠지요. 그런데 박근혜의 자승자박은 이게 끝이 아니에요. 여기서 저는 특히 박근혜 정부와 대학 및 학계 사이의 대립에 대해 방점을 찍고 넘어가고 싶은데요. 박근혜의 정치적 운명은 그가 대학과 지식인 사회로 하여금 자신에게 등을 돌리도록 만들었을 때 결정된 거나 다름없어요. 저는 학창 시절 어른들이 박정희 독재를 두고 국가권력이 지식인을 적으로 돌리면 반드시 실패한다는 얘기를 하는 걸 종종 들었어요. 그때는 그 말의 뜻을 다 이해 못했는데, 이제는 저도 그 말을 하게 되는군요. 이건 독특한 한국적 전통으로부터 설명할 수밖에 없는 일종의 고유성이라고 저는 생각하는데, 한국이 원래 선비가 지배하는 나라잖아요. 좋은 의미에서든 나쁜 의미에서든 학자가 지배하는 나라지요. 예전에 도올 김용옥 선생이 말하기를 조선의 왕들은 모두 사서삼경을 읽었다면서, 요새 대통령이 조선 시대 왕들보다 못하대요. 왕이 되기 위해서도 먼저 학자, 선비가 되어야 했던 나라였던 거지요. 사실 서양 중세의 왕들은 태반이 문맹이었거든요. 그 사람들 연애편지 쓰고 읽어주던 서기들이 르네상스의 문을 연 지식인들이었다니까요. 이와 달리 조선처럼 학자들이 지배하는 지배 형태를 가리켜 저는 『학벌사회』(2004)에서 로마처럼 군인 지배도 아니고 중세처럼 성직자 지배 사회도 아닌 한국의 고유한 지배 형태로서 독토크라시(doctocracy)라고 불렀는데, 이 전통은 근대화된 후에도 사라진 것이 아니에요. 나쁘게 보자면 학벌 지배 체제는 변질된 독토크라시라고 할 수 있지요. 그런데 세상에 다 나쁜 건 없어요. 독토크라시에도 좋은 면이 있어요. 제가 아까 한국이 세계사에서 학생운동의 원조라고 말씀드렸더니 선생님 웃었잖아요. 하지만 그거 그냥 농담으로 한 얘기는 아니에요. 원래가 학자가 지배하는 나라니까, 아무려면 학자가 책임감도 있는 거지요. 나라가 잘못되면 배우는 학생들이 맨 먼저 들고일어나는 거고. 동학도 3·1운동도, 광주학생운동도, 4·19도, 부마항쟁도, 5·18도, 6월항쟁도 모두 학생들로부터 시작된 거잖아요. 아니 2008년 미국산 쇠고기 파동으로 일어난 촛불 시위도 여중생들로부터 시작되었고, 따지고 보면 이번 일도 이화여대 학생들의 장기 농성에서 촉발된 것 아니겠어요? 이런 나라, 세상에 드물어요.

그런데 이런 학생들의 움직임은 눈에 보이는 현상이에요. 현상이란 말 그대로 나타난 것이잖아요. 그런데 무언가 나타나기 위해서는 그 이면에 근거가 있게 마련이에요. 그 근거가 바로 학문과 예술이 추구하는 진리와 선 그리고 아름다움이에요. 학문과 예술이 아무리 위선으로 떨어진다 하더라도 위선도 일종의 선이에요. 다만 불완전한 선이죠. 그리고 학문이 아무리 자기의 본질에서 이탈하더라도 학문은 언제나 진리를 추구하게 마련이에요. 예술이 추구하는 아름다움도 마찬가지고요. 그리고 다른 무엇보다 진선미가 모두 근원적으로 인간의 자유로운 창조성에 근거하는 거예요. 그리고 일견 보기엔 나이 들어 보수화된 것처럼 보이지만 아무리 그렇더라도 근본에서는 훼손될 수 없는 고유의 척도에 따라 움직이는 학문과 예술의 세계를 지키고 있는 사람들이 있어요. 그게 학자고 예술가인 거지요. 대학은 그런 사람들이 모여 있는 대표적인 공동체의 하나이고.

그런데 돈과 권력이 전부인 줄 아는 속물들이 세속적인 권력을 손에 쥐게 되면, 반드시 이 세계를 침범하게 마련이에요. 왜냐하면 그 세계가 그 자체로서는 자기의 세계에 동화되지도 않고, 또 그 세계에 사는 사람들이 자기의 권력에 굴종하지도 않거든요. 그래서 그런 자들은 반드시 강압적인 수단을 통해 굴복시키려고 하게 마련이에요. 재벌은 돈으로 지식인들을 매수하고, 국가권력은 이런저런 정책으로 학자들을 머슴으로 부리려고 하지요. 이 점에서 박정희도 박근혜도 다를 바가 없어요.

그런데 이런 회유나 강제로 학자나 지식인들 개인의 의견과 태도를 바꿀 수는 있어요. 어떤 의미에서 보자면 학자들은 세상에서 가장 비정치적인 사람들이에요. 그들은 그냥 학문이 좋아서 연구하는 사람들이잖아요. 권력이 좋으면 처음부터 학문보다 정치의 길로 나갔겠죠. 돈이 좋으면 돈 버는 길로 나갔을 거고. 저처럼 시도 때도 없이 세상일에 참견하는 학자는 정말로 예외적인 경우고, 대개는 세상이 어떻게 돌아가든 연구실에 틀어박혀 자기 연구로 평생을 사는 사람들이란 말이에요. 그래서 외부의 권력이 학자들을 이런저런 방식으로 건드린다 하더라도 대개는 그냥 그런가 보다 하고 넘어가게 돼요. 그런데 이런 소극적인 태도를 두고 세속인들은, 학자들은 원래 쪼다들인가 보다 하고 오해하기 쉽지요. 하기야 학자들이 세속의 눈으로 보자면 사회 부적응자들이 많으니, 틀린 말도 아니지만.

그런데 학자들 개인이 특별히 저항하지 않으니까, 권력을 가진 자들은 멈추어야 할 곳을 알지 못하고 결국에는 학자가 아니라 학문의 세계 그 자체를 침범하는 지경에 반드시 이르게 돼요. 옛날식으로 말하자면 자기들의 신앙을 지키기 위해 천동설을 고집하면서 지동설을 주장하는 학자들을 힘으로 억압하는 거지요. 그런데 이게 가능하겠어요? 권력자가 학자 하나 죽이는 거야 아무것도 아니지만, 누가 진리를 이길 수 있어요? 가소로운 일이지. 학자들은 내버려두면 그냥 학문의 논리에 따라 연구를 하게 되어 있어요. 한 사람이 무언가 새로운 것을 발견하거나 새로운 이론을 제시하면 그건 학문 자체의 논리에 따라 검증되게 마련이고 그 과정을 통해 학문은 나름의 논리에 따라 발전해가는 거지요. 그건 학문 외적인 의도나 이해관계에 따라 통제할 수 있는 게 아니에요. 이건 그야말로 종교적 신앙을 지키기 위해 지동설을 억누르는 것과 같이 가망 없는 시도인 거예요.

그런데 언제부터인가 한국의 교육부는 되지도 않을 정책을 입안해 갖가지 방식으로 대학의 연구 활동 자체에 개입해와서 대학 사회의 인내의 한계를 시험하고 있었는데, 박근혜는 거기서도 더 나아가 넘지 말아야 할 선을 확실하게 넘어버렸어요.

박   그게 뭡니까?

김   국사 교과서를 국정으로 되돌리려 한 거지요. 실은 그 일로 평소에 보수적인 역사학자들까지 다 돌아섰다고 보아도 틀리지 않을 거예요. 이게 교과서를 누가 출판하느냐의 문제가 아니거든요. 박근혜가 스스로 역사학의 진리의 기준이 되겠다는 말이잖아요. 우리말도 제대로 못하는 위인이! 마음에 안 드는 구절은 다 없애기 위해 국정으로 하겠다는 거니까. 게다가 그게 자기 아비의 악행을 덮고 그 독재를 미화하겠다는 것인데, 그런 의도로 역사를 다시 쓰자는 건 조선 시대에도 가능하지 않았던 일이잖아요. 보수 진보를 떠나 정상적인 학자라면, 누가 그걸 받아들일 수 있겠어요? 그리고 받아들인다 하더라도 그게 어떻게 지속가능하냐고요? 힘센 놈이 천동설이 옳다고 우기면 그 순간 지구가 정지하고 태양이 움직이기라도 한답니까? 아무리 역사학이 자연과학과 다르다 하더라도 학문은 권투 시합도 권력투쟁도 아니에요. 거기는 힘이 아니라 논리가 지배하는 곳이에요. 그런데 법칙이나 진리와 싸워보겠다고 덤볐으니 승부는 정해져 있던 거나 마찬가지지요.

박   저는 박근혜의 몰락을 정치적인 역학관계에서 생각하기만 했는데, 말씀을 듣고 보니 공감이 됩니다. 그런데 바보 같은 질문이기는 하지만, 왜 그렇게 어리석은 짓들을 하는 겁니까?

김   보수의 가치 가운데 하나가 중용이잖아요. 과격하지 않은 것, 절제하는 것, 적절한 한계를 지키는 것, 이런 게 보수의 중요한 가치예요. 그리고 그 가치는 보수주의자가 아니라도 존중해야 하는 것들이지요. 그런데 한국의 지배 세력은 자칭 보수라는데, 그 중용의 지혜가 없어요. 그래서 악을 행하면서 멈출 줄을 몰라요. 그래서 선을 넘어 끝까지 가는 거지요.

박   그건 또 왜 그렇습니까?

김   자기만 주체고 남은 모두 객체라는 홀로주체성 때문이지요. 쉽게 말해 자기밖에 몰라서 그래요. 타자성이라는 걸 알지 못하고 인정하려 하지도 않아요. 세상만사를 제 욕망에 따라서만 마음대로 주무르려 하게 되지요. 박근혜 집권 초창기부터 만기친람을 염려하는 소리들이 나오기 시작했던 거 기억하시나요? 하나에서 열까지 다 간섭한다는 거지요. 생각하면 국립대 총장 임명까지 청와대에서 개입할 필요가 뭐가 있나요? 총장 정도 할 사람이면 이미 다 순치된 사람들이어서 네 편 내 편 따지지 않아도 얼마든지 알아서 해줄 텐데. 대학에서 보면 지금 대부분 대학교수들은 이미 보수화될 대로 보수화된 사람들이에요. 그런데 총장 선출 건을 가지고 경우에 따라서는 몇 년씩이나 임명을 보류하면, 대학 행정은 어떻게 되나요? 아무리 보수적인 성향의 교수라도 누가 그런 행태를 두둔하겠어요? 사실은 대학에서 자기가 전적으로 믿을 만한 사람을 총장으로 임명한다고 해서 실제로 도움이 되는 것도 없어요. 그런데도 그걸 위해 그렇게 어리석은 짓을 하는 게 측은할 정도예요. 결국 그게 제 발등을 찍는 일이 될 줄 모르고.

박 대학의 우두머리를 자기 사람으로 심는 것이 왜 도움이 안 된다는 말입니까?

김 대학이라는 조직이 방송국과 다르니까 그렇죠. 방송국은 자기 사람을 사장으로 임명하면, 그 사람이 모든 뉴스와 프로그램의 내용을 통제할 수 있잖아요? 그래서 자기 사람을 심는 것이 도움이 돼요. 하지만 대학은 전혀 달라요. 한번 생각해보세요. 총장이 누구든 그가 내 연구 논문을 단 한 줄이라도 대신 써줄 수 있습니까, 강의를 단 10분이라도 대신해줄 수 있습니까? 귀찮게 방해나 하지 않으면 다행이지. 그 때문에 대학에서 누가 총장이 되더라도 교수와 학생들에게 미치는 영향력은 한계가 있는 거예요. 그리고 일단 총장이 되면 행정 일을 맡아보는 거니까 연구하고 가르치는 학문적 삶을 사는 건 불가능하다고 봐야죠. 그러니까 대학에서 총장의 권력이 얼마나 크든 작든 교수 사회에서 내적 권위를 가질 수는 없어요. 다만 대학에서도 누군가는 그런 행정 일을 맡아야 하고, 그건 또 그것대로 아무나 할 수 있는 일은 아니니까, 총장을 구성원들이 선출한 한에서 존중하고 또 원로로서 존경하는 거지요.

그런데 이런 걸 세속인들이 알 수가 있나요? 자기들이 사는 세계처럼 대학도 상명하복의 조직이라 착각하고는, 총장을 통해 대학을 통제할 수 있다고 생각하는 거예요. 그래서 이화여대의 경우처럼 총장과 학장을 시켜 해서는 안 될 일을 하게 되지요. 그럼 대학의 구성원들은 그걸 그냥 구경하고 있겠어요? 일반 교수들이나 학생들과 직접 상관이 없는 일이라면 처음에는 묵인할 수도 있고 방관할 수도 있지요. 하지만 대학의 모든 학사 과정이 결국에는 교수의 수업권과 학생들의 이해관계가 걸린 일인데, 그걸 침해하기 시작하면 누가 가만히 있겠어요? 평소에 아무리 정치와 담을 쌓고 연구만 하던 교수라 하더라도 가만히 있을 수 없게 되는 거지요. 이런 모든 일들이 박근혜 정부 들어 지속적으로 진행되어온 만행이에요.

박 그리고 그게 실제로 이화여대 사태로 터져 나온 거군요.

김 네. 그게 결국은 대학에 대한 무리한 개입에서 시작된 일이잖아요. 대학이 군대도 아니고 기업도 아닌데, 박근혜는 그걸 그렇게 생각한 거지요. 사실 이미 오래전부터 대학에 대한 정부의 간섭은 도를 넘었는데, 박근혜 정부 들어서 그것이 훨씬 극단적인 방식으로 악화되었고, 나중에 알려진 대로 이화여대의 경우엔 정유라 일까지 겹쳐 더는 용납할 수 없는 데 이른 거지요. 생각하면 이화여대 학생들이 처음 농성을 시작할 때만 하더라도 학교 내부의 문제가 박근혜 정부와 무슨 상관이 있는지 농성을 하는 학생들조차 몰랐겠지만, 근본에서는 대학에 대한 어리석은 압박과 개입이 이화여대에서 터져 나온 거라고 보아야겠죠. 과도한 개입이 학생들과 교수들의 저항을 부르고, 그것이 결국은 촛불 시위를 촉발한 결정적 계기가 된 거잖아요. 그 점에서 이화여대생들의 선구적 저항에 대해 우리 모두 감사해야 할 거예요.

『조선일보』와 청와대의 불화

박　좋습니다. 대학과 지식인 사회는 그 정도로 하고, 아까 선생님이 기업국가의 세 기둥의 하나로 언론을 거론하셨으니 이제 화제를 좀 바꾸었으면 합니다. 꽤 오랫동안 사람들이 『조선일보』, 『중앙일보』, 『동아일보』, 이 세 신문을 묶어 '조·중·동'이라 부르면서, 마치 이 셋이 자동적으로 한국의 보수 집권 세력과 한통속인 것처럼 말해왔는데, 이번에는 양상이 좀 달랐던 것 같습니다. 『조선일보』의, 특히 TV조선의 변신은 너무 갑작스럽고도 극단적인 반전이어서 보는 저도 적응이 되지 않을 정도였습니다. 이 균열은 어떻게 이해해야 할까요?

김　5년 권력과 100년 권력의 차이에서 오는 거지요.

박　그러고 보니 『조선일보』가 정말로 100년 역사가 되는군요.

김　네. 1920년에 창간되었으니까요. 내일 모레 백 살인 언론 권력이 보았을 때, 박근혜는 그냥 다섯 살짜리 유치원생이나 마찬가지예요.

박　그런데 어떻게 『조선일보』가 그런 박근혜를 지지할 수 있었을까요?

김　제가 그냥 짐작하기로는, 박근혜가 아무것도 모르는 유치원생이니까 다루기 쉬우리라고 생각했겠죠. 어차피 5년짜리 대통령이니까 하고, 만만하게 본 측면도 있을 거고요.

박　그럼 『조선일보』가 실수한 거라고 해야 할까요?

김　그렇게 말해야겠죠? 사실은 『조선일보』가 박근혜를 대통령으로 만들었다고 해도 과언이 아닌데, 이제 박근혜 때문에 같이 망하게 생겼으니까요.

박　『조선일보』가 박근혜를 대통령으로 만들었다는 건 비유입니까, 아니면 객관적 사실인가요?

김　그 중간쯤 되겠군요. 박근혜가 한나라당에 입당하면서 정치를 시작한 것이 1997년 12월 10일이더군요. 이듬해인 1998년 4월 2일 대구 달성에서 보궐선거를 통해 국회의원이 되었고요. 1997년 말이면 이른바 외환위기가 닥쳤을 때고, 그 여파로 12월 18일 있었던 대통령 선거에서 김대중 후보가 당선된 해이기도 합니다.

박　『조선일보』와는 무슨 상관입니까?

김　1997년 10월 20일부터 당시 출판국 부국장이었던 조갑제 씨가 '내 무덤에 침을 뱉어라'라는 제목으로 『조선일보』 지면에 박정희의 전기를 연재하기 시작했습니다. 이로써 『조선일보』는 1979년 박정희가 사망한 후 처음으로 그를 본격적으로 부활시키고 복권시켰다고 말할 수 있습니다. 전두환과 노태우는 박정희 아래에서 출세한 사람들이었지만, 박정희를 불러내봐야 독재자의 후예라는 소리나 듣지 자기들에게 도움이 될 게 별로 없으니까 애써 모른 척했고, 그 뒤 김영삼 대통령은 유신독재 시절에 반독재 투쟁의 투사로서 박정희와는 상극의 관계였던 터라, 사실 그 전까지는 한국의 공론장에서 박정희가 그렇게 자주 호명될 일은 없었어요. 지금 사람들이 말하는 박정희 신화나 박정희 향수 같은 건 아직 그렇게 강렬하지는 않았다고 보아야지요.

박　그럼 그것이 그 후 더 강렬해졌다는 말씀입니까?

김　네. 일단 외환위기가 대다수 한국인들로 하여금 다른 무엇보다도 돈을 최고의 가치로 여기게 만들었어요. 2002년에는 아예 광고 카피 가운데 "부자 되세요"라는 말이 유행했던 거 기억하시죠? 세상에 더없이 천박한 광고였지만, 그런 광고가 히트할 만큼 다들 먹고사는 문제 앞에서 불안과 공포에 떠는 시대가 된 거예요. 그렇게 모두가 돈, 돈 하던 시절에 『조선일보』가 박정희를 무덤에서 불러낸 거지요. 그리고 거기 화답하듯 박근혜는 정치를 시작했고요. 아무것도 아닌 박근혜에게 『조선일보』가 아비의 후광으로 날개를 달아준 셈이지요. 그래봤자 밀랍으로 만든 가짜 날개에 지나지 않는 거였지만, 역사의 바퀴가 한번 구르기 시작하면 그것도 나름의 관성이 있기 때문에 갈 데까지 가서야 멈추는 법이잖아요. 결국 그게 박근혜의 대통령 당선까지 이어진 거지요.

박　그런데『조선일보』는 왜 박근혜와 불화하게 된 겁니까? 그리고 선생님은 그 불화를 언제 명확하게 인지하셨나요?

김　『산케이신문』의 구로다 가쓰히로(黑田勝弘) 서울지국장이 쓴 글 때문에 기소되었을 때 분명히 알았어요. "『조선일보』가 박근혜를 버렸구나." 저는 구로다 기소 사건이 일어나기 전까지만 하더라도『조선일보』의 최보식 기자가 썼다는 칼럼을 전혀 몰랐어요. 그런데 그 일이 일어나고 나서 문제의『조선일보』칼럼을 찾아보니 정말 기절초풍할 내용이더라고요. 2014년 7월 18일에 쓴 그 칼럼은 제목부터가 '대통령을 둘러싼 풍문'인데, 본문을 보면 요지는 '풍문 속 인물인 정윤회 씨'와 박근혜의 관계를 우리가 알 만큼 알고 있다는 말인 거예요. 사실, 찬찬히 검색을 해보니 최보식 기자가 글을 함부로 아무렇게나 쓰는 사람이 아니에요. 내용에서 대부분은 저도 공감할 수 있는 것들이고, 논의를 전개하는 형식도 결코 우격다짐으로 자기주장을 늘어놓는 사람이 아니더라고요. 그러니까 객관적으로 확인된 증거를 확실히 움켜쥐고 있지 않다면 절대로 그런 글을 쓰지 않았을 거예요. 그런데 아무리 선의의 충고라도 할 말이 있고 못할 말이 있지, 대통령의 사생활에 대해서 다른 신문도 아니고『조선일보』가 그렇게 노골적으로 말을 했다면, 그건 이미 둘 사이의 관계가 끝난 거라고 저는 확신했어요.

박　그 이유가 뭐라고 생각하셨나요?

김　결국 세월호 때문이었겠죠. 그 문제의 칼럼도 세월호 얘기로 시작해요. 세월호 때 박근혜가 어디서 무엇을 했는지 김기춘 비서실장이 모른다고 한 것을 문제삼으면서 정윤회 씨 이야기로 넘어가는 거였지요.『조선일보』가 당시 확인한 풍문의 진상이 구체적으로 무엇이었는지는 알 수 없지만, 분명한 건『조선일보』입장에서조차 박근혜의 행태를 그대로 방치했다가는 앞으로 남은 4년 동안 나라가 어떻게 될지 모르겠다는 위기의식이 있었음이 틀림없다고 생각했어요.

박　『조선일보』도 나라 걱정을 하는군요.

김　기자 개인의 입장이 아니라『조선일보』라는 거대 조직의 입장에서 볼 때 무슨 대단한 애국심이라기보다는, 박근혜의 공과에 따라 차기 정권의 재창출이 쉬워질 수도 있고 어려워질 수도 있으니까 걱정을 하지 않을 수 없는 거겠죠. 최보식 기자는 그 후에도 청와대를 향해 쓴소리를 담은 칼럼을 자주 쓴 편인데, 악의적인 비판은 거의 없었고 대개는 누가 보아도 지당한 충고와 조언의 말이에요. 하지만 그 충고에는 나름의 절실함이나 절박함이 느껴져요. 그러니까『조선일보』는 박근혜의 치부를 알 만큼 알고 있으면서도 가능한 한 상황이 파국에 이르지 않도록 관리하려고 애를 썼다고 봐야겠죠.

그런 성의가 지난해 2016년 4월 총선까지 이어졌다고 할 수 있겠는데, 여당이 선거에서 졌잖아요,『조선일보』가 그렇게도 지원해주었는데도. 거기서『조선일보』가 인내의 한계에 도달한 거죠. 이대로는 대선에서 이기기 어렵겠다는 염려가 생기지 않았다면 이상한 일 아니겠어요? 그 조바심이 청와대의 우병우 민정수석에 대한 비판으로 나타난 거고, 그에 대해 청와대가 과잉 반응을 함으로써 두 진영 사이의 관계가 돌이킬 수 없이 파국으로 치달은 거지요.『조선일보』는 대국적 견지에서 우병우를 정리할 때가 되었다고 충고한 건데, 청와대가 도리어『조선일보』의 송희영 주필의 비리를 폭로함으로써 우병우가 아니라 거꾸로 송 주필이 사직하고 사법 처리를 받게 되는 상황에 처했으니『조선일보』의 자존심이 어떻게 되었겠어요? 그 둘이 이쪽저쪽 가릴 것 없이 조폭 집단이기는 마찬가지인데,『조선일보』입장에서는 외부에는 본보기가 되고 내부적으로는 조직의 안정을 위해서도 이제 상대를 가혹하게 응징할 수밖에 없게 된 거죠. 사람들은 박근혜가 탄핵 소추를 당하는 과정에서 가장 크게 기여한 언론으로 손석희 사장의 JTBC를 먼저 떠올리겠지만, 실상 저는 그보다는 TV조선의 공이 더 크다고 봐요.

박　듣고 보니 재미있는 말입니다. 왜 그렇다고 생각하십니까?

김　사람이 보던 채널을 쉽게 바꾸지 않아요. 특히 진보적이든 보수적이든 정치적 당파성이 강한 사람들은 더 그렇지요. 늘 보던 것만 찾아서 보지요. 그런데 박근혜의 열성 지지자들이 가장 많이 보던 종편이 TV조선 아니에요? 그런데 하루 종일 거기서 박근혜를 물고 뜯고 조롱하는데 지지도가 4퍼센트로 떨어지지 않을 재간이 있겠어요? 왜 언젠가 유시민 씨가 그랬잖아요. 나라를 팔아먹어도 대한민국 국민들 중에 1/3은 여전히 같은 집단을 지지할 거라고. 그런데 그렇게 견고하다던 콘크리트 지지층이 무너진 건 TV조선과 『조선일보』 때문이라고 생각해요. 그리고 그 힘으로 탄핵도 가능했던 거죠. 저는 여의도에서 정치하는 사람들, 여당은 말할 것도 없고 야당 국회의원들도 단순히 촛불에 떠밀려서 탄핵을 추진했다고 생각하지 않아요. 『조선일보』까지 박근혜에게 등을 돌렸기 때문에 이것저것 고민할 필요 없이 안전하게 탄핵 열차에 올라탈 수 있었던 거지요.

박 좀 성급한 질문일지 모르겠지만, 앞으로도 대선 국면에서 『조선일보』가 그런 영향력을 행사할 수 있을까요? 선생님은 『한겨레』의 글에서 야당이 필경 『조선일보』의 분열 공작에 놀아날 거라고 예측하셨는데, 여전히 그렇게 생각하십니까?

김 정확하게 말하자면, 그건 예측이라기보다는 경고의 뜻이었지요. 한국 정치는 워낙 변수가 많아 내일을 점치기 어려운 데다가 야당 사람들은 내적으로는 모래알과 같아서 언제 어떻게 돌변할지 알 수 없어요. 그래서 그걸 경각심을 가져야 한다는 의미에서 말한 거죠. 당연히 그렇게 되지 말아야죠. 그러나 『조선일보』가 앞으로 자기들이 원하는 방식으로 대선을 이끌어가기 위해 치밀하게 공작을 펼치리란 건, 정해진 일 아니겠어요? 하지만 『조선일보』 입장에서도 그게 마냥 쉬운 일은 아닐 거예요. 대선 후보들 가운데 『조선일보』가 지지할 만한 후보가 있는지도 의문이고, 있다 하더라도 당선 가능성이 있는지도 확실하지 않으며, 설령 원하는 후보가 당선된다 하더라도 박근혜와의 경우처럼 불화하지 말란 법도 없으니 『조선일보』도 머리가 복잡하기는 할 거예요.

하지만 정말로 『조선일보』가 영리한 신문이라면, 지금은 이런 것보다는 더 근본적인 걸 염려할 때지요.

박　더 근본적인 거라니요?

김　자기 코가 석 자인데, 대통령 선거 걱정할 때는 아니지요.

박　『조선일보』가 위기에 처했다는 뜻입니까?

김　이미 신뢰를 상실한 거 아닌가요? 사실 『한겨레』나 『경향신문』이 아니라 TV조선이야말로 민중적 매체였지요. 이른바 민중들이 『한겨레』나 『경향신문』을 얼마나 보나요. 그런데 민중이 어리석은 것처럼 보여도 그렇지 않아요. 언론이 이렇게 표변하는구나, 그러니 함부로 믿을 게 아니구나, 이렇게 생각하지 않겠어요? 『조선일보』의 독자는 또 어떻겠어요? 『조선일보』가 박근혜를 대통령으로 만들었다고 할 수 있는데, 그럼 어떤 식으로든 거기 책임이 있는 거 아니에요? TV조선과 『조선일보』의 주된 소비층은 다르겠지만 두 매체 모두 각각의 소비층에게서 신뢰를 잃었다고 저는 생각해요. 그리고 그 여파가 서서히 닥쳐오겠죠. 지금 한국인들이 삼성에 얼마나 차가워졌는지 한번 생각해보세요. 『조선일보』도 마찬가지죠. 오동잎이 떨어지면 가을이 온 것을 안다고, 박근혜와 이재용의 삼성이 흔들리는데, 『조선일보』는 무사하겠어요? 바보가 아니라면 누구라도 『조선일보』와 삼성 그리고 박근혜가 원래 한통속이었던 것을 아는데, 아무리 탄핵 국면에서 박근혜에 대해 적대적 입장을 취했다 하더라도, 한국 정치가 이토록 절망적인 파행을 겪게 된 것에 대해 자기는 아무 책임이 없는 것처럼 행세한다면, 그게 용납될 수 있겠어요? 지금은 사람들이 박근혜와 그 주변 그리고 삼성의 이재용에게 관심이 쏠려 있지만, 그들에 대한 단죄가 일차적으로 매듭지어지고 나면 어떤 식으로든 『조선일보』에 대한 책임을 묻게 될 거라고 저는 생각해요. 또 그렇게 되어야 하고요. 『조선일보』도 그런 상황을 모르지는 않을 테니까 머리가 복잡하겠지요.

박　제가 『조선일보』를 염려할 입장은 아니지만, 뾰족한 대책이 있을까요?

김　글쎄요 ……. 아마 없겠죠? 지금 한국 사회가 내부로부터의 그리고 아래로부터의 나라 바로 세우기에 들어간 과정이라고 할 수 있겠는데, 이 과정에서 필연적으로 역사 청산 또는 과거 청산이 요구될 거예요. 지금 박근혜나 이재용에 대한 단죄도 그런 과정의 일환이겠지요. 그런데 『조선일보』는 너무 많은 악업을 쌓았기 때문에 어떤 식으로든 단죄를 피하기 어렵겠지요.

박　일제강점기 때 친일 부역부터 시작해서.

김　저는 사실 그건 이해할 수 있어요. 일제강점기 때 『조선일보』가 친일 행위를 하지 않았다고 말할 생각은 없지만, 그걸 가지고 『조선일보』가 나빴다고 말한다면 저는 공정한 평가는 아니라고 생각해요.

박　선생님처럼 비타협적인 안티-조선 지식인 입에서 그런 말을 듣는 건 의외입니다.

김　물론 제가 일제강점기 때 『조선일보』의 행태가 아무 문제가 없다고 판단하는 건 아니에요. 하지만 우리 민족 전체가 일제의 폭력 아래서 말할 수 없는 고통을 겪고 있었던 시절에 무조건 거기 비타협적으로 저항하지 않았다고 해서 그걸 비난하는 건 옳다고 생각하지 않아요. 이 점에 대해서는 저 같은 문외한이 아니라도 한홍구 교수 같은 전문가들이 더 잘 설명하고 있으니 여기서 길게 이야기할 필요는 없겠지만, 벽초 홍명희가 『임꺽정』을 연재했고 만해 한용운이 『삼국지』를 연재했던 신문이 『조선일보』였어요. 말년에 만해가 병들어 누웠을 때 그를 돌본 사람도 『조선일보』 방응모 사장이었지요. 어떤 의미에서는 우리 민족 전체가 갇혀 있었던 감옥 속의 그 작은 숨구멍을 통해 벽초와 만해 같은 분들이 고통받는 민중에게 용기와 위로의 말을 건넬 수 있었던 거예요. 생각하면 눈물 나는 일이죠.

박　그런데 선생님이 그토록 비타협적으로 『조선일보』를 멸시하고 비판하는 이유는 무엇입니까?

김 1987년 민주화된 뒤 그 신문의 행태가 용서받을 수 있는 선을 넘었다고 판단하기 때문이에요. 더는 일본 제국주의자들의 강제도, 군사독재 권력의 폭력도 없는 자유로운 세상이 되었잖아요. 그리고 그 자유로운 세상에서 『조선일보』가 어떤 의미에서는 가장 강력한 권력이 된 거고요. 말하자면 타율적 강제 아래 있던 노예의 자리에서 자유로운 주체가 된 거예요. 엄밀하게 말해 노예에겐 도덕이 없어요. 도덕은 자유인에게만 가능한 사태인 거지요. 이런 의미에서 민주화되기 전에는 모든 언론이 독재권력 아래 노예적 예속 상태에 있었기 때문에 도덕적 면책을 주장할 수 있었지만, 민주화 이후에는 자기 행위에 대해 도덕적 책임을 질 수 있고 또 져야 할 시대가 된 거예요. 어떤 의미에서는 언론이 처음으로 도덕적 시험대 위에 서게 되었다고 말할 수 있겠지요. 그런데 『조선일보』는 그 시험에서 떨어진 신문이에요. 민주화가 가져다준 언론의 자유를 용서받을 수 없는 방식으로 악용했어요.

박 그건 비단 『조선일보』만의 문제는 아닐 텐데, 선생님이 『조선일보』를 유독 비판하는 이유가 있습니까?

김 물론 다른 족벌 언론도 하는 짓은 다 비슷합니다. 그런데 다른 신문은 데마고그 수준이에요. 악의적 선동가들이지요. 그러나 『조선일보』는 단순한 선동가가 아니고 그 자체가 지배 권력이에요. 차원이 달라요. 민주국가란 총칼이 아니라 말과 여론이 지배하는 나라잖아요. 그런 까닭에 언론은 언제나 잠재적 권력이에요. 그래서 그 책임도 무겁지요. 그런데 『조선일보』는 한편에서 언론의 힘을 너무도 잘 알고 있으면서 그 힘을 악용했어요. 아무런 저어함도 없이! 그 권력은 박정희와 전두환이 총칼로 약자를 수탈했다면, 말을 통해 이 땅의 가난한 사람들을 착취하고 약탈한 권력이에요. 그래서 독재 권력을 무너뜨려야 했듯이 『조선일보』라는 새로운 권력을 무너뜨려야만 세상이 바로 서는 거예요. 그게 제가 일관되게 『조선일보』를 비판하는 이유예요.

박 그래도 이 정부 들어서는 아까 선생님이 언급한 세월호 관련 칼럼처럼 정부 비판을 꾸준히 해오지 않았나요?

김 제가 『조선일보』가 정부를 비판하지 않는다고 비판하는 건 아니죠. 세월호만 두고 보더라도 『조선일보』가 그 사건의 여파로 정권 재창출이 어려워질까 염려한 거지, 그게 아니라면 세월호 유가족의 고통에 대해 『조선일보』가 어떤 관심을 보인 적이 있었던가요? 물론 『조선일보』도 가난한 사람들, 사회적 약자에 대한 동정심이 있는 신문이에요. 그런데 가난한 사람들이 집단화되고 정치화되는 순간 돌변한다는 걸 잊으면 안 돼요. 이건 비단 『조선일보』뿐만 아니라 한국 보수 언론의 고질적 문제지요. 예를 들면 『조선일보』가 개인으로서 장애인에게 아무리 넘쳐나는 동정심을 보여준다 하더라도, 그것이 장애인들의 정치적 자기조직화나 집단적인 권리 주장을 옹호하는 데로 나아가지는 않아요. 그들에게 약자는 언제나 수동적인 시혜의 대상으로 남아 있어야 하는 거고, 사회정의는 보편적인 법과 제도를 통해서가 아니라 개인의 도덕 차원에서만 환기되어야 하는 거예요. 그래서 예를 들면 개별적인 사립학교의 비리에 대해 『조선일보』가 근엄하게 비판하고 훈계할 수 있다 하더라도, 그런 재단 비리를 원천적으로 방지하기 위해 사립학교법을 만들자고 나서면 기를 쓰고 반대하는 거고, 또 가난한 소년 소녀 가장을 소개하면서 독자들의 눈물샘을 자극하다가도 막상 보편적 복지의 차원에서 학교에서 무상급식을 하자고 하면 돌변해서 반대하는 거지요. 이처럼 모든 사회문제를 탈정치화하는 것이 바로 한국의 지배계급이 사회적 모순을 관리하는 방식이에요. 그리고 그 최전선에 『조선일보』가 있지요. 그래서 한국 사회의 한 단계 도약을 위해서, 이제는 제거해야 할 걸림돌인 거예요.

세월호, 새로운 시작

박 좋습니다. 박근혜 정부가 위기에 처하게 된 원인을 이야기하다가 『조선일보』까지 왔는데요. 들으면서 생각하니 선생님이 말씀하신 원인들로 지금의 사태를 설명한다면, 결국 모든 일이 지배 세력 내부의 불화에서 비롯되었다고 할 수 있겠습니다. 그러면 국민은 다 구경꾼이었고 역사의 변화는 늘 지배계급 내에서 일어나는 건가 하는 의문이 듭니다. 그리고 그 추운 날 시민들이 광장에서 촛불을 드는 것도 지배계급의 도발에 대한 일종의 조건반사적 반발 행위란 말인가 하는 의문도 들고요. 선생님께서 평소에 이런 식으로 민중의 봉기를 수동적인 반작용으로 해석하지 않은 걸로 알고 있는데, 이번 일은 어떻게 보십니까? 박근혜 정부가 위기에 처하게 된 원인을 민중들 내부로부터의 능동적 움직임으로부터 설명할 수는 없습니까?

김 좋은 질문입니다. 당연히 설명할 수 있지요. 그리고 저도 지배 세력 내의 균열에 대해서는 어지간히 이야기를 한 것 같으니, 이제 그 이야기로 넘어갈 차례가 된 것 같습니다.

박 제가 처음에 물었던 방식으로 다시 질문을 드리자면, 그럼 선생님은 지배 세력 내부에서처럼, 한국의 민중들 또는 소박하게 시민이나 국민들의 어떤 움직임 속에서도 곧 닥쳐올 봉기의 가능성이나 필연성을 발견하셨습니까?

김 다른 무엇보다 세월호 침몰 사건 이후 그에 대한 한국 사람들, 특히 그중에서도 젊은 사람들의 반응과 태도를 보면서 임박한 파국을 예감하고 또 확신할 수 있었지요.

박 그게 어떤 의미에서 새로운 봉기의 시발점이라 생각하신 건가요?

김 그 사건은 한국 사회에 국가의 존재이유에 대해 심각한 질문을 던진 사건이지요. 그 큰 배가 그리도 속절없이 침몰했다는 것은 대한민국이라는 국가 자체가 침몰해 바닥까지 가라앉은 사건이라고 해야겠지요. 여기서도 반자도지동(反者道之動)이라고 더 내려갈 수 없는 바닥을 쳤으니 떠오를 일만 남은 것 아니겠어요?

박　하지만 떠오르기 위해서는 반전의 계기가 있어야 할 것 아닙니까? 그 계기가 보였습니까?

김　처음에는 아니었습니다. 이제 떠오르는 일만 남았다고 일종의 당위랄까 논리적 필연성을 생각하기는 했지만, 당장 현실에서 반전의 계기가 또렷이 보이지는 않았습니다. 하지만 그건 처음에 그랬다는 말이고 곧 상황이 달라지는 게 보였는데, 저에게 세월호에 관해 가장 놀라운 일은 그때부터였습니다.

박　무슨 말씀입니까?

김　네. 사람들이 애도를 멈추지 않는 거예요. 한 달이 지나고 두 달이 지나고, 봄이 여름이 되고 여름이 가을이, 또 가을이 겨울이 되었는데, 사람들이 애도를 멈추지 않더라고요. 1987년 이후 제가 기억하기론 그토록 많은 사람들이 그토록 집요하게 타인의 고통에 대해 응답한 것은 처음 있는 일일 거예요. 비슷한 일이 예전에 의정부 미군 전차에 치여 미선·효순 양이 사망했을 때였던 것 같은데, 그때도 지금처럼 오랫동안은 아니었잖아요. 저는 그런 걸 생각하면서 사람들이 때가 되면 세월호를 잊고 다시 일상으로 돌아갈 줄 알았어요. 그런데 그러기는커녕 도리어 분노와 애도가 더 확산되는 걸 보고 너무나 놀랐어요.

박　여기서 놀라움은 감동이란 뜻이지요? 그런데 그게 정말로 그렇게 놀라운 일이었습니까? 예전에는 비슷한 예가 없어서 그런가요?

김　제 말은 1987년 이후 비슷한 예가 없다는 뜻입니다. 그 전에는 없지 않았습니다. 전태일의 분신 이후 한국의 학생운동은 거의 오로지 전태일의 죽음에 대한 응답이라고 해도 과언이 아닙니다. 전태일이 근로기준법을 처음 접했을 때 깨알 같은 한자에 좌절하면서 대학생 친구라도 하나만 있으면 좋겠다고 말했다잖아요. 그렇게 그가 세상을 떠난 뒤, 대학생들이 살아 있는 또 다른 전태일들의 친구가 되자고 우후죽순으로 여기저기서 야학을 만들었는데, 그 공간은 대학생들에게나 노동자들에게나 새로운 시대, 새로운 운동의 못자리(묘판苗板) 같은 거였습니다. 그 후 1980년대 들어서면 5·18에 대한 애도와 분노가 한 시대를 이끌었다고 말할 수 있겠는데, 당시 "광주를 기억하라"는 것은 깨어 있는 젊은이들에겐 일종의 정언명령 같은 거였지요. 그런 의미에서 보자면 그렇게 타인의 고통과 슬픔에 대한 집요한 애도와 응답은 한국 역사를 이끌어온 근원적 에너지라고 말할 수 있습니다.

박   선생님이 5·18을 가리켜 '응답으로서의 역사'라고 불렀던 것도 그런 의미에서였겠지요. 그런데 세월호 사건이 그런 응답의 역사를 새롭게 촉발한 까닭이 뭐라고 생각하십니까?

김   솔직하게 말씀드리면 처음엔 그럴 줄 몰랐습니다. 왜냐하면 언제나 하나의 응답이 새로운 응답을 부르기 때문입니다. 5·18은 그 자체가 시대의 고통에 대한 적극적인 응답이었습니다. 전태일의 죽음 역시 단순히 수동적인 수난이 아니었고 동료 노동자들의 고통에 대한 적극적인 개입과 응답의 사건이었습니다. 5·18도 수난이라면 수난이었고 전태일도 희생이라면 희생이었지만, 그것은 수동적으로 고난을 당한 사건이 아니라, 역사를 위해 능동적으로 고난을 짊어진 사건이었지요. 바로 그 능동성 때문에 또 다른 능동적 응답을 촉발했던 것입니다.

박   그런데 그에 비하면 세월호 사건은 단순히 수동적인 당함으로서의 고난이라고 말할 수도 있는 것 아닙니까?

김   네. 실은 저도 처음에는 그렇게 생각하고 그 사건이 새로운 항쟁의 기폭제가 되리라고 예상하지 못했더랬습니다. 안산이 어떤 동네입니까? 수도권에서 가장 소외된 지역 가운데 하나이고, 거기다 태반이 외국인 노동자고 그렇잖아요. 거기에 자녀들이 수학여행 가다가 그 사고를 당한 건데, 예전 같았으면 그렇게 오랫동안 애도했을까요? 처음엔 저도 조금은 냉정하게 관찰했어요. 언제 끝나지, 이 애도가? 생각하면 예전에도 여러 가지 비슷한 사건들이 많았어요. 한번은 아들이 수련회 갔다가 화재로 사망한 뒤에 오죽하면 올림픽 금메달리스트가 메달 반납하고 이민 간 사건까지 있었잖아요. 이런 국가에 살고 싶지 않다고. 그런 게 우리나라예요. 하지만 변한 건 없었거든요. 그런데 세월호의 경우에는 그 애도의 불꽃이 꺼지지 않더라고요. 꺼질 때가 훨씬 더 지났는데 안 꺼지고 이어지더니 박근혜 탄핵 불꽃으로 옮아붙은 거잖아요.

박　그럼 선생님 보시기에 세월호 사건이 그런 기폭제가 될 수 있었던 이유가 뭡니까?

김　때로는 성급한 행동보다 도리어 진실에 대한 냉철한 인식이 더 큰 역사적 변화를 불러온다고나 할까요. 세월호 사건은 우리들 한국인을 발가벗겨서 거울 앞에 세운 사건과 같습니다. 자기의 숨길 수 없는 치부를 정면으로 응시하지 않을 수 없도록 만든 사건이지요. 사람들이 현실을 적당히 긍정하는 한, 현실을 바꾸려 하지 않습니다. 밖에서 좀 시끄러운 일이 있어도, "그만하면 나쁘지 않은데 왜들 야단이야?" 이렇게 한마디 하고 다시 돌아누워 잠드는 거란 말이에요. 그런데 세월호는 한국인들로 하여금 그런 허위의식에서 정말로 처절하게 깨어나게 만든 사건이라고 말할 수 있겠습니다. 그건 아무리 이해하고 정당화하려 해도 절대로 이해할 수도, 정당화할 수도 없는 사건이었으니까요.

박　그래도 세월호 사건을 두고 교통사고라고 말한 사람도 있습니다.

김　그가 새누리당 의원이었나요? 그런 말이 예전 같으면 다수에게 먹혀들어갔을 수도 있지요. 하지만 세월호는 그런 말을 하는 사람을 더는 용납하지 못하게 만들었다는 점에서도 크게 기여했다고 말할 수 있겠습니다. 한국 사회의 몰상식에 대한 거울이기도 했던 거지요. 그 몰상식 가운데 최고가 뭐였겠습니까? 사고가 나고 일곱 시간이나 지난 뒤에 대통령이란 사람이 어디 있다 나왔는지 부스스한 머리에 게슴츠레한 눈으로 처음 나타나 "모두 구명조끼를 입었다는데 그게 발견하기가 그렇게 힘듭니까?"라고 물은 것 아니겠습니까.

하지만 이건 시작이었을 뿐, 그 뒤에 박근혜 정부가 사고의 사후 수습이나 진상 조사와 관련해서 보여준 행보는 사람들로 하여금 한국 사회에 대해 마지막 남은 신뢰마저도 버리지 않을 수 없게 만드는 패악질이었다고밖에 표현할 수 없겠습니다. 회상해보자면 박정희 때 서울의 와우아파트가 무너진 일도 있었고, 그 뒤 김영삼 대통령 시절에는 1994년 하필 출근하고 등교할 시간에 성수대교가 끊어져 졸지에 버스에 타고 있던 사람들이 한강에 추락해 사망한 일도 있었고, 바로 이듬해인 1995년에는 서울 강남에서 가장 고급스러운 백화점이라 했던 삼풍백화점이 무너져 무려 502명이 사망한 사건도 있었지요. 하지만 그때만 하더라도 그건 건설 비리에 의해 일어난 사건으로 간주되어, 정권의 위기로까지 치닫지는 않았었습니다.

그런데 세월호 사건은 박근혜가 진상 조사를 집요하게 방해하기 시작하면서 스스로 알뜰하게 자기 자신의 위기로 만들어 나간 사건이라고 보아야겠지요. 그건 무언가 세월호와 관련해서 자기에게 감추어야 할 치부가 있다는 걸 의미하는 거니까요. 그런 때 감추면 더 보고 싶은 것이 인지상정인데, 그분은 공주님으로 자란 분답게 남의 눈은 원래 개의치 않는 분이니까 아랫것들이야 뭐라고 하든 다 무시하고 열심히 자기 무덤을 파기 시작한 거죠. 『조선일보』가 염려할 만큼.

한국의 특권 계급에 속하는 사람들이 참 그렇게 잔인하죠? 삼성반도체에서 백혈병으로 죽은 노동자들에게 이건희, 이재용 부자가 하는 짓이나, 박근혜가 세월호 유가족들에게 하는 짓이 사람의 탈을 쓰고서 해서는 안 될 짓이지만, 아비 때부터 내려온 집안의 내력이니, 달리 어쩔 수도 없었겠죠. 뭐 보고 배운 게 있어야지. 그런데 그 모든 걸 젊은 사람들이 본 거예요. 세월호에 타고 수학여행 가다가 죽은 학생들 또래의 젊은이들이 다 본 거죠.

박 갑자기 궁금해서 묻습니다만, 한국의 특권층이 그렇게 잔인한 까닭이 정말로 뭡니까?

김 한국 사람들이 너무 착해서 그래요. 부질없이 너무 착하죠. 나라 금고 비었다니까, 정부가 내일 모레 노동자들 정리해고하리라는 생각은 꿈에도 하지 못하고, 어려운 때 쓰겠다고 장롱 속에 숨겨두었던 금을 모아서 내놓지를 않나, 삼성 배가 가다가 유조선을 들이받아 태안반도가 온통 기름으로 뒤덮였을 때, 정작 책임져야 할 삼성은 항해일지 조작하고 있는데, 수십만 명이 거기 가서 발암물질 범벅인 원유 묻은 바위를 손으로 닦아내지를 않나, 제가 아는 한 이렇게 착한 사람들 세상에 없어요. 그렇게 대책 없이 착하니까, 밟는 거예요. "어, 이것들 봐라. 이렇게 밟아도 가만히 있네." 그러면서 밟는 거지요. 아주 끝까지, 잔인하게. 재미로 밟아요.

그런데 착한 사람들이 돌아서면 무섭죠. 왜 사랑하는 사람과 헤어질 때도 그렇잖아요. 최선을 다하지 않은 사이에서는 미련이나 회한이 남지요. 내가 좀 더 잘해줄걸 하는 생각이 들 수 있잖아요. 그런데 최선을 다한 경우에는 그런 미련이나 회한이 안 남잖아요. 사실은 한국 사람들이 나라에 대해 가지고 있는 감정이 그런 거와 비슷해요. 가끔 외국인들, 특히 서양 사람이 한국인들보고 다소 비판적인 관점에서 너무 매사에 정치적이라 하잖아요. 세 명만 모이면 정치 얘기고, 온갖 일을 정치적 관점에서 논한다고. 그런데 그게 그만큼 나라에 대해 관심이 많고 나라를 사랑한다는 얘기거든요. 그런 게 외환위기 때 금 모으기나, 태안반도 기름 닦기로도 나타나고 거슬러 올라가면 임진왜란 의병으로도 나타나는 거잖아요.

박   서양 사람들은 정치 얘기 안 합니까? 더 할 것 같은데요.

김   거기야 시스템이 안정된 편이니까 우리보다 팔자가 좋으니, 시도 때도 없이 나라 걱정을 할 필요는 없지요. 물론 서양 여러 나라도 앞으로는 좀 달라질 거예요. 미국에서는 트럼프가 대통령이 되고 유럽에서는 테러로 몸살을 앓게 되니, 거기서도 정치가 우아한 게임이 아니라 이제는 사람을 격앙시키는 주제가 되겠지요. 하지만 지금까지는 상황이 우리보다 비교할 수 없이 좋았다고 봐야지요. 거기서는 정치 얘기를 하더라도 우리처럼 감정적으로 격앙해서 다툴 일은 그리 많지 않았으니까요. 그러니까 정치 얘기는 말고 우아하게 학문과 예술에 대해 고상한 이야기로 날밤을 샐 수도 있었겠지요. 하지만 우리는 식민 지배 끝나니 분단이고, 분단이 되니 전쟁이고, 전쟁 끝나니 독재인데, 어떻게 나라 걱정을 안 할 수 있겠어요? 그런 나라에 살면서 야만적인 국가 폭력 앞에서 언제 어떻게 상처 입을지 모르는데, 나랏일에 대해 예민해지는 게 너무나 당연한 일 아니에요? 정치적 입장이 뭐든지 간에 말이에요.

그런데 그런 열렬한 정치적 관심이 1987년 이후 한동안 잦아들었던 건, 그만큼 우리가 상대적으로 안정된 사회에서 큰 걱정 없이 살았기 때문이라고 이해할 수 있을 거예요. 사람이 한평생 정치적 광장에서 반독재투쟁 하자고 태어난 것도 아니고, 풍찬노숙하면서 독립투쟁 하자고 태어난 건 아니잖아요. 아무 염려 없이 행복하게 살 수 있다면 그보다 좋은 일이 어디 있겠어요? 그런 의미에서 1987년 이후 태어나 한 번도 최루탄 가스에 눈물 콧물 흘려본 적 없이 살 수 있었던 젊은 세대는 그 점에서는 참으로 행복한 세대라고 할 수 있지요. 부모 세대의 입장에서는 그걸 나쁘다고 타박할 이유도 없는 거고요. 그런데 세월호가 어떤 의미에서는 단군 이래 가장 행복한 세대를 잠에서 깨운 거예요. 그만 자고 일어나라고, 이제 일어날 때가 되었다고! 나라가 침몰하고 있으니 가만히 자고 있다가는 다 죽을 거라고 깨운 거지요.

앞에서 제가 세월호 사건 같은 건 이승만의 패악질을 아는 기성 세대의 입장에서 딱히 놀랄 일도 아니라는 식으로 말을 했습니다만, 이런 말은 지금의 젊은 세대에게 해당되는 말은 아니죠. 세월호 타고 수학여행 가다가 변을 당한 학생들 또래가 어떤 세대인지 한번 생각해보세요. 유치원 또는 초등학교 들어갈 무렵에 한국이 월드컵에서 4강에 드는 걸 보면서 철이 든 세대 아니겠어요. 그보다 조금 더 나이 든 젊은이들은 박세리 선수가 양말 벗고 연못에 들어가 공을 쳐서 기어이 골프 대회 우승하는 걸 보았던 세대고요. 그 뒤엔 쇼트트랙 선수들이 앞 사람 엉덩

이 밀면서 금메달을 쓸어오는 것을 보고 자란 세대, 양궁은 한국 선수들 견제하기 위해 아예 경기 규칙을 바꾸는 것을 보면서 자란 세대 아닙니까. 나중엔 김연아 선수가 세계 피겨를 평정하는 것을 보면서 자란 세대잖아요. 스포츠가 나라의 위상을 다 말해주지는 않지만, 어린 나이에 철학이나 예술 또는 민중항쟁의 역사보다는 스포츠 보면서 한국인이 되는 것이 자연스러운 일이지요. 그런 의미에서 세월호 세대는 자기가 태어나고 자란 나라에 대해 이전의 다른 어떤 세대보다도 콤플렉스가 없이 자란 세대라고 저는 생각해요.

그런데 세월호가 그런 세대의 뒤통수를 친 거예요. 그 충격은 저나 선생님이 느낀 충격과 비교할 수 없을 거예요. 그래도 한국인으로서 나름대로는 자부심을 가지고 자랐고, 그런 나라에서 나만 열심히 노력하면 나름대로는 행복한 삶을 살 수 있으리라 믿고 하라는 대로 열심히 공부하고 있었는데, 조국의 썩을 대로 썩은 치부를 다 보아버린 거예요.

박　그런 의미에서 세월호가 한국 사회의 추한 진실을 폭로했다는 말씀이군요.

김　네. 하지만 세월호가 보여준 건 한국 사회의 치부만은 아니에요. 위기 상황에서 선장이 맨 먼저 도망치고 해경이 모른 척하는 것만 한국적인 게 아니죠. 그 상황에서 제자를 구하러 다시 물이 차오르는 배 안으로 뛰어들어가는 선생님도 한국적인 거예요. 그거야 어디서나 다 있을 수 있는 일이라고 말할 수도 있겠지만, 왕이 도망간 뒤에 백성이 남아 의병이 되어 나라를 위해 싸우는 건 그리 흔한 일은 아니죠.

박　세월호 때도 의병이 있었습니까?

김　한번은 학생들이 그렇게 말하더군요. 당시 전국에서 모여든 민간 잠수사들이 의병이 아니고 뭐냐고. 사회적 위기 상황이 벌어지면 국가보다 의병들이 더 용감하게 그 상황에 맞서는 것도 한국적이지만, 그 의병들이 제대로 구조 활동을 하지 못하게 정부가 방해한 것도 너무나 한국적이지 않습니까. 그 모든 것을 보고 어떻게 젊은 세대가 잠에서 깨어나지 않을 수 있겠어요? 소박하고 순수한 영혼이라면, 누구라도 한편에서는 분노와, 다른 한편에서는 감동을 느낄 수밖에 없었겠지요.

박　그렇게 해서 드디어 할아버지·할머니 세대의 4·19와 아버지·어머니 세대의 6월항쟁을 넘어 새로운 역사를 쓰기 시작한 세대가 세월호와 함께 등장한 거군요.

김　네. 그런데 한 가지 토를 달아야 할 것이 있습니다. 제가 어떤 의미에서 세월호가 젊은 세대를 각성시켰는지 말씀드렸습니다만, 과도한 우상화를 피하기 위해 보태고 싶은 게 있습니다. 그것은 지금 우리가 보고 있는 이 변화가 아무런 사전의 배경 없이 세월호에서 처음으로 시작된 변화는 아니라는 것입니다.

박　그렇다면 세월호 이전으로 더 소급해 올라가야 한다는 뜻인가요?

김　그건 한편에서는 역사적 변화를 이해한다면서 특정한 사건에 함부로 첫째다 둘째다 하면서 순서를 매길 일은 아니라는 뜻이기도 하고, 다른 한편에서는 세월호가 워낙 결정적인 사건이라는 것을 인정하더라도, 그 전에 서서히 형성되고 준비되어온 봉기의 에너지를 간과해서는 안 된다는 뜻이기도 합니다.

박　그러고 보니 촛불 시위라는 새로운 시위 문화도 세월호 이전부터 등장한 거지요. 2008년 미국산 쇠고기 파동 때도 촛불을 들었고 더 거슬러 올라가면 2002년 겨울 의정부 미군 장갑차 살인 사건 때도 촛불을 들었던 기억이 있습니다. 아마 그때가 처음이었던 것 같기는 합니다만.

김　저도 그렇게 기억합니다. 단순히 시위 방식의 하나로서 촛불이 아니라 어떤 새로운 자각과 시대정신이 그런 사건들, 그리고 그런 저항을 통해 조금씩 더 뚜렷하게 나타나기 시작한 거지요. 그런데 저는 이 문맥에서 특별히 2008년 미국산 쇠고기 파동 때 몇 달 동안 지속되었던 촛불 집회의 의의에 대해서 한 가지를 꼭 언급하고 넘어가고 싶습니다.

박　어떤 의의를 말씀하시고 싶은 건가요?

김　그 집회가 누구에 의해 처음 촉발되었는지 기억하시지요?

박　여중생들 아니었습니까? 좀 넓게 잡아 중고등학교 학생들이 처음 시작한 걸로 알고 있습니다만.

김　저도 그렇게 기억하고 있습니다. 그런데 선생님, 그게 4·19 이후 처음 일어난 일이었다는 거, 생각해보신 적 있습니까?

박　뭐가 4·19 이후 처음이라는 겁니까? 4·19 이후에도 수없이 많이 데모가 일어나지 않았습니까? 촛불 들고 데모한 것이 처음이었다는 뜻인가요?

김　아니요. 중고등학생들이 나랏일 때문에 그렇게 대규모로 광장에 쏟아져 나온 것이 4·19 이후 처음 있는 일이었습니다. 게다가 중고등학생들이 전국적인 대규모 시위를 촉발한 것이잖아요. 그건 4·19 이래 없던 일이었습니다.

박　생각해보니 정말 그렇군요. 왜 그랬습니까?

김　그게 모두 학벌사회의 입시 지옥 때문이지요. 저는 '학벌 없는 사회' 일로 강연을 할 때마다 학벌사회가 중고등학교 학생들을 조직적으로 탈정치화하는 장치라는 걸 늘 강조해왔습니다만, 한국의 중고등학생들은 정신이 감옥에 갇혀 있는 죄수와 같습니다. 그 감옥이란 입시 감옥이지요. 그 감옥은 정신의 감옥이라 창살이 눈에 보이지는 않습니다. 하지만 바로 그런 까닭에 오히려 더 철저히 사람을 구속하지요. 왜 가끔 티브이에서 뉴스 보다 보면 프랑스에서는 고등학교 학생과 교사가 같이 데모하잖아요. 그런데 우리도 4·19까지만 하더라도 초등학생까지 시위에 참여했던 나라입니다. 당시 초등학생들이 어깨동무해서 스크럼 짜고 시위하는 사진을 보면 무슨 운동회 사진도 아니고, 사실 지금 기준으로 보아서는 믿어지지 않을 정도입니다. 그런데 실제로 그렇게 시위에 참여했다가 총에 맞은 전한승 군은 열세 살 초등학교 졸업반이었고, 처음부터 죽음을 예감하기라도 한 듯 어머니 앞으로 유서를 남기고 시위에 나섰던 진영숙 양은 한성여중 2학년 학생이었습니다. 3·15의거의 희생자로 잘 알려진 마산의 김주열 군은 고등학생이라지만, 정확하게 말하자면 마산상고에 갓 입학했던 신입생이었습니다. 4·19는 거슬러 올라가면 마산의 3·15로, 더 거슬러 올라가면 대구의 2·28의거에 이르는데, 대구 2·28은 고등학생들이 일으킨 의거였습니다. 대구에서 일요일에 야당 선거 유세가 예정되어 있었는데, 거기 학생들이 참석할까 봐 일요일도 등교하라는 지시가 내려오자 이에 분노한 고등학생들이 아예 반정부 시위를 조직해서 거리로 나간 것이 2·28이었지요. 그것이 3월에는 마산으로 갔다가 4월에는 서울로, 그리고 전국으로 번졌던 것이 4·19였습니다. 그러니까 4·19는 고등학생, 중학생 그리고 초등학생들이 먼저 일으켰던 봉기였어요. 그다음이 대학생이었고 마지막이 대학교수들이었지요. 원래 이게 이 나라의 봉기의 순서입니다.

그런데 이 전통이 4·19를 마지막으로 끊어져버렸습니다. 박정희 치하에서 한·일 회담에 반대해서 대학생들이 일어났을 때, 여기저기서 고등학생들이 데모를 하기도 하였으나, 4·19 때 같지는 않았습니다. 유신독재 때 광주일고 같은 학교에서 교련 반대 데모가 있었고, 5·18 때는 당연히 광주에서는 고등학생들도 거리로 나왔고 또 다른 곳에서도, 예를 들어 대전고등학교 같은 곳에서 작은 소요 사태가 있기는 했으나 이런 건 모두 예외적인 사례들일 뿐, 전체적으로 보자면 4·19 이후 한국의 중고등학생들은 정치적 광장으로부터 철저히 단절된 삶을 살아왔다고 해도 과언이 아닙니다.

그런데 이 오랜 단절의 역사에 마침표를 찍은 사건이 2008년 촛불 시위였습니다. 사실 저는 아래로부터의 봉기를 언제나 믿고 기다려왔지만, 중고등학생들이 그렇게 정치적인 행위 주체로서 광장에 등장하리라고는 미처 상상하지 못했습니다. 어쩌면 그건 제가 학벌사회 앞에서 느끼는 좌절과 절망이 독재권력 앞에서 느끼는 좌절이나 절망보다 더 컸기 때문이었겠지요. 독재정권은 여러 번 무너지는 걸 보았지만, 언제 한국의 학벌 체제가 무너질지는 가늠이 되지 않았으니까요. 그런데 중고등학생들이 정신의 감옥을 탈출해서 광장으로 나오는 것을 보고 사실 저는 그때 정말로 가슴 깊이 감격했었습니다. "이렇게 변하는구나." 그러고 나서 생각해보니 1980년대 말 제가 유학 중이라 직접 보고 듣지는 못했지만 전교조가 처음 결성될 때도 꽤 많은 학교에서 학생들이 전교조 교사들에게 연대해서 시위를 벌인 기록들이 있더라고요.

그러니까 1987년 이후 새로운 세대가 어떤 정치적 운동의 주체로서 등장하는 것도 특정한 시점에서 아무 전제나 준비 없이 돌발적으로 일어나는 일이 아니고 어떤 보이지 않는 연속성 속에서 생성되어온 것이라고 해야겠지요. 그런데 그 생성의 과정 그 자체는 대단히 느리고 더디기 때문에 아무런 변화도 일어나지 않는 것처럼 보이고, 그래서 사람들이 더러는 절망에 빠져들기도 하지만, 결국 때가 되면 눈에 보이는 변화로 나타나는 법인데, 지금 이 경우에는 세월호가 바로 그런 가시적 변화의 출발점이라고 말할 수 있겠습니다. 그 전까지는 땅속에서 자라던 새로운 시대의 씨앗이 세월호 이후에는 드디어 땅 위로 솟아오른 것이니까요.

2016년 4월 총선과 1979년 10월 16일

박 그러니까 세월호 이전에는 보이지 않게 자라면서 가끔 터져 나왔던 새로운 봉기의 싹이 세월호 이후에는 가시적이고도 지속적인 방식으로 성장하고 전개되어왔다는 말씀이군요. 그건 다른 무엇보다 세월호에 대한 애도가 단절되지 않고 계속 이어졌다는 뜻으로 이해할 수 있겠습니다만, 혹시 그 말씀을 세월호 사건 자체에 대한 애도뿐만 아니라 그 후 일어난 어떤 다른 사건 속에서도 새로운 봉기가 준비되고 있었다고 이해해도 되겠습니까?

김 물론입니다. 저는 그것이 지난번 국회의원 선거라고 생각했습니다.

박 그사이 탄핵 소추도 이루어졌고, 워낙 세상이 빨리 변하니까 기억이 가물가물합니다만, 사실 작년 총선은 여러 가지 의미에서 놀라운 사건이었던 건 틀림없지요. 그런데 선생님에겐 그 선거가 어떤 의미에서 특별했습니까?

김 제가 보기에 지난번 선거는 더도 덜도 아니고 제2의 부마항쟁이었습니다.

박 네? 무슨 뜻인지요?

김 1979년 부마항쟁 때는 선거로 세상을 바꿀 수 있는 상황이 아니었습니다. 그래서 정치적 의사 표시 방식이 데모밖에 없었습니다. 그래서 그렇게 봉기한 거지요. 그런데 지금은 그렇게 무리하지 않고 선거로 의사 표시를 할 수 있잖아요. 그래서 부산 사람들이 이번에는 번거롭게 데모 같은 거 할 필요 없이 간단히 선거를 통해서 1979년 그때처럼 의사 표시를 한 거지요. "고마해라. 마이 묵었다." 정확하게 말하면 부산에서 야당이 5석, 경남의 김해와 양산에서 3석을 얻었는데, 실은 그 지역이 부산과 붙어 있는 일일생활권이에요. 그러니까 실질적으로는 부산에서 야당이 8석을 얻은 거지요. 이게 부마항쟁 아니고 뭐겠어요? 그렇게 오랫동안 그렇게 매정하게 야당을 거부했던 도시잖아요. 노무현 대통령이 사망한 뒤에도 문재인 씨와 다른 극소수 야당 후보들이 간신히 당선되었을 뿐, 전반적으로는 야당에 그렇게 매정할 수 없었지요. 그걸 생각하면 지난번 총선에서 야당이 부산 및 인접 지역에서 8석을 얻은 건, 제2의 부마항쟁이라고밖에 달리 표현할 말이 없어요. 저는 그걸 보고 이제 저 불이 서울로 옮아붙겠구나 확신했어요.

박 그것은 제2의 서울의 봄입니까?

김 네. 앞에서 제가 박근혜의 몰락이 지배계급 내에서의 균열에서 시작되었다고 말씀드렸잖아요. 그런데 지금 이 경우에도 마찬가지예요. 구조적으로 보자면 한국의 지배계급은 재벌과 족벌 언론과 국가기구의 삼각동맹으로 이루어져 있지만, 지리적으로 보자면 크게는 영남과 충청의 연대에 기초하고 있고, 좁게는 대구·경북과 부산·경남의 연대에 기초하고 있어요. 그런 의미에서 한국의 지배 체제를 영남패권주의라고 부를 수 있겠지요. 그런데 지난 총선에서 이른바 TK와 PK 사이에 균열이 생긴 거예요. 게다가 대구에서도 야당 후보와 여당에서 탈당한 후보가 당선되었으니까, 지배 세력 내에서 제대로 균열이 일어났다고 하지 않을 수 없지요. 약간의 시차는 있지만, 이 동요가 서울로 파급되는 건 시간문제예요. 뿌리가 흔들리는데 가지가 흔들리지 않을 수는 없는 거니까. 그래서 저는 박근혜가 2016년까지는 버티겠지만 2017년에는 결국 임기를 마치지 못할 거라는 확신을 더욱 굳힐 수 있었어요. 하지만 이렇게 빨리 급변 사태가 일어날 줄은 저도 예상하지 못했어요. 그런데 지나고 나서 계산을 해보니 1979년 10월에 부마항쟁이 일어났고, 이듬해 서울의 봄이 4월과 5월이었으니까 그때나 지금이나 파문이 전달되는 기간이 큰 차이가 없더라고요. 부마항쟁에서 서울의 봄까지나, 지난 총선과 광화문 촛불시위 사이의 간격이나 반년 남짓이었던 거지요.

박　생각하니 저도 참 놀랍기는 하군요. 그런데 지난 총선에서 부산에서 그렇게 놀라운 반전이 일어난 까닭은 뭐라고 생각하십니까? 선생님이 부마항쟁 30주년 되던 해에 발표한 논문에 보면 1979년에 부산과 마산에서 예상하지 못한 봉기가 일어난 까닭이 부끄러움 때문이었다고 말씀하셨는데, 지난 선거도 그렇게 설명할 수 있습니까?

김　아니요. 그건 아닙니다. 물론 한 가지는 같다고 할 수 있겠습니다. 1979년의 부마항쟁이나 작년 총선에서 야당이 부산에서 거둔 성과가 모두 예상하지 못했던 일이라는 점은 비슷하다고 할 수 있겠지요. 하지만 1979년 부산과 마산에서 처음 봉기를 일으켰던 학생들이 느꼈던 부끄러움은, 당시의 야만적인 정치 상황 속에서 아무런 저항도 하지 못하고 굴종하고 있는 자기 자신에 대해 느끼지 않을 수 없었던 감정이었습니다. 그런데 지금 시대에 부산의 유권자들이 그런 부끄러움을 느낄 일은 없겠죠.

박　그렇다면 지난 선거에서 부산 시민들이 보여준 표심은 어떤 마음의 표출입니까?

김　저는 그게 미안한 마음의 표시였다고 생각합니다. 미안해서, 이제 그만 매정하게 대하고 마음을 열어야겠다 생각한 거 아니겠어요?

박　부산 시민들이 누구에게 무엇을 미안하게 생각했다는 말입니까?

김　노무현과 그 친구들에게 미안하지 않았겠습니까? 그게 사람 마음 아니겠어요? 생각하면 부산 시민들이 노무현 대통령에게 그렇게 박절하게 대할 이유는 없었지요. 그런데 정말로 오랫동안 매정하게 대했잖아요. 게다가 노무현 대통령이 그렇게 세상을 떠나고 난 뒤에도 부산 시민들이 특별하게 더 애도한다거나 무슨 감정을 표시한 적이 있었던가요? 마치 남의 일이라는 듯이 철저히 무시했잖아요. 거의 잔인하리만큼.

박　그렇지요.

김　그런데 생각하면 노무현 대통령이나 그 친구들이 부산 시민들에게 특별히 못할 짓을 했다거나, 아니면 수치스러운 일을 하기라도 했답니까?

박　그건 아니겠죠. 특별히 그럴 만한 일이 없었던 걸로 아는데요.

김　특별히 잘못한 것이 없는 것이 아닐 뿐만 아니라, 사실은 노무현 대통령이 정치인으로서 평생에 걸쳐 추구했던 가치는 당연히 존경받아 마땅한 거지요. 영남패권주의라 하든 호남 차별이라 하든, 망국적인 지역 분열 구도와 맞서 싸운 노무현의 노력을 폄하할 수는 없겠지요.

박　하지만 부산 사람들의 입장에서는 그게 별로 중요하지 않은 문제일 수도 있지 않습니까? 그래서 노무현 같은 사람이 아무리 외쳐도 모른 척한 것 아닌가요?

김　그렇기는 하지만 그게 전부라고 말할 수는 없을 거예요. 부산에서 노무현 같은 사람이 나왔다는 건, 우발적인 것이 아니고 그 지역 사람들의 보이지 않는 마음이 노무현을 통해 나타난 거라고 보아야겠죠. 노무현의 출현도 부산 민심의 한 가지 표현이라는 거예요. 개인의 마음도 집단적 민심도 언제나 한 갈래만 있는 건 아니잖아요. 표면에 드러난 것이 전부인 것도 아니고. 그래서 우리가 명백히 표면적으로 나타나는 현상을 부정해서는 안 되겠지만, 그렇다고 해서 표면에 나타나는 것이 전부라고 생각해서도 안 돼요. 사람들이 어리숙한 것 같아도 무엇이 옳고 그른지 모르는 것은 아니에요. 머리로 아는 것과 가슴으로 받아들이는 것은 다르니까, 우리가 보기에 생각이 잘 바뀌지 않는 것처럼 보이지만, 마음으로 무엇이 옳고 그른지를 전혀 모른다고 단정하면 안 되지요.

사실 영남의 패권주의와 다른 지역의 차별 그리고 거기서 비롯되는 치명적인 지역 간 분열이 나쁘다는 것은 이성적으로 생각하면 모두가 인정할 수 있는 일이잖아요? 하지만 모두가 어떤 문제를 똑같은 때 똑같은 방식으로 자각하게 되는 것은 아니죠. 노무현은 그 문제를 남들보다 먼저 자각하고 공론화한 셈인데, 남보다 앞섰으니까 남에게 마음으로 받아들여지는 데 시간이 걸릴 수밖에 없었던 거라고 저는 생각해요. 그런데 이제 노무현의 뜻을 조금씩 마음으로 이해하겠는데, 그는 세상에 없잖아요. 그럼, 살아 있는 동안에 박절하게 대한 것이 미안하지 않겠어요? 저는 그 미안함이 지난번 총선으로 나타난 거라고 생각해요.

박 그렇게 역사가 이어지는 거군요. 그래서 부산에서 시작된 새로운 부마항쟁이 서울의 촛불로 이어졌다는 말씀인데, 그다음 차례는 어딘가요?

김 다시 광주로 이어지겠죠. 그렇게 역사가 이어질 거예요.

박 그게 어떻게 이어질지는,

김 두고 봅시다. 곧 봄이 오니까요.

― 제 2 부 ―

나아갈 길을 내다보다

끝나지 않은 연극, 끝나지 않은 추태

이○○ 선생님, 오늘부터는 제가 학생들을 대표해서 질문을 드리겠습니다. 지금까지 박근혜 탄핵이라는 급변 상황의 역사적 배경과 의미를 짚어보았는데요, 이제는 주제를 좀 바꾸어 미래에 대해 말씀을 들었으면 합니다. 지난해 『한겨레』에 기고하신 글에서, 그리고 그 전에 박근혜 정권의 위기 상황이 닥치리라는 것을 예견한 『경향신문』 인터뷰에서도 매번 선생님은 박근혜 정권에 위기가 닥치기는 하겠지만 야당이 정권을 되찾아오는 것이 쉬운 일은 아니리라고 예견하셨습니다. 그리고 그 이유가 야당의 분열 때문일 것이라고 말씀하셨는데, 이 예측이 지금도 유효합니까? 여전히 그렇게 생각하시나요?

김상봉 지난번 대화에서 『조선일보』에 대해 이야기할 때도 말씀드렸습니다만, 야당이 분열할 거라는 말은 예측이기도 하고 경고이기도 했습니다. 틀림없이 그렇게 되리라는 예측이라기보다는 자칫하면 그렇게 분열할 수 있으니까 그런 일이 일어나지 않도록 제발 조심하고 경계해야 한다는 간곡한 바람의 표현이었지요. 어떻든 저는 야당이 대선 판에서 심각하게 분열할 수 있는 가능성이 여전히 있다고 생각하고 있습니다.

이　그렇게 생각하시는 이유가 뭡니까?

김　그 이유도 말씀드린 대로입니다. 한국의 야당들이 특별히 입장이 달라서 서로 다른 정당으로 나뉘어 있는 것이 아니기 때문이지요.

이　좀 바보 같은 질문이기는 한데, 입장이 같으면 오히려 합치기 쉽지 않습니까? 입장이 같은데 왜 분열한다는 말씀인가요?

김　바로 그 때문에 분열하는 거지요.

이　무슨 뜻인지요?

김　정치적 입장이 완전히 대립할 경우에는 이기고 지는 것만 남겠지요. 하지만 입장이 비슷하면서도 다르기도 하다면, 서로 타협을 하거나 절충을 할 수 있지요. 그 과정에서 연대도 할 수 있고요. 하지만 현재 한국의 야당들은 정확하게 말하자면 이도 저도 아니어서 정해진 입장이 없습니다. 그럼에도 불구하고 그들이 합쳐서 하나의 당으로 정치 활동을 하지 않고 나뉘어 있는 까닭은 그것이 단지 그들에게 이익이 되기 때문입니다.

이　무엇이 이익이라는 뜻입니까?

김　쉽게 말해 당이 하나밖에 없다면 대표도 한 사람이지만, 정당이 셋으로 나뉘면 대표의 수도 각 정당에 한 사람씩 세 사람으로 늘어나는 거지요. 그러니까 세 정당이 하나로 있을 때는 취할 수 없는 권력을, 정당이 분열되면 얻을 수 있는 가능성이 생기는 거지요. 지금 국회 내에 의석을 가지고 있는 기존의 세 야당은 기본적으로 그런 이유로 나뉘어 있다는 것이 제 판단입니다.

이　그래도 정의당 같은 당은 뿌리가 다르지 않습니까?

김　같다고 말할 수도 있고 다르다고 말할 수도 있습니다. 가까운 과거로부터만 생각하면 가지가 다르다고 말할 수 있지만, 그 나뭇가지들이 모두 전태일 이후 민주화 운동이라는 큰 나무에서 뻗어 나온 것이므로 뿌리가 같다고 말할 수도 있지요. 그런데 이런 사정보다 더 중요한 것은 세 정당이 내거는 정책이 그다지 큰 차이가 없다는 데 있습니다.

민주당의 안희정 도지사는 보수-진보의 대연정을 내세우니 국민의당이 민망하고, 이재명 시장이 노동자 대통령이 되겠다고 나서니 정의당이 선수를 빼앗긴 모양이 되었습니다. 제가 『한겨레』에 썼던 글에서 김종인 의원과 이상돈 의원 그리고 청와대의 한광옥 비서실장의 뿌리를 거론하기도 했는데, 이런 사람들뿐만 아니라 한국의 정치 지형이라는 것이 정말로 웃음도 나오지 않을 정도로 일관성이 없어요. 서경석 목사나 김문수 같은 사람들이 지금 하고 있는 일을 30~40년 전에 상상이나 할 수 있었겠어요? 도무지 이리 갔다 저리 갔다, 정말 종잡을 수가 없다니까요. 그런데 여기서 그런 걸 세세하게 따질 것도 없이, 다시 정당 문제로 돌아오자면 지금 한국 사회에서 가장 본질적인 과제에 대해서 세 정당이 차이가 없다는 게 가장 큰 문제예요. 그 때문에 결국 세 정당이 마찬가지라는 거지요.

이   그게 뭡니까?

김   세 정당이 모두 삼성 앞에서 꼼짝 못한다는 거예요. 어제도 말씀드렸듯이 87년체제의 근본 문제가 한국이 기업국가가 되었다는 거잖아요. 그런데 그것을 극복하기 위해서는 결국 재벌을 해체하고, 경제권력을 제도적으로 민주적 통제 아래 두는 것이 급선무예요. 그런데 세 정당 모두 삼성 앞에서는 꼼짝 못하니까, 그게 문제라는 거예요.

이   그래도 정의당의 노회찬 의원이나 심상정 의원도 있지 않습니까?

김   글쎄요 ……. 그렇게 따지면 민주당에도 박영선 의원 같은 분이 있잖아요. 하지만 저는 이 문맥에서 개개인에 대해서는 침묵하고 싶습니다. 다만, 보이는 것이 모두 진실은 아니고 또 말과 행동이 언제나 같은 것은 아니라는 것만 언급해두고 넘어갔으면 합니다. 정치하는 분들, 우리 같은 보통 사람들이 상상하는 것보다 머리가 너무 좋아요. 하여간 이 문제는 그 정도 하고 넘어가죠. 보다 중요한 문제는 몇몇 개인의 말이나 태도가 아니고 전체적인 상황입니다. 그런데 지난번 이재용 구속영장 기각에서도 드러난 거지만 아직은 한국의 국회 및 정치권 그리고 법조계가 박근혜의 행정부와 그다지 다르지 않게 삼성에 포획되어 있다는 겁니다. 안희정 지사는 이재용에 대한 구속영장이 기각된 것을 그냥 있는 그대로 받아들이자고 말했던데, 누구 들으라고 굳이 그런 말을 해야 했을지 모르겠지만, 저는 그 한마디에 모든 진실이 숨어 있다고 봅니다. 아무튼 이 이야기는 나중에 다시 해도 될 테니까 일단 접어두고, 우리 주제로 돌아갑시다.

이 좋습니다. 아무튼 선생님은 어차피 세 야당이 이념에서는 큰 차이도 없는데 사사로운 이해관계 때문에 갈라져 있는 것이므로 오히려 더 합치기 어렵다고 생각하신다는 거지요?

김 네. 세 야당이 합쳐서 대선을 승리로 이끄는 것보다, 차라리 대선에서 승리하지 못하고 다시 야당 생활을 하는 편이 자기에게 이익이 되는 야당 세력이 분명히 있습니다. 그래서 문제입니다. 예를 들어 지금 야당이 집권하고 난 뒤에 새로운 집권 세력 내에서 주요한 역할을 맡기도 어렵고 그렇다고 해서 새누리당이나 바른정당 같은 보수 정당과 한 배를 타기도 어려운 세력이라면, 그냥 야당 국회의원으로 남아 있는 것이 더 편할 수도 있지 않겠어요? 게다가 앞으로 정치 일정에 변수가 너무 많으니까 어떻게 이합집산이 일어날지 알 수가 없는 거지요.

이 그건 박근혜 탄핵이 순조롭게 진행되지 않으리라는 뜻입니까?

김 내가 박근혜라면 어떻겠어요? 한번 생각을 해봅시다. 나라를 위해서는 가능한 한 빨리 탄핵 심판이 종료되어야 할 테니, 만약 박근혜가 그 정도로 국가에 대한 책임감이 있다면 그렇게 되도록 바라고 협조하겠지요. 또는 정말로 본인이 아무것도 잘못한 것이 없는 경우에도 당당하게 탄핵 심판에 임하겠지요. 과거 노무현 대통령이 그랬던 것처럼. 그런데 지금 두 가지 경우 모두 비현실적인 가정이 아니겠어요? 그렇다면 박근혜 편에서 어떻게 하는 것이 자기를 위해 가장 유리하겠어요?

이 지금 사람들이 염려하듯이 탄핵 심판을 지연시키고 방해하는 건가요?

김   어쩌면 그 이상이겠지요. 청와대에서 쫓겨나지 않기 위해 모든 수단을 다 강구할 텐데, 그 수단이란 어떤 식으로든 판을 흔드는 것밖에 없겠죠. 국민을 분열시키고, 사회적 혼란을 조장하면서, 정치권을 흔드는 것이 박근혜가 선택할 수 있는 유일한 수단이겠지요. 항간에 박근혜가 머리가 좋으니 나쁘니 말들이 많지만, 세상에는 선한 일에는 지극히 무능하면서도 악한 일에는 교활하고 유능한 사람들이 생각보다 많아요. 그런데 박근혜가 판을 흔들기 시작하면, 상황이 어떻게 전개될지 예측하기 어렵지요. 그런 상황에서도 야당이 중심을 잡고 흔들리지 않는다면 박근혜의 의도가 쉽게 먹혀들지 않겠지만, 만약 야당이 부화뇌동해서 같이 흔들리기 시작한다면 상황이 어떻게 전개될지 가늠하기 어렵겠지요.

이   그렇다면 그렇게 오랫동안 저희들이 촛불을 든 것이 모두 무위로 돌아갈 수도 있다는 말씀입니까?

김   아니요. 그런 뜻은 아닙니다. 역사의 흐름은 개인이 막는다고 막을 수 있는 건 아니죠. 저는 다만 지금 한국 사람들이 집단적으로 연출하고 있는 이 거대한 드라마가 아직 다 끝난 것이 아니라는 것, 그래서 이 드라마에서 악역을 맡고 있는 사람들의 추태를 우리가 아직도 다 본 것이 아니라는 걸 말씀드리고 싶었을 뿐이에요. 그러니까 마음을 단단히 먹고 먼 길을 갈 준비를 해야 한다는 뜻입니다.

이   그렇다면 우리 앞에 남은 길이 어떤 길입니까? 혹시 오를 수 없는 절벽이나 걸을 수 없는 낭떠러지가 기다리고 있는 것은 아닌가요?

김   아니요. 저는 그렇게 비관적으로 생각하지는 않습니다. 역사에 흐름이 있고, 또 대세라는 것이 있습니다. 그 흐름과 대세라는 것이 무슨 신비적인 요소가 아니고요, 그냥 사람들 마음의 일입니다. 그런데 그 마음이라는 게 어제 다르고 오늘 다른 게 아닙니다. 어떤 의미에서는 세상에 정말로 바꾸기 어려운 것이 생각이고 마음입니다. 그래서 생각이 바뀌면 세상을 바꾸는 건 그냥 시간문제나 다름없다는 거지요. 그만큼 생각은 의외로 보수적입니다. 그런데 사람들의 생각이 박근혜를 마음으로 탄핵했다면, 그건 그만한 이유가 있었기 때문이고, 그런 생각의 흐름을 하루아침에 뒤집을 수는 없는 일입니다. 지금 우리가 보는 시민의 집단적 분노의 에너지는 너무나 오랫동안 참아온 고통과 억압된 분노의 분출인 동시에, 새로운 시대를 출산하는 산통이기도 합니다. 새로운 시대를 여는 것이 결코 쉬운 일이 아니지만, 동시에 태어날 생명은 끝내 태어나게 되어 있습니다. 그러니까 마음속으로 너무 의심하고 두려워할 필요는 없습니다. 일어날 일은 일어날 때가 되었으니 일어난 것이고, 비록 이제 시작이어서 갈 길이 멀지만 우리는 이보다 훨씬 더 어려운 일도 극복하고 역사를 이어온 겨레입니다.

마음속에 있는 나라

이 그렇게 말씀하시니까 안심이 됩니다만, 마음이 눈에 보이는 사물이 아니니까, 사람의 마음을 확인하는 것도 어렵습니다. 선생님께서는 자주 인간의 역사는 정신의 역사라고 말씀하셨는데, 그 원칙을 지금 촛불을 든 시민들의 마음에 적용해서 우리가 어떤 의미에서 희망을 가져도 될지를 좀 납득시켜주실 수 있습니까?

김 맞습니다. 역사는 결국 정신의 역사지요. 그러니까 앞에서 우리가 박근혜 탄핵 사태가 일어나기까지의 과정을 외부적 사건이나 객관적 요소를 중심으로 살펴보았다면, 이제 동일한 과정을 우리가 걸어왔고 앞으로 걸어갈 마음의 길이라 생각하고 한번 돌아보고 내다보면 어떨까 합니다. 하지만 우리의 이야기가 너무 방만하게 흩어지지 않도록 하기 위해서는, 다시 한 번 질문을 분명히 하는 것이 좋겠습니다. 그런 의미에서 지금 촛불 앞에서 느끼는 불안감이나 의구심이 무엇인지를 다시 한 번 표현해줄 수 있겠습니까?

이　네. 그걸 뭐라고 표현해야 할지는 모르겠지만, 말씀하신 그대로 알 수 없는 불안감입니다. 일단은 아직 가보지 못한 길 앞에서 느끼는 불안감이지요. 저희는 한 번도 선생님 세대가 걸었던 그런 지속적인 저항의 길을 걸어보지 못했으니까요. 이런 식으로 말씀드리는 게 너무 막연하게 들리실 것 같아 조금 더 구체적으로 이 불안감의 정체를 반추해 보자면, 그것은 저나 여기 있는 학생들이 광장의 동료 시민들에게 느끼는 어떤 불안감이기도 한 것 같습니다. 그러니까 이 사람들이 과연 끝까지 같이 갈 수 있는 사람들일까? 아니면 내일모레면 다시 각자의 이기적 삶 속으로 뿔뿔이 흩어질 사람들일까? 이런 의심 같은 것이 불안감을 낳는 것 같습니다. 물론 다른 사람들에 대한 의심만이 아니라 자기 자신에 대해서도 비슷한 느낌을 가질 수 있으리라 생각합니다. 내가 느끼는 분노나 정치적 관심이라고 하는 것이 얼마나 굳건한 건지, 아니면 다시 파도가 밀려오면 사라지고 말 모래성 같은 건지, 그것도 쉽게 말할 수 있는 일은 아닌 것 같고요.

김　결국 지금 느끼는 미래에 대한 불안감은 자기 자신에 대한 불안감이군요. 또는 범위를 넓혀 나와 너, 우리 모두의 생각과 마음가짐에 대한 불안감 아닙니까?

이　말을 해놓고 보니 그런 것 같습니다.

김　나라의 미래에 대한 불안이 언뜻 보기엔 객관적 현실에 대한 불안 같지만, 그 객관적 현실에 대한 불안이 실은 너와 나 그리고 우리 모두의 마음에 대한 의심에서 생기는 것이로군요.

이　갑자기 그 이유가 궁금해집니다. 저는 현실을 염려한다고 했는데, 그 현실의 나라의 미래에 대한 염려가 결국 마음의 일인 까닭이 무엇입니까?

김　나라가 우리 마음속에 있기 때문입니다. 화엄경의 한 구절을 빌려 일체유심조(一切唯心造)라고 말할 수 있을까요.

이　어떤 의미에서 나라가 마음속에 있는지 설명을 좀 해주실 수 있습니까?

김　너와 나의 만남이 지속적 형상을 얻어 현실에서 나타난 것이 나라이기 때문입니다. 추상적으로 표현해 만남의 현실태가 나라인 거지요. 만남이란 현실 속에서 일어나고 굳어진 형태를 얻는 것이기도 하고 동시에 우리들 각자의 마음속에서 일어나는 일이기도 합니다. 국가가 만남의 현실태라고 할 때도 그 두 측면을 같이 가지고 있는 거지요. 그런데 굳이 현실의 측면과 마음의 측면 사이의 우열을 가리자면, 무엇이 근거이고 무엇이 현상이겠습니까?

이　만남으로 설명을 하신다면 당연히 마음의 일이 먼저겠지요.

김　맞습니다. 현실 속의 국가는 너와 나의 마음속에서 일어나는 만남이 어떤 지속적인 형상을 얻은 것이니까요. 그 지속적인 형상이 밖으로 나타나면 그것이 국가를 이루는 제도나 사회적 관습으로 나타나겠고, 내면에 뿌리내리면 겨레의 집단적인 개성이나 성격을 이루게 되겠지요.

이　그렇다면 그것이 지금 저희가 느끼는 불안감과는 무슨 상관입니까?

김　만남이 나라의 근거요 토대라면, 이 토대가 흔들리고 굳건하지 않을 때 마치 잦은 지진으로 땅이 흔들릴 때 우리가 불안을 느끼듯이 나라에 대해 불안을 느끼겠지요. 이 불안감은 나라의 현재 상태에 대한 것일 수도 있고 미래에 대한 것일 수도 있지만, 어떤 경우든 그것은 우리의 마음 밖에서 일어나는 소외된 현실이 아니고 결국 너와 나의 마음속에서 일어나는 만남의 동요에 기인한다는 것입니다.

촛불이 무언가 의미 있는 결실을 거둘 수 있을까? 아니면 이러다가 꺼지지 않을까? 그런 불안감도 마찬가지지요. 그러니까 그런 불안감에서 벗어나기 위해서는 먼저 우리의 마음을 돌아보아야 한다는 거예요. 우리의 마음이 걸어온 길을 돌아보고 우리의 마음이 어떤 길을 걸어 얼마나 성숙했는지, 그 성숙이 얼마나 굳건한지 아니면 어떤 면에서 허약

한지 그런 내면적 자기 성찰이 지금 우리에게 필요하다는 말씀입니다.

이   하지만 그런 자기 성찰을 하려면 역사에 대한 경험이나 인식이 있어야 되는데, 20대인 저희가 어떻게 그런 역사 인식이 가능하겠습니까? 그래서 더 막연한 불안을 느끼는 것 같습니다.

김   그러니까 우리가 역사를 돌아보기 위해 이런 대화를 하는 거잖아요. 누군들 역사를 혼자 다 산 사람이 있겠어요? 역사는 혼자 사는 것도, 혼자 독점하는 것도 아니고 물려받고 물려주는 거예요. 그러니까 역사 자체가 만남인 거지요. 지금 우리가 이렇게 이야기하는 게 역사의 이어짐이고 일어남이 아니겠어요?

물론 역사라는 것이 물리적 현상처럼 한 가지 방식으로 인식될 수 있는 것은 아닙니다. 그런 까닭에 단순히 지나온 날에 대한 사실적인 정보를 수집한다 해서 역사를 온전히 이해하게 되는 것은 아니지요. 온전한 역사 인식을 위해서는 역사를 해석할 수 있는 판단 기준이 있어야 합니다. 그 판단 기준은 다른 무엇보다 가치 기준인데, 그것을 갈고 다듬는 것이 철학의 일이겠지요. 그런 까닭에 먼저 철학적인 성찰이 전제되어야 온전한 의미에서 역사를 되돌아보는 것도 가능한 일입니다.

이   알겠습니다. 그럼 우리의 마음이 걸어온 길을 선생님이 철학적 척도에 따라 해석해주시면 고맙겠습니다.

김   그럼 우리가 출발한 자리에서부터 이야기를 시작해봅시다. 앞서 제가 사람과 사람의 만남이 눈에 보이게 나타나는 것이 나라라고 말했는데, 그에 따르면 우리의 만남이 온전한 만남이라면 나라도 온전해지는 거고, 우리의 만남이 왜곡되어 있으면 우리가 사는 나라도 살 만한 나라가 못 되는 거지요. 그런데 우리가 살았던 나라는 처음부터 도저히 나라를 이룰 수 없을 만큼 잘못된 만남 위에 세워졌던 것이라, 우리의 역사가 그리도 오랫동안 파행을 겪었던 거예요.

이   그렇게 기초가 잘못 놓인 까닭이 무엇입니까?

김   무엇이 잘못인지 알기 위해서는 올바른 척도를 먼저 알아야겠지요. 그걸 분명히 하기 위해 이런 걸 한번 생각해봅시다. 사람과 사람이 온전한 만남을 이룰 수 있는 최소한의 조건이 있다면 어떤 거라고 생각하세요?

이 　억지로 만나면 안 되겠지요.

김 　자유로운 만남이어야 한다는 말이군요.

이 　그리고 그 만남은 사회적인 만남이니까 서로 평등해야 하리라고 생각합니다.

김 　그럼 됐습니다. 아마도 우리가 이상적인 나라를 세우기 위해서는 자유롭고 평등한 만남으로 충분할 듯싶군요. 생각하면 너무 당연한 말인데, 실은 우리가 이 단순한 상식을 실현하는데 수십 년이 걸렸습니다.

이 　그게 왜 그렇게 어려웠습니까?

김 　남한과 북한이 모두 자유로운 만남을 거부한 상태에서 세워진 나라인 데다가, 애당초 이 땅에서는 국가를 평등한 시민들의 공동체로 보는 전통도 없었기 때문이지요. 박근혜나 우병우 같은 사람들이 우리 같은 사람들을 자기들과 동등한 시민으로 보겠어요?

이 　같은 시민으로 보지 않으리라고 생각합니다.

김 　그럼 뭐라고 보겠어요?

이 　그야, 개돼지로 보겠죠.

김 　표현을 좀 순화해서 보다 객관적인 진실에 가깝게 말하자면 그들은 아마 국민을 자기 집 머슴으로 볼 거예요.

이 　그게 그렇게 다른 비유인가요?

김 　저는 비유로 말한 게 아닙니다. 공화국의 전통이 결여된 곳에서는 십중팔구 국민이 권력자의 집안 머슴이 될 수밖에 없지요. 특히 우리처럼 나라를 굳이 집 가(家) 자를 붙여 국가라고 부르는 곳에서는 더 그렇고요. 『대학』에 보면 군자를 백성의 부모[君子, 民之父母]라 하지요. 『맹자』에서는 같은 말을 '민부모'(民父母)라고 표현하기도 하는데, 모두

임금을 가리키는 말입니다. 그러니까 국가는 커다란 가정이고 통치자는 집안의 부모라는 거지요.

저는 공자나 맹자가 봉건시대의 전제군주들에게 어버이의 마음으로 백성을 다스릴 것을 요구한 것을 반동이라고 비난할 생각은 없어요. 그것은 그 시대에 어울리는 진보였다고 평가할 수도 있지요. 하지만 동아시아 전통에서 국가와 가정을 크기만 다를 뿐 본질적으로 동일한 공동체라고 보는 사고방식이 우리 시대에 이르러 얼마나 큰 해악을 낳았는지는 지적하고 넘어갈 필요가 있어요. 북한에서 '어버이 수령'이라는 표현을 쓴다든지, 남한에서 이승만을 '국부'라고 하거나, 육영수를 '국모'라고 부르는 사람들이 많았던 게 모두 그런 사고방식이 낳은 해악이라 할 수 있겠는데, 이처럼 국가를 가정과 동일시하고 통치자를 부모와 동일시한다면, 국가가 평등한 시민들의 공동체라는 이념은 결코 뿌리내릴 수가 없지요. 우리가 근대적 국가를 건설하는 것이 그렇게도 힘들었던 이유도 그 때문이에요. 민주주의가 상식이 된 시대에, 인간 말종들이 온갖 탈법적인 방법으로 국가권력을 장악해서 마치 자기가 모든 국민의 부모인 것처럼 모든 국민들에게 자식이 부모에게 효도하듯이 무조건적 복종을 요구해왔으니, 어떻게 제대로 근대적 국민국가를 건설할 수 있었겠어요?

그런데 그런 사고방식이 동아시아의 유교적 전통 속에서는 전혀 터무니없는 것도 아니니까 사람들에게 일정하게 먹혀드는 거예요. 그러니까 이 땅의 독재자들은 그걸 믿고 더 설치는 거고. 돌이켜보면, 한국인이 그런 초대받지 않은 손님을 몰아내기 위해 싸워온 역사가 해방 후 수십 년의 민주화 운동의 역사 아니겠어요? 참된 의미에서 역사의 진보는 오직 생각의 진보에 존립하는 것인데, 이승만과 박정희 그리고 전두환을 몰아낸 뒤에 우리가 더는 이명박이나 박근혜를 국민 모두의 아버지나 어머니라고 생각하지 않는 것이야말로 우리가 이룩한 가장 큰 성과라고 할 수 있을 거예요.

이　생각하니 우습네요. 박사모 회원이라도 박근혜를 어머니라고 생각하지는 않을 겁니다.

김　바로 그게 우리 역사가 진보했다는 걸 보여주는 거예요. 하지만 박근혜는 어떻겠습니까? 그도 자기가 국민의 어머니라고 생각할까요? 아니면 이명박이 국민의 아버지라고 생각했겠어요?

이　설마 그럴 리야 있겠습니까?

김　저도 그렇게 생각해요. 자기가 국민의 어머니라고 생각했다면, 세월호가 침몰할 때 머리나 만지고 있지는 않았겠죠. 하지만 그게 아니면 뭐라고 생각했을까요? 자기도 다른 모든 국민과 마찬가지로 동등한 시민의 한 사람인데 다만 국민으로부터 권력을 위임받은 공직자라고 생각했을까요?

이　그것도 아닌 것 같습니다.

김　왜 아니라고 생각하세요?

이　그렇게 생각했더라면, 성실하게 출근했을 테니까요.

김　그런데 출근하지 않았지요. 대통령도 공무원인데 출근하지 않았으면 어디에 있었던 걸까요?

이　관저라지 않습니까?

김　관저라면 보통 사람으로 말하자면 집에 있었다는 거지요? 그런데 집에 있으면서 보고도 받고 업무를 보았다고 강변하지요. 그러면서 자기는 아무 잘못이 없다는 것 아닙니까? 그러니까 그 사람은 자기가 주사를 맞고 화장을 하는 집 안의 사사로운 공간과 나랏일을 하는 공공적인 공간을 전혀 구별하지 않고 그것이 왜 잘못되었는지도 모르는 것 아닙니까. 박근혜에게 나랏일이란 집에서 나오지 않고서도 자기 방 안에 앉아 밥을 먹거나 화장을 하거나 또는 침대에 누워 처리할 수 있는 일이었던 거예요. 요컨대 나랏일이 집안일에 포섭되어버린 거죠. 고대 로마인들의 관점으로 보자면 이런 상황이야말로 정확하게 물구나무 선 공화국이에요.

이 무슨 뜻입니까?

김 앞서 공화국이 '인민의 것'을 의미한다고 말씀드렸습니다만, 이렇게 이해할 때는, 공화국이 '왕의 것', 왕의 나라와 반대되는 말이라 할 수 있겠으나, 고대 로마인들은 이와 또 다른 문맥에서 공화국에 대한 반대말을 가지고 있었는데, 그것이 '레스 프리바타'(res privata/private thing)라는 말이에요. 그 뜻은 '사사로운 일' 또는 '사적인 소유물'인데, 로마인들의 경우에도 사사로운 일이나 사적 소유물이란 가정에 속하는 것이었지요. 그리스인들처럼 그들도 재산의 문제는 집안일이었던 거죠. 그들이 이렇게 공공적인 나랏일 '레스 푸블리카'와 사사로운 집안일 '레스 프리바타'를 구별한 것은 자기 집안의 재산을 불리는 일을 나랏일과 뒤섞지 말라는 경고였다고 할 수 있겠죠.

그런데 거기 비추어보자면 지금까지 박근혜가 만든 국가의 모습이란 정확히 로마인들이 생각한 공화국을 정반대로 뒤집어놓은 형상이라 할 수 있을 거예요. 그 시작은 모든 국민의 것이어야 할 국가를 한 사람이 사유화하는 거지요. 그리하여 나랏일이 한 사람의 집안일이 돼요. 그리고 이 경우에도 집안일이란 돈에 관계된 일이구요. 나라를 사유화하여 사사로이 돈을 버는 것, 이것이 박근혜가 국가권력을 손에 쥐고 해온 사업이었던 거지요. 당연히 그 사업은 개인의 영리 행위였을 뿐, 국민 전체의 공공적 이익과는 아무 상관도 없었다는 것이 부인할 수 없을 정도로 명백히 밝혀졌고, 그것이 박근혜의 탄핵으로 이어진 것은 우리가 다 아는 일입니다. 이 과정에서 법은 아무 소용이 없었죠. 대통령으로서 지켜야 할 책임과 넘지 말아야 할 한계, 이런 것들이 명백하게 법률로 규정되어 있었지만, 그런 모든 것이 박근혜와 그에게 기생하고 부역한 집단에게는 아무런 의미도 구속력도 없었던 거죠.

그들에게 국가는 그냥 자기 집이었을 뿐이에요. 그리고 국민은 집안의 머슴이고요. 지금 우리가 보고 있는 광장의 촛불은 자기가 주인이고 시민을 머슴이라 착각하고 있는 대통령에게 대한민국의 시민들이 우리가 주인이고 네가 머슴이라는 것을 보여주고 확인하는 과정이라 할 수 있지요. 우리가 아니라 바로 네가 머슴이야! 이것이 촛불의 메시지라고 말할 수 있겠는데, 그런 의미에서 엄청난 역사적 의의를 가진 사건이지요. 교과서에서 아무리 민주주의의 원칙을 말하고, 헌법에 아무리 주권재민의 원칙을 말하더라도, 그건 아직 현실이 아니에요.

이   제도화되지 않으면 소용이 없다는 말씀이겠지요?

김   단지 그것만이 아닙니다. 제도 역시 절반의 현실에 지나지 않습니다. 지금 민주주의적 제도가 없어서 박근혜가 저렇게 나라를 파탄으로 몰아간 것은 아니잖아요.

이   그럼 무엇이 문제인가요? 단순히 법조문도 아니고 제도도 충분한 것이 아니라면, 뭐가 더 필요한가요?

김   그보다 본질적인 것이 보이지 않는 마음이지요. 우리들 자신의 마음씨, 자기 인식 그리고 능동적 의지가 인간을 자유로운 시민으로 존재하게 만들어주는 결정적인 조건이라는 거지요. 한번 생각해보세요. 이승만 때도, 박정희 때도 헌법에 대한민국의 모든 권력은 국민에게서 나온다고 되어 있었으니, 법과 제도가 문제라면 그때도 우리는 자유로운 시민이었겠죠. 하지만 아니었잖아요. 그 까닭이 뭐였겠어요? 사실은 우리들 자신이 우리 스스로를 머슴이라고 생각했기 때문이에요. 정확하게 말하자면 대다수 한국인들이 자기 스스로 자유로운 시민, 나라의 주인이라고 생각하지 않았던 거죠.

이   그 이유가 뭡니까?

김   여기서 그걸 세세히 따질 수는 없겠지만, 우선 이승만과 박정희 같은 독재자들의 폭력적 통치가 외적인 이유가 되기는 했겠죠. 그러나 엄밀하게 말하자면 그건 결과지 원인이 아니에요. 독재자들에 부역한 많은 사람들이 없었더라면 독재가 가능하지는 않았을 테니까요. 적극적인 부역자들과 마찬가지로 대다수 한국인들이 거기 굴복하고 살았기 때문에 그런 독재 체제가 수십 년 동안이나 계속될 수 있지 않았겠어요? 굴복한다는 것은 스스로 자유로운 시민으로 사는 걸 포기하는 거지요. 그리고 머슴의 자리를 받아들이는 거예요. 어쩔 수 없다고 생각하면서.

돌이켜 생각해보면, 민주화 운동의 역사라는 건, 그 어쩔 수 없다고 생각하는 굴종을 박차고 일어나, 점점 더 많은 사람들이 우리는 머슴이 아니라 주인이다, 노예가 아니라 자유로운 시민이란 것을 자각하고, 그 자각에 걸맞게 싸워온 역사예요. 생각하면 누군들 자유롭게 살고 싶은 마음이 없겠어요? 하지만 현실 속에서 그 의지는 부침을 겪게 마련이지요. 왜냐하면 자유를 위해 싸우는 것이 너무 많은 희생을 요구하니까요. 그래서 처음에는 그냥 참고 견디면서 살던 사람들이 독재정치가 야만의 극단을 달리면 분노하고 저항해서 그 독재를 타도했다가도, 다시 정치적 상황이 어느 정도 수습되고 나면 마치 태풍이 때가 되면 소멸하듯이 조용한 일상으로 돌아가지 않았겠어요? 그러면 다시 새로운 독재자가 어김없이 등장하고 그게 너무 힘드니까 다시 싸우기 시작하고, 그렇게 반복되는 항쟁의 역사 속에서 한국인들은 서서히 자유인으로서의 지속적인 성격을 형성해온 것이라고 말할 수 있어요. 그 지속적인 성격이야말로 정신적 현실이라 할 수 있지요. 그게 없으면 자유로운 존재로서 사는 건 가능하지 않아요. 어린아이에게 아무리 너는 자유로운 존재니까 알아서 자유롭게 살라고 허락해준다 해서 그 아이가 자유롭게 살 수 있는 건 아니지요. 이건 어른이 된다 해도 마찬가지예요. 자유는 남이 허락해주는 권리가 아니고, 자기 스스로 형성해야 하는 능력과 스스로 결단해야 할 의지의 문제예요. 자유인에게 어울리는 능력과 의지의 총체로서, 일시적인 감상이나 충동이 아니라 자유인의 에토스(ethos), 자유인의 윤리라고 부를 수 있는 지속적이고도 굳건한 성격이야말로 우리를 진정으로 자유로운 존재로 만들어주는 본질적 근거입니다. 그런데 지금 우리가 보고 있고 듣고 있는 광장의 촛불은 이제 한국인들의 절대다수에게 최소한 권력자의 개돼지로 살지는 않겠다는 분명한 자각과 의지가 일종의 지속적 성격으로 확립되었음을 증명한다고 저는 생각해요. 그런 의미에서 엄청난 의미를 가진 사건이라는 거지요. 수십 년 반독재 투쟁으로 벼려진 성격이 드디어 어떤 지속적 형상을 얻게 되었다고나 할까요.

왜 몇 년 전 일본의 후쿠시마에서 지진이 일어났을 때, 그 절박한 상황에서 어떤 여성이 신호등이 바뀔 때까지 건널목에서 기다리고 있는 모습이 보도되어 화제가 된 적이 있지요? 그게 과연 바람직한 태도인지 아닌지 판단은 다를 수 있지만, 아무튼 일본인의 그런 성격이 하루아침에 형성된 것이 아니라는 건 모두가 동의하지 않겠어요? 이번에 광장의 촛불에 대해서도 비슷한 말을 할 수 있죠. 국가권력의 불의에 단호히 저항하는 한국인의 그 성격이 어제오늘 그렇게 쉽게 형성된 것은 아니라고. 쓰레기통에서 살던 들쥐 떼가 자유로운 시민이 되는 게 얼마나 어려운 일이었겠어요.

이　쓰레기통에 들쥐라니요?

김　이승만 시절에 어느 영국인 기자가 그랬답니다. 한국에서 민주주의를 기대하는 것은 쓰레기통에서 장미를 찾는 것과 같다고. 하지만 그런 나라에서 1960년에 4·19가 일어나 독재자가 쫓겨났지요. 그러고 1년 뒤에 5·16 군사쿠데타로 다시 새로운 형태의 독재가 시작되자 아마도 그 영국인 기자는 이렇게 생각했겠지요. "그러면 그렇지. 쓰레기통에서 장미가 필 리가 있나." 그 후 18년이 지난 1979년, 부마항쟁의 여파로 박정희가 비명에 죽고 난 뒤에 이듬해 초에 미국 의회에서 당시 미8군 사령관이었던 위컴을 불러 한국 상황을 물었다고 합니다. 뭐라고 답했는지 아세요?

이　저야 모르죠.

김　위컴이 답하기를 한국인들은 들쥐와 같아서 누가 지도자가 되든지 간에 그를 따를 것이니 크게 염려할 것이 없다고 말했답니다.

이　정말로 그렇게 말했습니까?

김　우리가 그렇게 쓰레기통에 사는 들쥐였네요. 그런 들쥐들이 기어이 87년 6월항쟁으로 민주주의를 얻어내고, 그것이 위기에 처한 지금 다시 촛불을 들고 광장에 모여 그 힘으로 국회를 움직여 대통령의 탄핵을 이끌어냈잖아요. 피 한 방울 흘리지 않고. 그 민주화의 역사가 하루아침에 이루어진 것은 아니거든요.

이　울컥하네요. 선생님의 말씀을 듣다 보면 공감이 안 되는 것은 아닙니다만, 그래도 한 번 더 회의적인 질문을 드리자면, 선생님께서 지금의 상황을 너무 낙관적으로 보시는 것이 아닌가 하는 불안감이 드는 것도 사실입니다. 선생님께서는 자주 자유인의 긍지에 대해 말씀해오셨습니다만, 제 편에서는 광장에서 촛불을 들고 있는 사람들이 정말로 선생님이 말씀하시는 대로 자유인의 자격을 가진 정치적 주체들인지 의심이 드는 것도 사실입니다. 어쩌면 지금 촛불을 든 사람들 대다수는 광장의 집단성과 익명성 속에서 자기의 주체성을 상실한 대중에 지나지 않을 수도 있고, 일부러 좀 나쁘게 표현하자면 지금은 일종의 충동적 분노에 따라 광장에서 촛불을 들고 있지만 박근혜의 탄핵 사태가 지나고 나면 다시 퇴행하지 않으리라는 보장도 없는 것 아닙니까?

김　퇴행하지 말라는 보장이 없는 게 아니라 당연히 퇴행하겠지요. 설악산 가보셨지요?

이　네.

김　산을 오를 때, 계속 오르막길만 있던가요?

이　당연히 아니죠. 오르막이 있으면 내리막도 있는 게 당연하지 않습니까. 그러면서 결국 정상에 이르게 되지요.

김　역사도 그와 같습니다. 그냥 계속 오르막길만 올라가는 것이 아니고 한 번 봉우리에 올랐다가도 다시 계곡으로 내려갔다가 다시 그보다 더 높은 봉우리로 올라가지만 다시 내리막길을 걷기를 여러 번 반복하다가 결국 가장 높은 봉우리에 오르는 거지요. 물론 등산과는 달리 역사의 능선에는 가장 높은 봉우리는 아마도 없을 거예요. 그러나 오르막이 있으면 내리막도 있다는 점에서 역사도 마찬가지입니다. 물론 아무리 내리막길이라 하더라도 스스로 하산하려고 마음먹고 내려가지 않는 한, 그 내리막길이 원점으로의 퇴행은 아니겠지요.

이 　다시 머슴으로 퇴행하는 일은 없으리라는 말씀인가요?

김 　그렇습니다. 머슴으로 살고 싶겠어요? 자전거를 탈 수 있게 되면 그 능력은 내가 버리고 싶다고 해서 버릴 수 없는 신체 내적인 소질로 자리잡는 것처럼, 자유인의 에토스 역시 한번 성격으로 굳어지고 나면, 그렇게 쉽게 포기하거나 버릴 수 없는 성격의 내적 구성 요소가 되는 거지요.

이 　그럼 앞으로의 상황에 대해 크게 염려하지 않아도 된다는 말씀인가요?

김 　글쎄요. 꼭 그런 뜻은 아닙니다. 역사에 완성이라는 것이 있겠어요? 노예적 예속으로부터 시민적 자유의 단계로 나아가는 과정에서도 당연히 우리가 경각심을 가져야 할 위험 요소들이 많이 있겠지요. 그런 의미에서 여기서 하나는 짚고 넘어갈 필요가 있으리라 생각해요.

이 　그게 뭡니까?

김 　우리의 과오를 되돌아보는 거지요.

이 　갑자기 과오라니요?

김 　박정희부터 박근혜까지 대를 이어 종노릇을 한 것이 우리의 과오 아니면 누구의 과오입니까? 그리고 그 과오가 단지 박정희와 박근혜에게 투표한 사람들만의 과오는 아닐 거예요. 박정희기념관 만들어주겠다고 약속한 사람이 김대중 대통령 아니었습니까? 비슷한 시기에 이른바 진보 인사라는 사람들도 박정희 재평가를 입에 올리기도 했었고. 저는 그게 우연이라 생각지 않아요. 정치적 당파성과 별개로 우리 마음속에 박정희의 망령이 똬리를 틀고 있다가 고개를 든 거라고 생각하지요. 그 유령이 드라큘라처럼 다시 관 뚜껑을 열고 나와 활개 치지 않도록 하기 위해 과연 우리 마음속에 있었던 박정희의 정체가 무엇이었던

지를 차분히 돌이켜볼 필요가 있는 거죠. 앞서 말했듯이 나라가 마음속에 있는 것이라면, 박정희의 나라도 마찬가지예요.

힘의 나라, 뜻의 나라

이   그렇다면 우리 마음속에 남아 있는 박정희의 나라의 정체가 무엇입니까?

김   힘의 나라지요. 힘이 지배하는 나라, 힘이 진리인 나라, 힘이 선이고 아름다움인 나라가 박정희의 나라입니다.

이   힘 자체가 나쁜 건 아니지 않습니까? 힘의 나라와 반대되는 나라는 어떤 나라입니까?

김   뜻의 나라입니다. 당연히 힘 자체는 나쁘지 않습니다. 하지만 뜻이 없는 힘은 폭력일 뿐입니다. 박정희의 나라는 뜻이 없는 힘의 나라였기 때문에 폭력국가였던 거지요.

이   그럼 뜻은 뭡니까?

김   힘에다 존재이유와 형상을 부여하는 원리지요. 존재이유란 힘의 목적이고, 형상은 한계이자 테두리입니다. 지향하는 목적이 분명하면서도 넘지 말아야 할 한계를 아는 힘이야말로 선한 힘입니다. 그런데 우리는 오랫동안 그런 뜻은 도외시한 채 맹목적으로 힘을 숭배해왔습니다. 힘이란 쉽게 말하자면 돈과 권력인데, 돈을 벌고 권력을 얻어서 무엇을 하겠다는 뜻은 세우지도 못한 채 권력과 돈을 맹목적으로 좇아서 사는 사람들이 만든 게 헬조선이지요. 우리 사회를 전체로서 보자면 나라가 방향 없이 표류하게 되고, 개인적으로 보자면 돈과 권력을 가질 만큼 가진 사람들의 행태가 상상을 초월할 정도로 천박하고 야비한 것이 모두 그 때문이에요.

한번 생각해보세요. 세상 사람이 돈이 많으면 다 한국의 재벌 자식들처럼 그렇게 천하고 야비해지던가요? 그리고 권력을 쥐면 모두 김기춘, 우병우처럼 그렇게 잔인하고 거만해지더랍니까? 빌 게이츠 자식도 한국의 재벌 자식들처럼 그렇게 제멋대로 큰답니까? 이거 전형적으로 한국적인 현상 아닙니까? 저는 이 문제가 어떤 특정한 개인이나 집단의 문제가 아니고 우리 사회 전체의 병폐라고 생각해요. 그리고 더 늦기 전에 우리가 진지하게 돌이켜보고 전체로서 반성해야 할 과오라고 생각하고요.

사람들이 돈과 권력의 결핍, 곧 힘의 결핍은 예민하게 느끼면서도 뜻의 결핍에 대해서는 아무런 아쉬움도 부끄러움도 없이 살아요. 마치 돈과 권력만 있으면 누구라도 사람 구실을 할 수 있는 것처럼 생각하는 거지요. 하지만 지금 한국 사회에서 벌어지고 있는 이 초현실주의적인 사태는 사람이 최소한의 사람다움을 유지하고 사람 구실을 하는 것이 얼마나 어려운 일인가를 깨우쳐주는 것 아니겠어요?

그런데 이 문제가 단순히 박근혜와 그 하수인들만의 문제라면 제가 이렇게 언성을 높일 필요는 없었겠지만, 주위를 돌아보면 우리 사회 전체가 남녀노소, 보수 진보를 막론하고, 배울 만큼 배운 사람들까지도 힘만 추구할 뿐 뜻을 생각하지 않아요. 그래서 어딜 가나 호연지기는 없고 사사로운 이익에만 밝은 비루한 속물들의 세상이 되고 말았어요. 숲속의 나무가 땅속 깊은 곳에 뿌리를 내려야 아름드리 큰 나무로 자랄 수 있는 것처럼 사람도 깊은 뜻을 마음속에 품을 때 큰일을 할 수 있는 법인데, 우리 사회가 수십 년 동안 돈과 권력 말고는 다른 어떤 가치도 모르는 사회가 되어버려 정신의 크기나 깊이를 보여주는 사람을 찾는 게 너무 어려워졌어요. 하나같이 잇속을 계산하면서 잔머리 굴리는 사람들뿐이잖아요.

따지고 보면 한국 정치의 파행도 마음속에 호연지기를 품은 사람이 드물어서 그런 것 아니겠어요? 나무 한 그루가 숲을 이루지 못하듯이 비범한 사람이 예외적으로 한두 사람 있다 해서 세상을 바꿀 수는 없어요. 그런데 지금과 같은 위기 상황에서 우리가 정말로 흔쾌히 믿고 나라를 맡길 수 있는 정치인이 몇이나 됩니까? 그렇게 사람이 드문 것이 모두 우리 사회가 속물들의 세상이기 때문이에요. 자기밖에 모르는 사람이 어떻게 모두를 위해 나라를 떠맡을 수 있겠어요?

이 　개인의 차원에서는 충분히 동의하겠습니다만, 나라 전체로 보았을 때 힘이 있어야 되는 것이 아닙니까? 사실 힘이 없어서 식민지로 전락한 거라고 생각할 수도 있지 않습니까?

김 　맞습니다. 저도 그런 의미에서 나라가 힘이 있어야 한다는 데에 아무런 이의가 없어요. 그런데 문제는 나라의 힘이 어디서 생기느냐 하는 거예요.

이 　뜻에서 나온다는 말씀이신가요?

김 　당연하지요. 마음이 뿔뿔이 갈라져 사람들이 서로 반목하는 나라가 무슨 힘을 발휘할 수 있겠어요? 임진왜란 때부터 오늘날까지 우리나라의 문제는 우리가 공유하는 뜻이 없으니까 사람들의 마음이 하나로 모이지 않고, 마음이 그렇게 뿔뿔이 흩어져 있으니까 사람들이 힘을 결집할 수 없는 거잖아요. 남북 분단 역시 마음의 분단에서 시작된 것인데, 그렇게 분단된 나라가 핵무기 만들고 인공위성 쏘아 올리면 뭐하고, 자동차나 반도체 만들면 무슨 소용이 있겠어요? 그 모두가 서로 싸워 소진되고 말 힘밖에 더 되겠어요? 남한 사회만 놓고 보더라도 이승만부터 박정희까지 무턱대고 힘으로 억누르고 동원하면 국민의 힘이 결집될 것이라 생각했지만, 그게 진짜 힘이 아니라는 걸 우리가 역사 속에서 깨우친 거지요. 힘은 하나로 모여야 힘인데, 물질은 외부적 힘의 작용을 통해 하나가 될 수 있지만, 사람은 오직 자발적인 의지를 통해서 결속할 때만 지속적이고 굳건한 하나를 이룰 수 있어요. 그 자발적인 의지를 이끌어내는 것이 바로 보편적인 이념과 뜻이지요. 그런 의미에서 함석헌은 우리가 고난의 역사를 산 것은 힘이 아니라 뜻이 없었기 때문이라고 말했는데, 우리가 정말로 힘을 원한다면 먼저 뜻을 찾아야 돼요.

이   결국 나라의 일이 모두 마음의 일이군요.

김   그래서 함석헌이 늘 그랬던 거지요. 생각하는 백성이라야 산다고. 뜻은 마음에서 나오고 생각으로 다듬어지는 거니까요.

이   그럼 이제 그 뜻이 구체적으로 무엇인지도 말씀을 좀 해주시면 고맙겠습니다.

김   이미 말하지 않았나요?

이   언제 말씀하셨다는 건지요?

김   우리가 지금 우리 역사를 돌이켜보면서, 지금 우리가 처한 상황을 살펴보면서 일종의 기준이나 준거로 삼아 계속 이야기해온 이념이 뭐였습니까? 아니 제가 새삼스럽게, 우리가 추구해야 할 뜻을 가르치듯이 제시할 것이 아니라 동학에서 지금 우리가 수행하는 촛불혁명까지 우리 겨레가 추구해온 으뜸가는 가치와 뜻이 무엇입니까?

이   "오, 자유여, 봉기의 창끝에서 빛나는 별이여." 그 말씀이시지요?

김   네. 그것 말고 무엇을 먼저 말해야 하겠습니까. 김남주 시인의 그 시구는 사사로운 감정의 표현이 아니라 오랜 세월 동안 이어져온 봉기의 역사 속에서 확립된 보편적 정신일 거라 생각해요. 개개인으로 보자면 이럴 수도 있고 저럴 수도 있지만, 전체로서 보자면 결국 인류의 역사도 한국의 역사도 참된 자유의 실현을 위한 몸부림이지요. 그리고 지금 우리가 광장에서 확인하는 것도 그 보편적 의지의 표현일 테고요.

이   그럼 역사 속에서 이미 뿌리내린 자유의 이념이 있는데, 선생님이 새삼스럽게 뜻에 대해 강조해 말씀하시는 까닭은 무엇입니까?

김   우리는 거듭되는 봉기를 통해 자유의 이념을 스스로 체득한 겨레이기는 하지만 그렇게 체득된 자유의 이념은 의식적으로 자각되지 않으면 불안정할 수밖에 없습니다. 자유의 나무가 마음속에 뿌리내리고 있다 하더라도, 물을 주고 북돋아주지 않으면 마를 수도 있지요. 그렇게 되지 않기 위해서는 자유의 의미와 가치를 분명하게 자각할 필요가 있습니다. 그런데 자유의 이념을 (대자적으로) 명확히 의식하는 것은 정돈

된 철학과 세계관 그리고 윤리를 통해서만 가능하지요. 아쉽게도 우리의 문화적 전통 속에서는 그런 자유의 이념을 체계적으로 분명하게 제시해준 철학적 전통이 아무래도 결여되어 있습니다. 그래서 다 느끼고 있고 또 어느 정도 알고 있는 일이지만 두 번 세 번 강조해 말할 필요가 있다는 거지요.

게다가 지금 우리 논의의 문맥에서 보자면 우리 사회에서 아무리 박근혜가 탄핵되고 법적인 처벌을 받는다 하더라도 박정희의 망령이 쉽게 사라지지는 않을 것이기 때문에 더욱더 이 문제를 철저하게 생각해야 할 필요가 있는 거지요. 이를테면 올해 초 『월간조선』 1월호 부록이 '내 일생 조국과 민족을 위하여'라는 제목의 '박정희 신화집'이었어요. 탄핵 국면에서 박정희 신화집을 준비하고 기획하는 까닭이 뭐겠어요? 『조선일보』는 무엇이 문제인지, 어디가 전선(戰線)인지를 아는 거예요. 그에 비하면 이른바 진보 진영은 아무 생각 없는 자들이죠. 진짜 싸움은 마음속에서 벌어지는 거예요. 그리고 적은 밖에 있지 않고 내 마음속에 있어요. 마음속의 욕망, 비굴함, 그 모든 것들이 우리가 이겨내야 할 진짜 적인 거지요. 그런 의미에서 자유의 참된 의미를 되묻는 것은 아무리 강조해도 지나치지 않아요.

이   잘 알겠습니다. 그럼 자유에 대해 선생님께서 강조해 말씀하시고 싶은 게 무엇인가요?

김   무릇 하나의 의미는 그것과 반대되는 것을 대립시킴으로써 가장 잘 드러나는 법인데, 아까는 우리가 힘과 뜻을 대립시켰죠. 그처럼 이제 자유의 뜻을 분명히 부각하기 위해 그것을 반대되는 것과 대립시켜봅시다. 자유의 반대가 뭡니까?

이   노예 상태 아닙니까?

김   맞습니다. 그런데 자유를 노예 상태와 대립시키면 세상에 누구도 자유 대신 노예 상태를 선택하지는 않을 거예요. 그래서 어떤 독재자도 내가 너희를 노예로 만들어주겠다고 선전하지는 않아요. 독재자는 실질적으로 시민을 노예로 만들려고 하지만, 언제나 명분은 다른 것을 내세우지요. 그래서 그들은 자유와 노예 상태 사이의 선택이 아니라 자유와 또 다른 가치 사이에서 선택할 것을 요구하게 마련입니다. 그 명분, 시민들로 하여금 스스로 자유를 포기하거나 제한 또는 유보하게 만드는 그 가치가 뭐겠어요?

이   이익이겠군요.

김   네. 더 정확하게 말하자면 생존이나 이익입니다. 한편에서는 굴복하지 않으면 폭력적으로 위협해서 생존을 위해 자유를 포기하게 만들고, 다른 한편에서는 자유를 포기하고 굴복한 자들에게 이익을 약속하는 거지요. 그래서 사람들은 자유와 생존 또는 자유와 이익 사이에서 선택을 강요당하게 됩니다. 그런데 자유와 노예 상태 사이에서 선택하는 거라면 모두가 자유를 선택하겠지만, 자유와 생존 또는 자유와 이익 가운데 하나를 선택해야 할 경우 실은 대다수 사람들이 자유를 포기하고 생존이나 이익을 선택하게 마련입니다. 일단 살아남아야 자유도 있을 수 있고, 기왕 살려면 잘 먹고 잘 살아야 한다고 생각하는 거지요. 그래서 모든 독재자들은 우리에게 자유와 생존 또는 자유와 이익 사이에서 하나를 선택하라고 강요하게 마련입니다. 이 선택의 향방은 결국 우리의 정신적 가치관에 달려 있는 것인데, 이 선택지들 사이에서 우리가 자유보다 생존을 더 중요한 가치로 여기거나, 아니면 자유보다 잘 먹고 잘 사는 것을 더 중요한 가치로 여기는 한, 우리는 언제라도 노예적 굴종으로 퇴행할 수 있는 거지요.

이   그런데 선생님은 정치적 실천에서 우리가 자유를 위해 비범한 용기를 보여왔지만 내면적 가치관의 차원에서 아직 그렇게 확고한 기초를 확립하지 못했다고 보신다는 거지요?

김   네. 아직 우리에게 어울리는 자유의 철학을 확립했다고 보기 어렵습니다. 자유의 이념은 우리가 서양에서 배운 거고, 우리의 정신적 전통 속에서는 없었던 가치였는데, 우리가 민중항쟁의 역사 속에서 자유의 이념을 체득하기는 했지만, 아직 그 이념을 우리들 자신에게 어울리는 언어로 철학적으로 형상화하지는 못했습니다. 그래서 아직 불안한 거지요.

『맹자』의 첫머리에 양혜왕이 맹자에게 "노인께서 천리를 멀다 하지 않고 오셨으니, 또한 장차 우리나라에 이익이 있겠지요?"라고 묻자 맹자가 "왕께서는 하필이면 이익을 말하십니까? 오직 인의(仁義)가 있을 뿐입니다"라고 답한 것은 우리 조상들에겐 서양으로 치면 예수의 산상수훈처럼 유명한 말이었겠지요. 그런데 이익보다 인의를 먼저 추구하는 것이 고상한 도덕이기는 하지만 정치적으로 보자면 그다지 쓸모 있는 대립 구도는 아닙니다. 왜냐하면 독재자도 얼마든지 인자할 수 있거든요. 자유만 도외시한다면 의롭기까지 할 수도 있죠. 그러니까 맹자도 전제군주 앞에서 의로움을 말할 수 있었던 거고요.

게다가 이익과 인의가 실은 그다지 대립되는 가치도 아니니까 더 문제예요. 쌀독에서 인심 난다고, 부자들이 가난한 사람들보다 더 인자하다고 말할 수도 있잖아요? 가난한 사람들이 언제나 더 의로운 것도 아니고. 그러니까 이익과 인의는 아무래도 선명한 대립 개념이라고 말할 수는 없어요. 그래서 얼마든지 둘을 같이 추구할 수 있는 거지요.

이   그러니까 이익과 인의를 대립시켜서는 아직 자유의 가치가 선명하게 드러나지 않는다는 뜻입니까?

김   네. 그런 까닭에 이익과 인의를 대립시키면 우리는 얼마든지 실제로 이익을 추구하면서 인의의 가면을 쓰고 살 수 있어요. 또는 인간을 노예화하고 억압하면서도 얼마든지 인자한 얼굴을 할 수 있는 거예요. 남들에게 이익을 나누어주면 더 인자해 보이겠죠. 그래서 이런 대립 구도 속에서 자유의 가치는 드러나기 어려워요. 표면적으로는 이익과 인의를 대립시키면서 실질적으로는 독재를 행하는 것이 얼마든지 가능해지는 거지요. 만약 이익과 자유의 대립 구도가 정착되어 있는 사회였더라면 이익을 내세워 자유를 빼앗는 것이 쉽지 않았겠지만, 이익과 인의의 대립 구도라면 거기 자유의 문제는 빠져 있으니까 얼마든지 인자하고 의로운 독재가 가능해지는 거지요. 그렇게 해서 일단 독재로 통하는 문이 열리면 그다음은 그걸 제어하는 게 쉽지 않죠. 독재자들은 폭력과 이익 그리고 사이비 도덕을 통해 시민의 저항을 물샐 틈 없이 억누르니까요.

한국의 독재자들 가운데 이승만에게는 폭력밖에 없었던 데 반해 박정희는 이 세 가지 방법을 모두 다 구사했던 독재자예요. 폭력은 기본이고, 다음은 경제성장 그리고 마지막이 '내 일생 조국과 민족을 위하여'라는 위선적 도덕이죠. 관동군 중위 출신의 매국노였으니 더욱더 애국자 행세를 해야만 했겠죠? 그래서 박정희의 신화를 근절하는 것이 녹록지 않은 일이예요. 특히 두 번째가 중요한데 박정희 시대의 경제 발전의 신화가 바로 그거지요. 한 10년쯤 전이었을까, 진보적 인사라는 사람들 사이에서 이제 박정희 시대를 좀 더 긍정적으로 재평가해야 하는 것이 아니냐는 소리들이 나온 적이 있었어요. 인정할 건 인정해야 한다, 이런 식으로 말을 하는 거지요.

이른바 진보적이라는 지식인들이 그런 말을 할 정도니, 보통 사람들이야 어떻겠어요? 박정희가 경제를 발전시켰으니 그래도 훌륭한 지도자가 아니었냐고 말하는 게 하나도 이상할 게 없지요.

이 하지만 박정희 시대의 경제 발전을 박정희의 공이라고만 말하는 것은 너무 단순한 역사 인식 아니겠습니까?

김 당연히 그렇죠. 하지만 그런 반론으로 박정희 신화를 허물 수는 없어요. 아니 보다 근본적으로는 그런 식으로 박정희를 비판하는 것은 도리어 박정희 신화를 강화하는 결과를 낳을 뿐이에요.

이 왜 그렇습니까?

김 이를테면, 우리가 박정희 시대의 경제 발전의 공적을 박정희가 아니라 근면하고 잘 교육받은 한국인 전체에게 돌린다고 합시다. 그 말 자체는 누구도 부정하지 않을 거예요. 하지만 아무리 그렇게 한다 하더라도 여전히 박정희가 기여한 몫은 없앨 수 없어요. 아무려면 나라의 대통령인데, 그의 역할이 아무것도 아니었다고 말한다면 그거야말로 억지 아니겠어요? 그런 억지 논리 때문에 도리어 박정희의 신화가 공고해지는 거지요. 진보 진영에서 박정희의 독재를 비판하기 위해 박정희가 한국의 경제성장에 그다지 기여한 것이 없다는 식으로 비판하는 것은 박정희의 망령을 내쫓는 데 그다지 도움이 되지 않아요.

이   그럼 어떻게, 무엇을 비판해야 하는 겁니까?

김   자유를 빼앗기고 나서는 아무리 잘 먹고 잘 산다 하더라도 인간이 아니라 개돼지의 삶이라는 자각이 필요한 거지요. 우리가 박정희를 비판해야 할 입각점은 오직 그거예요. 박정희뿐이겠어요? 식민지 근대화론도 마찬가지예요. 그건 일제강점기에 경제가 얼마나 발전했느냐 아니냐를 두고 입씨름할 문제가 아니에요. 그런 논쟁을 시작하는 순간 그 프레임에 말려드는 거지요. 조선이 서양 문명과 처음 만나 근대화되던 시기와 일제강점기가 겹치는데, 그럼 식민지 시대에 근대화된 것이 당연한 것 아니에요? 그런데 그렇다고 해서 우리가 일본에 감지덕지해야 되는 겁니까? 일본이 조선을 얼마나 제대로 근대화했느냐 아니냐를 따질 것도 없이, 그 모든 것들이 노예 상태에서는 무가치하고 무의미하다는 것을 분명히 하는 게 먼저예요. 모든 가치에 앞서 자유가 전제되지 않으면 아무리 좋은 것이라도 즉시 무가치의 나락에 떨어질 수밖에 없다는 것을 분명히 하는 것이야말로 우리가 과거의 모든 적폐를 청산하기 위해 필요한 대전제라고 저는 생각해요.

그리고 이건 단순히 박정희라는 개인을 비판하기 위해 하는 말이 아니고 우리 모두의 자기성찰과 자기반성의 과제로서 필요한 일이에요. 사실 지금도 박정희를 열성적으로 지지하는 사람들이, 자기는 그 시절에 아무것도 하지 않았는데 박정희가 혼자 자기를 다 먹여 살렸다고 감지덕지하는 건 아니거든요.

이   그럼 뭡니까?

김　그 시절의 구호를 인용해 말하자면, 박정희가 "우리도 할 수 있다", "다시 말해 우리도 잘 살 수 있다"라고 한국인들에게 열정을 불어넣었고 당시의 한국인들이 그 호명에 따라 실제로 열심히 일했기 때문이에요. 잘 살아보자고. 그러니까 아직도 다 근절되지 않고 남아 있는 박정희에 대한 향수는 그 시절을 살았던 한국인들이 자기 자신의 삶에 대해 품고 있는 추억이고 향수인 거예요. 그리고 그것이 단지 박정희라는 권력자에 대한 향수가 아니라 동시에 자기 자신의 열정적인 삶에 대한 향수이기 때문에 쉽게 근절될 수 없는 거지요. 박정희를 부정하는 건 여전히 그 세대의 많은 한국인들에겐 자기의 삶을 부정하는 것과 마찬가지란 말이에요. 그러므로 박정희 신화는 사실은 박정희의 문제가 아니라 박정희를 추억하는 한국인들 자신의 가치관의 문제인 거지요.

이　그 가치관이란 …….

김　뭐니뭐니 해도 돈이 최고라는 가치관인 거지요. 한국이 경제 발전을 이루고 내가 가난에서 벗어나 부유한 삶을 살게 되었다는 것, 그리고 그 경제성장의 과정에 나도 참여했다는 자부심, 이런 것들이죠. 이런 점에서 한국 사회의 박정희 신화는 이해 못할 것이 하나도 없는 너무도 자연스러운 집단 정서예요. 그리고 그 자부심은 하나만 고려하지 않는다면 훌륭하기까지 하다 말할 수 있지요.

이　그 하나가 자유라는 말씀이지요?

김　네. 찢어지게 가난했던 사람이 근면하게 일해서 부자가 되었다는 데 대해 느끼는 자부심을 누가 비난하겠어요. 그런데 박정희 시대에 대해 향수를 느끼는 사람들의 자부심이 대개 자유의 가치를 부정하거나 능멸하는 경우가 대부분이기 때문에 문제가 되는 거지요. 경제 발전을 핑계로 독재를 정당화하고 잘 먹고 잘 살게 되었으니 그까짓 민주주의가 좀 후퇴한 것이 무슨 대단한 문제냐는 식으로 나오니까, 용납할 수 없는 거죠. 그건 노예들에게나 어울리는 가치관의 표현이니까요. 생각하면 우리 현대사의 비극과 파행이 근본에서 보자면 이런 노예적 가치관을 극복하지 못했기 때문에 빚어진 일이에요. 그리고 이런 가치관을 청산하지 않으면 언제라도 다시 불행한 과거로 퇴행할 수 있지요. 이런 의미에서 지금 광장에서 사람들이 요구하는 과거 청산과 범죄자들에 대한 단죄만큼이나 우리 마음속의 노예적 가치관을 청산하는 것이 중요해요.

일상의 파시즘

이   선생님 말씀에 원칙적으로는 아무런 이의가 없습니다만, 들으면서 생각하니 저희 세대는 박정희를 본 적도 없는데, 한국 사회에 박정희 신화가 그렇게 문제가 되는 이유가 좀 신기하기도 하고, 어떤 의미에서는 선생님께서 과민하신 게 아닌가 싶은 생각도 듭니다. 어쩌면 박정희 세대가 세상을 떠나고 나면 박정희 신화는 자연스럽게 사라질 것 아닌가 싶은 생각도 드는데 어떠신지요?

김   사실 정치적 독재가 문제라면 저도 박정희식 독재가 다시 부활하는 건 현실적으로 가능한 일이라 생각하지는 않습니다. 그런 의미에서 제 말은 일종의 사족이지요. 그럼에도 불구하고 제가 박정희 신화를 진지하게 되돌아보아야 한다고 말씀드린 까닭은 그것이 형태를 달리하여 여전히 우리 사회에 전승되고 살아 있기 때문입니다. 그러니까 여러분들 세대가 박정희를 경험한 적이 없었어도 여러분들의 의식은 박정희 신화로부터 자유롭지 않다는 거지요.

이   어떤 의미에서 그렇다는 말씀입니까?

김   자유와 생존 또는 자유와 이익 사이에서 선택을 강요당하는 것이 박정희의 나라라고 말씀드렸지요?

이   기억하고 있습니다.

김   앞으로 한국 사회에서 국가권력을 장악한 자가 국민에게 그런 선택을 강요할 일은 아마 없을 거예요.

이　그런데 뭐가 문제라는 겁니까?

김　국가권력 아닌 다른 권력이 또 다른 영역에서 우리에게 그런 선택을 강요할 수 있다고 생각하지 않으세요? 아니면 지금 우리 사회에서 대다수의 사람들이 그런 선택을 강요받고 있다고 생각하지 않으시나요? 국가권력만이 권력은 아니잖아요. 실제로 더 무서운 건 일상에서 여러분을 지배하는 권력 아니던가요?

이　아! 이제 이해하겠습니다.

김　워낙 오랫동안 국가 폭력에 시달려온 까닭에 우리는 사회적이고 구조적인 폭력이라 하면 국가 폭력을 먼저 생각하는 게 어찌 보면 당연한 일이기는 합니다만, 사실은 시민에 대한 폭력에 국가 폭력만 있는 것은 아니죠. 과거에도 국가 폭력이 가장 조직적이고 가장 야만적이어서 문제였지만, 국가의 폭력성은 국가가 자행하는 폭력 그 자체가 불법적이고 불의한 것이어서 문제일 뿐만 아니라 그것이 나라 안에서 폭력을 다양한 방식으로 재생산하기 때문에 문제이기도 합니다. 현대 사회에서 국가는 합법적으로 폭력을 독점하고 있는 유일한 단체라고 할 수 있습니다. 그런데 그런 국가가 시민으로부터 위임받은 독점적인 폭력을 시민을 보호하기 위해 합법적인 방식으로 사용하지 않고 도리어 시민을 억압하기 위해 불의하게 사용하게 되면 국가에 의해 자행되는 폭력이 마치 물결이 퍼지듯이 사회 각 부문으로 퍼지게 마련입니다. 폭력이 전이되고 전염되는 거지요. 생각하면 1948년 4·3사건에서부터 시작해 너무나 오랫동안 국가 폭력에 시달려온 까닭에, 한국 사회는 거의 폭력에 중독된 사회입니다.

이 문맥에서 개인적인 경험을 하나 이야기하자면, 제가 처음 베트남을 방문했을 때 일인데요, 제가 참석했던 학회 주제가 '신자유주의 시대의 사회연대'였습니다. 그런데 당시 베트남에 진출했던 한국 기업의 야만적이고도 폭력적인 노동 통제가 베트남 사회에서 심각하게 문제가 되고 있었습니다. 베트남 남부에서 참석한 어느 사회학자가 그걸 주제로 발표를 하는데, 그가 드는 여러 가지 사례들이 얼마나 폭력적이고 야만적인지 제가 발표 뒤 토론 시간에 한국인으로서 사과의 말을 하지 않을 수 없었습니다. 게다가 그 무렵 베트남에서 결혼해서 한국에 왔던 여성이 남편에게 잔혹하게 살해된 사건까지 겹쳐 그 문제 역시 같은 학회에서 다른 학자가 발표하고 또 성토하지 않았겠습니까. 제가 그때도 한국인으로서 유감의 뜻을 표시했더랬습니다.

학회가 끝나고 참가자들이 같이 공장 견학을 가는 길에 한국 기업의 비인간적 노동 통제를 비판했던 젊은 여성 사회학자가 저에게 와서 조심스럽게 말을 건네더라고요. 아마 그 학자는 학회에 누가 참석하는지 신경 쓰지 않고 발표를 했을 텐데, 정작 발표장에서 한국을 규탄하는 발표를 듣고 학회에 같이 참석한 한국인이 시키지도 않은 사과를 두 번이나 할 줄은 몰랐겠지요. 아무튼 저에게 정중하면서도 조금은 민망한 표정으로 자기는 정말로 궁금해서 묻는 건데, 한국 남자들이 원래 그렇게 폭력적인지 묻더라고요. 생각하면 한국 군대가 박정희 때 베트남전쟁에 끌려가서 양민 학살을 해서 여기저기에 한국군 증오비까지 세워져 있는데, 이번에는 기업이 들어와 노동자들에게 걸핏하면 폭력을 행사하니까 그런 질문을 할 만하지요.

이 그래서 뭐라고 대답하셨습니까?

김 뭐라 그러겠습니까? 그런 상황에서 변명하는 게 더 우습죠. 그런데 베트남에 파견된 군대의 폭력이 수십 년이 지난 뒤에 기업의 폭력으로 전환된 것은 사실은 한국 사회 내에서도 똑같이 일어난 일 아닙니까? 그러니까 그건 우리 사회의 문제가 그대로 외부에 투영된 것이지요. 다시 말해 박정희식 군사독재 국가 폭력이 1987년 민주화 이후 자본(가)의 폭력으로 전환된 것입니다.

이 그렇더라도 폭력의 양상은 달라지지 않았습니까?

김 물론 양상이 같다고 말할 수는 없겠지요. 적어도 현상적으로 보자면 자본의 폭력은 국가 폭력에 비해 폭력성이 덜한 것처럼 보이고 그 양상도 직접적인 폭력이 아닌 것처럼 보입니다. 예를 들어 이승만 이래 국가 폭력이 군사력이나 경찰력을 동원한 물리적 폭력이라면, 자본의 폭력은 생계를 볼모로 자행되는 억압이나 강제로서 간접적인 폭력이라고 말할 수도 있겠지요. 하지만 저는 이렇게 국가 폭력과 자본의 폭력을 구별하는 것이 다른 나라라면 몰라도 한국 사회에서는 그다지 정확하지 않은 다소 안이한 판단이 아닌가 생각합니다.

이   어떤 의미에서 그렇습니까?

김   서양에서라면 자본의 지배가 비인격적인 지배라고 말할 수도 있을 거고, 그런 까닭에 자본의 폭력성이 구조적이고 간접적으로 나타난다고 말할 수도 있겠죠. 자본 그 자체가 입이 있어서 욕을 한다거나 팔이 있어서 몽둥이를 들고 사람을 때리지는 못할 테니까요. 하지만 한국의 자본주의는 단순히 자본에 의한 인간의 지배로만 나타나는 것이 아니고 자본가에 의한 노동자의 지배로 나타나지요. 이 땅에서는 자본주의도 구조로만 작동하는 것이 아니고 동시에 인격적이라는 거예요. 그래서 자본의 폭력도 인격적으로 나타나지요. 다시 말해 그 폭력이 추상적인 구조를 통해 간접적으로 행사되는 것이 아니고 사람과 사람의 만남 속에서 직접적으로 나타나는 거예요.

이   대한항공 비행기 '땅콩 회항' 사건처럼 말이지요.

김   바로 그겁니다. 비행기라는 공적인 장소에서 종업원을 무릎 꿇리고 행패를 부릴 정도라면 보이지 않는 장소에서 어떤 패악질을 할지 짐작이 되지 않습니까? 하지만 여기서 짐작만으로 사람을 매도하지 않기 위해 확인되고 보도된 사실을 하나 예로 들자면, 조현아 '땅콩 회항' 사건보다 4년 전인 2010년에 SK 최태원 회장의 사촌동생인 최철원 M&M 전 사장이 야구방망이로 운수 노동자를 폭행해서 처벌을 받았던 사건을 들 수 있겠습니다. 그 사건이 워낙 엽기적이고 충격적이어서 당시 여기저기서 상세한 취재와 보도가 이어졌는데, 그에 따르면 그 사람은 눈이 오는 날이면 유독 일찍 출근해서 날씨 때문에 지각하는 사원들을 마치 고등학교 학생주임이 지각하는 학생들에게 그렇게 하듯이 엎드리게 해서 매를 때렸다고 하더군요. 이게 우리가 사는 나랍니다.

그러니까 저는 한국에서 국가 폭력과 자본의 폭력이 서로 다른 것처럼 보이는 까닭은 둘이 질적으로 달라서가 아니고, 단지 국가 폭력은 폭력의 주체가 국가라는 단일 주체여서 그 폭력성이 두드러져 보였던 데 반해 자본의 폭력은 여러 폭력 주체로 분산되어 있기 때문에 특별히 사건화되지 않으면 눈에 띄지 않을 뿐이어서 그런 것이고, 전체적으로 보자면 그 폭력성의 양상이나 정도에서는 큰 차이가 없다고 보아야 하지 않을까 생각합니다. 게다가 삼성반도체에서 백혈병으로 사망한 분들에서부터 시작해 서울 지하철 구의역에서 스크린도어 고치다가 젊은 노동자가 사망한 사건처럼 얼마든지 예방할 수 있는 노동자들의 희생이 끊임없이 반복되는 현실을 생각하면, 1980년 5월, 열흘 동안의 총질로 수백 명을 살해한 신군부보다 삼성의 이건희가 덜 폭력적이라고 말할 수 있을까 하는 생각이 드는 거죠.

아무튼 1987년 민주화 이후 국가 폭력이 그 전에 비해 상대적으로 약화되었음에도 불구하고 우리의 삶이 점점 더 불행해진 건 다른 무엇보다 우리가 일상의 삶에서 점점 더 증대되는 자본의 폭력에 예속되었기 때문이라고 생각합니다. 그런 의미에서 자본 권력을 해체하는 것이 지금 우리에게 절실한 과제라는 거예요.

이   선생님 말씀은 충분히 이해하고 공감하겠습니다만, 우리 이야기가 박정희 신화에서 자본의 폭력으로 건너왔는데, 자본의 폭력과 박정희 신화가 무슨 상관이 있습니까? 우리 세대가 박정희를 경험하지 못했어도 박정희 망령에서 자유롭지 않다고 말씀하시지 않았습니까? 그게 자본의 폭력과 무슨 상관이 있는지요?

김   자유와 생존 또는 자유와 이익 사이의 선택을 강요당한다는 점에서는 국가 폭력 앞에서나 자본의 폭력 앞에서 우리가 직면하는 곤경이 마찬가지라는 걸 말하고 싶었기 때문입니다. 그러니까 이 점에서도 자본의 폭력과 국가 폭력이 근본적으로 다를 것이 없는 거예요. 그런데 국가 폭력에 관해서 보자면 우리는 오랜 세월 동안 그 폭력과 싸우는 과정 속에서 생존이나 이익보다 자유가 더 소중한 가치라는 것을 체득했다고 말할 수 있겠습니다. 그런 관점에서 보자면 우리가 이제는 박정희의 망령으로부터 거의 벗어났다고 말할 수도 있겠지요.

하지만 자본의 폭력에 관해서 보자면 과연 우리가 자본이 강요하는 양자택일 앞에서 생존이나 이익보다 자유를 더 소중하게 여긴다고 말할 수 있는지 저는 아직 좀 회의적입니다. 1987년 민주화 이후 노동운동이 한동안 전성기를 구가할 때가 있었습니다만, 안팎의 이유가 겹쳐 노동운동이 점점 더 쇠락해져서 대부분의 사업장에서 노조는 무력화되고, 노동자들은 자기를 조직적으로 보호할 수 있는 수단이 없으니까 개인으로 자본가들의 공격에 무방비로 노출되는 것이 지금 상황이지요. 그런데 노동자 개인이 어떻게 자본과 맞서 싸워 이길 수 있겠어요? 그건 과거 독재 권력의 국가 폭력에 맞서 개인이 혼자 싸워 이길 수 없었던 것과 마찬가지란 말이에요. 그래서 과거에 대부분의 사람들이 국가 폭력 앞에서 굴복했듯이, 지금은 자본의 폭력 앞에서 굴복하게 되는 거예요. 중소기업 다니는 사람들은 그렇게라도 먹고살아야 되니까, 또는 삼성이나 현대 같은 대기업 다니는 사람들은 남들보다 조금이라도 더 잘 먹고 잘 살려고 하다 보니까, 온갖 자본의 횡포와 폭력 앞에서 저항하지 못하고 그냥 고개를 숙이고 사는 거지요. 그런 점에서 국가 폭력 앞에서 시민이 직면하는 곤경과 자본의 폭력 앞에서 노동자가 직면하는 곤경은 본질적으로 다르지 않아요. 폭력 국가든 자본이든 우리에게 "굴복하고 살래, 아니면 덤비다 죽을래?" 하고 묻는 거거든요.

그런데 이런 협박 앞에서 우리는 어떤 선택을 하고 있나요? 대다수는 이 문제의 심각성을 인식하지 못하고 그냥 어쩔 수 없는 일상이라 굴복하고 사는 거잖아요. 국가 폭력과 달리 자본의 폭력은 언뜻 보면 폭력이 아닌, 자본주의 사회의 일상처럼 보이잖아요. 그래서 상황이 점점 더 악화되어온 거지요. 민주화 이후 한동안 '일상의 파시즘'이란 말이 지식인들 사이에서 유행처럼 떠돌던 시절이 있었는데, 이 표현이 적절한지 아닌지에 대해서는 생각이 다를 수 있겠지만, 아마 여러분들도 그 말이 지시하는 객관적인 문제 상황에 대해서는 이해하고 공감하지 못할 것이 하나도 없을 거예요. 따지고 보면 일상의 파시즘이란 것이 국가 아닌 다른 권력이 우리에게 "굴복하고 살래, 덤비다 죽을래" 하고 협박하는 것인데, 그 일상이라는 것이 다른 무엇보다 우리가 벌어먹고 사는 일터가 아니겠어요? 목구멍이 포도청이라고 하는 속담처럼 먹고살려다 보니 직장의 위계질서 속에서 일어나는 어지간한 불의는 자기에 관한 것은 감수하고 남에 관한 것은 그냥 모른 척하는 것이 관행이 되면 그때부터는 굴종이 더 큰 억압을 부르는 악순환이 시작되는 거지요. 사실 지금 광장에 모인 시민들의 마음속에 쌓인 분노는 단순히 박근혜의 비리에 대한 것만이 아니고 일상에서 매일매일 경험하는 그런 억압에서 비롯된 거라고 보는 것이 정확한 판단일 거예요. 박근혜의 비리는 새롭게 알게 된 거지만 일상에서 평소에 느끼던 불의에 대한 분노는 차곡차곡 쌓여온 것인데, 그 일상이란 다른 무엇보다 일터가 아니겠어요? 그리고 그 일터에서 우리는 몇 푼의 돈을 얻기 위해 자유와 인간의 긍지와 존엄성을 거의 포기하고 살고 있는 거지요.

이   이제야 선생님이 말씀하시는 것이 무엇인지 그림이 그려집니다. 그런데 그런 일상의 파시즘에서 벗어나려면 어떻게 해야 합니까?

김   여기서도 결국 문제의 뿌리는 바깥의 제도 이전에 우리의 마음과 정신에 있습니다. 조금 폭넓게 말하자면 이건 문화의 문제라고 말해도 좋겠습니다.

이   구체적으로 말씀을 해주시지요.

김   일단은 일상에서 불의에 저항할 수 있는 용기, 아니라고 말할 수 있는 용기가 문제입니다. 일상의 억압이라는 것이 어떤 한계가 정해져 있는 게 아닙니다. 억압하는 사람과 억압받는 사람 사이의 권력관계라는 건 언제나 유동적이고 상호적입니다. 이건 국가권력과 시민 주권 사이의 권력관계가 상호적인 것과 마찬가지입니다. 박근혜와 그 하수인들이 무슨 짓을 하든 국민이 그냥 당하기만 하고 있으면 권력형 범죄가 더 악화되지만, 시민들이 레드카드를 꺼내들고 저항하기 시작하면 결국 국가권력의 횡포에 브레이크를 걸 수 있는 것처럼 일상의 억압의 경우에도 마찬가지입니다.

이를테면 직장에서 내가 아무 소리 하지 않아도 상급자가 알아서 예의 바르고 친절하기를 바라기만 하는 것은 실은 유아적 태도입니다. 사회적 관계, 특히 권력관계에서 불의를 미연에 방지하기 위해서는 권력관계에서 갑의 위치가 아니라 을의 자리에 있는 사람들의 태도가 더 중요합니다. 쉽게 말해 한국 사회에서 이른바 갑질이라는 게 기승을 부리는 이유는 다른 무엇보다 을들이 너무 고분고분하기 때문입니다. 이 말은 갑들의 잘못에 대한 책임이 을에게 있다는 말이 아니고, 어차피 갑의 자리에 있는 사람들의 횡포는 을의 저항에 의해서만 제어될 수 있다는 말입니다. 백날 뒤에서 갑을 비난해도 소용없다는 뜻이지요.

예를 들면 몇 년 전에 경기도의 어느 초등학교에서 교장이 교사 두 사람을 교장실로 불러 그들이 담임으로 있는 반이 시험 성적이 가장 낮다는 이유로 회초리로 손바닥을 때린 일이 있었습니다. 이 엽기적인 사건에서 저는 교사의 손바닥을 때린 교장보다 손바닥을 내밀라고 한다고 고분고분 손바닥을 내민 젊은 교사들에게 더 충격을 받았습니다.

이 선생님이 칼럼 쓰신 게 기억납니다. 다시 교장이 손바닥을 내밀라고 하거든 책상을 엎으라고 하셨지요. 하지만 교사들의 입장에서 생각하면 그런 상황에서 저항하는 것이 쉬운 일만은 아니고, 어쩌면 선생님께서 너무 과도한 요구를 하시는 것이 아닌가 하는 생각도 듭니다만.

김 우리가 극단적 상황을 두고 말하자면 일상에서 부당한 억압에 저항하는 것이 쉬운 일이 아니죠. 사실 그 글에서 제가 책상을 엎으라고 말했지만, 그건 저항의 당위성을 말하기 위해 한 말일 뿐, 폭력을 쓰라는 뜻도 아니고, 거칠게 싸우라는 뜻도 아니었어요. 이 문제에 관해 여기서 제가 좀 강조하고 싶은 말은 일이 커지기 전에 사소한 일에서부터 저항하는 법을 배워야 한다는 거예요. 사실 이건 소아 성추행을 예방하기 위해 우리가 유치원생들에게 어른들이 이상한 짓을 하면 아니라고 말해야 한다고 가르치는 것과 같은 뜻이에요. 그처럼 성인들의 경우에도 일상에서 작은 일에서부터 시시비비를 가리는 것이 중요하다는 거지요. 일이 커지면 이해 당사자들 사이에 폭력적으로 충돌할 가능성이 높아지지만, 사소한 일에서는 얼마든지 웃으면서 정중하게 자기 의견을 말할 수 있잖아요.

대개 우리의 일상에서 억압은 처음엔 사소한 일에서 시작돼요. 사소한 일에서 위계와 억압이 쌓여서 큰일이 되거든요. 그런데 사소한 일은 사소한 일이기 때문에 아니라고 말하는 것이 상대적으로 쉬워요. 그런데 우리가 옳고 그름에 대한 의사 표시를 하지 않기 시작하면 아주 작은 일에서부터 부당한 상황에서도 침묵하면서 시키는 대로 순종하는 것이 일종의 관성이 되어버려요. 그러면 일상의 권력자는 아무런 저어함도 없이 점점 더 큰 힘으로 억압을 가하게 되는 거지요. 작은 억압에 아무런 저항도 못했는데, 더 큰 억압에는 더욱더 저항하기 어렵지 않겠어요? 반대로 저항을 하려면 훨씬 더 큰 에너지가 필요하고 그걸 막으려면 다시 더 큰 억압이 동원되는 거지요. 그 결과는 십중팔구 폭력적인 충돌로 나타나겠죠. 그러니까 사소한 일에서부터 아닌 것은 아니라는 의사 표시를 하는 것이 중요해요.

함석헌이 말하기를 남을 업신여기는 것도 죄지만, 남이 자기를 업신여기게 만드는 것도 죄래요. 플라톤의 『향연』에도 비슷한 말이 나오는데, 남에게 불의한 일을 하는 것도 부끄러운 일이지만 남이 자기에게 불의한 일을 할 때 비겁하게 당하고만 있는 것도 똑같이 부끄러운 일이래요. 우리가 업신여김과 억압을 당하지 않기 위해서는 작은 일에서부터 자기의 의사 표시를 분명히 하는 법을 배워야 해요. 그러나 우리는 그런 걸 제대로 가르친 적도 배운 적도 없지요. 그런 의미에서 저는 이 문제가 지금 우리 사회에서 개인 한 사람 한 사람의 문제가 아니라 교육과 문화의 문제라는 것도 잘 알아요. 사실 개개인이 무슨 죄가 있겠어요? 사람을 그렇게 만든 교육이 잘못된 거지요. 한국 사회에서 일상의 파시즘이라는 것이 다른 어떤 나라보다 심각하게 문제가 되는 까닭은 어릴 적부터 저항의 정신을 배우지 못하고 오직 예의만 강요받고 자란 까닭에 어른이 되어서도 상급자에게 예의 바른 처신만 할 줄 알지 불의에 저항하지 못하는 거예요. 그런 의미에서 교육부터 달라져야지요.

그리고 우리들 한 사람 한 사람이 일상에서 남을 권력으로 억압하려 하지 않는 평등한 시민 의식과 부당한 억압에 대해 분명한 의사 표시를 하는 용기를 가져야 한다는 거죠. 그리고 이것이야말로 내면의 박정희를 극복하는 길이라는 말씀을 드리고 싶었던 거예요.

이 『도덕교육의 파시즘』(2005)에서도 비판하셨던 노예교육을 넘어서야 한다는 말씀이시죠?

김 장 자크 루소의 『에밀』에 보면 이런 말이 있어요. "복종해도 죄가 되지 않는 것이 언제인지를 알기 위해서는 먼저 저항하는 것을 배워야 한다." 말하자면 교육의 순서가 복종이 아니라 저항을 가르치는 데서 시작되어야 한다는 거지요. 먼저 저항하는 걸 배워야 참된 의미에서 떳떳하게 복종하고 순종할 수 있는 거예요.

이 원칙에 비하면 한국의 교육을 정말로 노예교육이라고밖에 말할 수 없어요. 어릴 적부터 권위 앞에 굴종하는 걸 예의랍시고 끊임없이 주입하는 게 한국 교육이잖아요. 가정과 학교에서 시작된 예절 교육은 특히 남자들의 경우엔 군대에까지 이어지는데, 그렇게 20년을 예절의 이름 아래 굴종에 길들여지고 나면 그 때를 벗는 게 정말 어려운 일이에요. 그런데 저항을 배우지 못한 사람은 정말로 복종해야 할 권위에 대해 복종할 줄도 몰라요. 그리고 힘 있는 자 앞에서의 공손함이나 비굴함이 예의라고 배운 사람은 자기가 권력관계에서 상위에 설 때는 가차 없이 무례해지는 거지요. 그래서 우리 모두 조금씩 더 불행해지는 거예요.

  오래전에 삼성의 이건희가 회의랍시고 계열사 사장들을 모아놓고 반말로 훈시하는 것이 방송을 탄 적이 있어요. 얼마나 천한 장면인지 한번 상상해보세요. 자기보다 나이가 많은 사장들에게 반말을 지껄이는 사람이나 그걸 머리 조아리고 듣고 있는 자들이나, 인간의 긍지를 포기하고 사는 동물농장의 짐승들이에요. 하지만 이게 어디 삼성만의 일이겠어요? 전체로서 우리 세대는 국가 폭력으로부터 시민의 자유를 지키기 위해 싸웠으나, 일상의 파시즘을 극복하지는 못했어요. 그런 의미에서 빈부귀천, 남녀노소를 막론하고 서로를 정중하게 대하는 사회야말로 여러분들이 같이 만들어야 할 새로운 세상이에요.

이   그런 세상을 만들기 위한 방법에 대해 조언해주실 수 있습니까?

김   거창하게 방법에 대한 조언이라기보다는 앞서 한 말에 한 가지 보태고 싶은 말이 있습니다. 아까 제가 작은 일, 사소한 일에서부터 아닌 건 아니라고 말하는 걸 배워야 한다고 말했잖아요? 그런데 막상 부당한 억압 아래 있는 당사자의 입장에서 보자면 크든 작든 부당한 억압에 저항하는 것은 막상 닥치면 쉬운 일이 아닐 수 있지 않겠어요? 우리가 모두 전태일 같은 열사가 될 수는 없잖아요.

이   사실은 저도 한 번 더 묻고 싶었습니다.

김   그래서 제가 하고 싶은 말이, 큰 일이든 작은 일이든 같이 말해야 한다는 거예요. 예를 들어 아까 말했던 교장의 폭행에 대해 동료 교사들이 "교장 선생님, 그건 아닙니다" 하고 말해주어야 한다는 거예요. 함석헌이 그랬지요. 양심은 혼자 일으키지 못한다고. 선의 서로주체성이지요. 선도 악도 고립된 홀로주체의 일이 아니고 모두 만남 속에서 살아나기도 하고 죽기도 하는 일이에요. 우리의 일상에서 누군가 부당한 일을 당할 때 그 사람이 알아서 혼자 저항하고 싸우라고 방관한다면, 결국 그 부당한 악이 나에게 미치게 됩니다. 그렇게 되지 않으려면, 남이 곤경에 처했을 때, 그 곤경과 직접적 상관이 없는 사람들이 곤경에 처한 동료를 위해 공공연히 말해야 합니다.

이 　사회적 연대가 필요하다는 뜻이군요.

김 　네. 정식으로 이야기하자면 서로주체성의 이념에서 시작해야겠지만, 여기서는 기왕이면 좀 더 친숙한 느낌을 살려 그걸 '사회적 의리'라고 부르고 싶어요. '연대'란 말은 이제 너무 낡은 옷 같은 느낌인 데다가 그 자체로서도 너무 기능적이고도 도구적인 개념이에요. 연대라는 말이 원래 솔리대리티(solidarity)라는 서양 말의 번역어라 그 자체로서 빌려 입은 옷처럼 낯설고 어색한 데다가, 솔리드(solid), 단단하다는 뜻의 형용사에서 온 말이라, 이 단어를 굳이 쓰자면 마음의 일에도 쓸 수 있지만, 근원적으로는 우리의 마음을 표시하는 것이라기보다는 사물적 이미지에 뿌리를 두고 있는 것이잖아요. 그래서 별로 가슴이 뜨거워지는 말이 아니죠.

하지만 의리라는 말은 심오한 뜻으로든 아니면 일상적인 의미로든 처음부터 마음의 일을 나타내는 것이니까 우리가 가슴으로 친숙하게 느끼는 편이잖아요. 그런데 이 말은 주로 친구 사이에서 쓰이거나 사회 조직이나 단체에서 구성원들 사이의 특별한 결속을 표현하는 데 쓰이잖아요. 가족 구성원 사이에 의리라는 말은 잘 쓰지 않는단 말이죠. 그러니까 서로 남남인 관계 또는 그런 의미에서 사회적 관계에서 특별한 결속을 표시하는 말이잖아요. 저는 그런 의미의 의리가 이제 우리 사회에서 보편적으로 확산될 때가 되었다 생각해요. 지금까지 우리는 국가가 나를 책임져주지 않는 세월호 같은 나라에 살면서 오로지 가족에 기대어 자기를 지키려 해왔지요. 하지만 절대다수의 흙수저들에게 가족은 더는 자기를 지켜줄 수 있는 바람막이가 되지 못하잖아요. 그럼 어떻게 해야겠어요? 크게는 나라를 바로 세워야겠지만, 일상의 삶에서는 내 곁의 동료에게 손을 내밀어 울창한 숲속의 나무들처럼 같이 폭풍우를 이겨야 하는 것 아니겠어요? 저는 그게 사회적 의리라고 생각해요. 만병 통치약은 아니겠지만, 이게 제가 여러분들 세대를 위해 주고 싶은 조언이에요.

이   고맙습니다. 저도 공감이 됩니다.

노동조합의 문제

김   그런데 이 문제에 대해 말을 마치기 전에 마지막으로 하나 보태고 싶은 얘기가 있습니다.

이   뭡니까?

김   복잡하게 생각할 필요 없이, 우리가 말했던 초등학교 사건은 만약 그 학교에 노동조합이 제구실을 하고 있었다면 일어나지 않았을 일이라는 겁니다. 삼성반도체에 노조가 있었더라면 그렇게 많은 사람들이 죽지 않아도 되었을 것처럼 이 경우도 마찬가지죠. 그래서 그런 일을 방지하려면 노동조합을 활성화해야 돼요. 없는 데서는 만들고.

이   생각해보니 너무 당연한 이야기군요. 그런데 선생님은 처음부터 그 이야기를 하시지 않고, 왜 마지막에 덧붙이듯이 말씀하시는 겁니까?

김   그러게요. 아마도 현재의 노동조합에 너무나 실망하고 있기 때문에 거기부터 말이 시작되지 않은 거겠죠. 생각하면 우리 사회가 1987년 민주화 이후 조금씩 나빠져온 것에는 이유가 여러 가지 있겠지만, 노조가 제구실을 못한 것도 그중 하나예요.

이   재벌이나 정부로부터의 압박이 노조를 와해시킨 주범 아닙니까?

김   삼성처럼 수단과 방법을 가리지 않고 노조를 설립하려는 모든 시도를 방해해온 재벌 기업들이 있으니까 당연히 그 말은 옳지만, 그게 전부는 아니에요. 먼저 안에서 갈라지니까 밖으로도 무너져내리는 거죠.

이   구체적으로 어떻게 갈라진다는 겁니까?

김   가장 큰 문제는 정파들 사이의 대립인데요, 정파들 사이의 대립과 증오가 노사 간의 대립 이상이에요. 그러니까 노조라는 것이 노동자의 힘을 결집해서 자본에 대항하는 것이 아니고, 노동자의 힘을 안으로부터 분열시키고 와해시키는 거지요. 그렇게 분열되고 나면 아무것도 할 수 있는 일이 없어지죠.

이   구체적인 예를 들어주실 수 있습니까?

김   이런 거예요. 전교조를 예를 들어볼게요. NL(National Liberation)과 PD(People's Democracy) 또는 자주파와 평등파, 이 두 정파의 대립이 어떤 식으로 나타나느냐면, 일단 내거는 대의가 달라지겠죠? 한쪽에서 교육 복지를 내건다고 하면 다른 쪽에서는 입시 폐지와 대학 평준화를 내거는 거예요. 그런데 이 둘이 모두 중요하잖아요. 평등파가 대학 평준화 내걸고 사업을 하면 자주파도 그걸 도와주고, 거꾸로 자주파가 교육 복지를 내걸고 사업을 한다면 평등파 역시 그걸 도와주면 얼마나 좋겠어요. 그렇게 일을 분담해서 하면 전문성도 생기지 않겠어요?

이   그러면 그런 식으로 하지 않습니까?

김   현실에서 보면 서로 방해하는 경우가 더 많아요. 예를 들면 평등파가 집권한 지역에서 일제고사 폐지를 위한 대중 집회를 연다고 합시다. 그러면 자주파 조합원은 거기 참가하지 않아요. 그래서 아무 일도 못한다는 거예요.

이   정파가 다르다고 사업까지 훼방 놓는 이유는 뭡니까?

김   상대 정파의 사업이 성공하면 재집권할 가능성이 높아지니까요. 그래서 사사건건 방해하는 것이 습성이 되지요. 그런 노조가 무슨 일을 할 수 있겠어요?

이   죄다 그렇습니까?

김   당연히 그렇지 않은 경우도 있지요. 제가 부산 전교조 초청으로 글을 발표하러 갔을 때, 저를 초대했던 고향 친구가 마침 거기 전교조 지부장을 지냈던 터라 그 얘기를 꺼냈더니, 자기들은 그렇게까지 하지는 않는다면서 자기 정파에서 두 번 연속으로 지부장을 한 뒤에는 그다음 선거에서는 상대편 정파에서 지부장을 맡을 수 있도록 후보를 내지 않은 적도 있다고 하더군요. 돌아가면서 해야지 한쪽이 계속 집권하는 것이 바람직하지 않다고. 그런 곳도 있어요.

하지만 이건 예외적인 경우고, 대개는 집권 그 자체가 노조 활동의 궁극적 목표예요. 그걸 너무도 잘 알고 있는 회사 측에서는 갖가지 방식으로 노조에 개입하게 되지요. 기업이 노조를 파괴하려는 시도는 가끔 보도가 되지만, 기업과 노조가 어떤 식으로 유착되어 있는지는 밖으로 잘 드러나지 않는데, 실은 그게 더 문제예요.

이   어떻게 유착되어 있습니까?

김   돈으로 매수하는 방법도 있고요, 노조 선거에 개입하는 것도 방법이지요.

이   회사가 노조 선거에 개입할 수도 있습니까?

김   규모가 큰 회사의 경우 조장이나 반장은 회사 편이라고 생각해도 되겠죠. 그들이 움직이는 표가 1/3은 될 거예요. 그걸 회사가 통제하는 거죠. 그리고 그렇게 회사 도움으로 노조 위원장이 되면 당연히 회사의 요구를 거절할 수 없겠죠. 하지만 겉으로는 투쟁하는 모습을 보여야 되니까, 노조의 행태가 양치기 소년 비슷해지는 거예요. 입으로는 투쟁을 외치면서 실제로는 회사 측과 적당히 타협하게 되는 거죠. 아무튼 이런 게 다 내부의 권력투쟁이 유일한 목표가 되어버려서 생긴 일이에요. 임금 인상과 노동조건의 개선 외에는 노동조합이 제시하고 추구하는 사회적 의제가 없으니, 내부의 권력투쟁만 남게 되는 거지요.

이   노조가 임금 인상과 노동조건의 개선 말고 다른 사회적 의제를 꼭 제시해야 합니까? 그냥 자기 이익만 추구하면 되지 않나요?

김   그렇게 생각하기 쉽죠. 하지만 이것도 홀로주체성과 서로주체성의 문제인데요. 개인적 주체든 집단적 주체든 자기 속에 갇혀 자기 이익에만 집착하는 주체는 주체로서 존립할 수 없습니다. 주체는 오직 타자와의 만남 속에서만 진정한 주체성을 실현하는 거예요. 그래서 내가 정말로 주체적인 자아를 실현하려면 내가 아닌 남 걱정을 해야 하고, 노조가 건강한 주체성을 유지하려면 자기 혼자만이 아니라 전체 사회를 같이 염려해야 하는 거예요.

이 　노조 이야기를 하다 철학을 꺼내시니까 무슨 말인지 이해가 안 됩니다.

김 　앞에서 박근혜가 몰락한 게 저밖에 몰라서 주변을 모두 적으로 돌렸기 때문이라고 했잖아요. 노조도 마찬가지예요. 개인이든 단체든 자기동일성에 집착하기 시작하면 자기와 다른 사람이나 단체를 끊임없이 배제하게 되는데, 그 배제의 끝은 고립된 자기예요. 그런데 자기는 늘 같습니까? 상황에 따라 이럴 수도 있고 저럴 수도 있는 게 사람 일인데. 그래서 같은 것에만 집착하다 보면 마지막엔 아무것도 같은 것이 없고, 아무것도 할 수도 없는 지경에 이르게 마련이에요.

이런 곤경에 빠지지 않으려면 언제나 나와 다른 사람 간의 만남 속에서 나를 실현하는 법을 배우지 않으면 안 돼요. 그런데 그 만남이 강제가 아니려면 나와 네가 공유할 수 있는 뜻을 통해 만나야 하지 않겠어요? 그런 뜻이 보편적 이념이고 의제인 거예요. 노조가 사회에서 고립되지 않으려면 모두에게 공감을 얻을 수 있는 보편적인 의제를 제시하면서 노동운동의 폭을 넓혀 나가야 하지요. 대공장 정규직 노동자들만 먹을 수 있는 밥상을 차려놓고 사람을 부르면 누가 그런 식탁에 앉으려 하겠어요?

이 　구체적인 사례를 가지고 말씀해주실 수 있습니까? 말씀하신 것이 지당한 말이라는 건 알겠는데, 구체적으로 어떻게 하면 될지 좀 막막해서요.

김 　아마 가장 적절한 예를 들자면, 제2차 세계대전이 끝난 뒤에 독일노동조합총연맹이 노사공동결정법을 얻어낸 역사를 말씀드리면 되겠군요.

이 　어떤 겁니까?

김　히틀러 시기에 독일에서는 노동조합이 불법화되었다가 전쟁이 끝난 뒤 새롭게 활동을 시작했는데, 이때 독일 노총이 내건 운동 목표가 노사공동결정법의 제정이었습니다. 그 내용을 한마디로 말하자면 일정 규모 이상의 법인 기업의 경영권을 주주와 노동자가 정확하게 반씩 차지하는 것을 법제화하자는 거였어요. 우리식으로 말하자면 천 명 이상 주식회사의 경우 이사회의 절반을 노동자 몫으로 달라는 거였지요.

그런데 정확하게 말하자면 이 요구가 노동조합의 직접적인 이해관계가 걸린 일은 아니었어요. 왜냐하면 독일은 노동조합이 산별노조 체제로 이루어져 있기 때문에 개별 기업에는 노조 조직이 없거든요. 실제 노동조합 조직은 기업 단위가 아니라 산업별로 집단화되어 있다는 말이에요. 그러니까 개별 기업에서 종업원들이 법인 이사회 이사진의 절반을 선임할 수 있는 권한을 가진다 해서 노동조합이 그 선임권을 행사하는 것도 아니고 독점하는 건 더더욱 아니에요. 도리어 노동자 몫의 이사진 가운데 노동조합의 활동가들의 몫이 1/3 정도 이상 넘지 못하게 법으로 제한되어 있지요. 그런데도 독일 노총이 새롭게 재건될 때, 노동운동의 지도자들이 다른 어떤 의제보다 이걸 주된 운동의 목표로 내걸었던 건, 좁은 의미의 노조의 이해관계가 아니라 노동자 전체의 이익과 더 나아가 기업의 이익 그리고 국가경제 전체의 관점에서 이것이 가장 바람직하다고 판단했기 때문이지요.

이　놀랍군요.

김　사실 제2차 세계대전 직후는 유럽에서 사회주의 또는 공산주의 운동이 다시 한 번 활성화되고 있었을 때예요. 영국이 대표적인 경우인데 제2차 세계대전 후 처음으로 노동당이 다수당이 되어 집권한 뒤에 탄광부터 시작해 주요 기간산업을 국유화하는 길에 들어서지요. 그게 생산수단의 사회화라는 사회주의의 대의에 어울린다고 믿었으니까요. 그런데 그에 비하면 노사공동결정제도란 마르크스의 교과서에는 없는 말이었기 때문에 독일의 정치 지형 속에서 상황이 좀 묘했어요. 독일 사민당은 마르크스가 살아 있을 때 창당된 당으로서 아직 전통적인 사회주의 이론을 포기하지 못하고 있을 때였는데, 노조가 먼저 노사공동결정권을 달라고 나오니까 이건 뭔가 싶지 않았겠어요? 우파 정당이라 할 수 있는 집권 기민당의 경우에는 우파 정당이므로 기업과 자본에 친화적이니까, 노조의 요구가 부담스러웠던 건 당연한 일이고요.

이 그런데 어떻게 그런 법이 제정될 수 있었습니까?

김 그 의제가 광범위하게 사회적 동의를 얻을 수 있었기 때문이지요. 그런데 그 과정에서 가장 크게 노조의 힘이 되어준 쪽이 어디냐 하면…….

이 어디였나요?

김 외부적으로는 영국 점령군 사령부였고 내부적으로는 독일 가톨릭교회였습니다.

이 그건 정말 의외입니다.

김 영국이 노동당 정부였던지라 독일 점령군 당국 역시 노조에 친화적일 수 있었고, 가톨릭교회의 경우는 사람들이 잘 몰라서 그렇지 19세기부터 보다 평화적인 방식으로 노동문제를 풀기 위한 많은 연구와 노력이 있었습니다. 그게 현대 가톨릭 사회교리에 그대로 반영되어 있는데, 그 가운데 보면 노동자의 경영 참여도 중요한 사회교리로 제시되어 있습니다. 그러니까 독일 가톨릭교회가 아주 적극적으로 노조 편을 들 수 있었던 거지요. 그런데 독일 우파 정당이 이름부터가 기독교민주당인데, 가톨릭이 노조 편을 들고 나오니까 그걸 그냥 모른 체할 수는 없지 않았겠어요? 일이 그렇게 된 거지요.

그런데 우리는 어땠나요? 1987년 민주화 이후 노동운동도 한동안 좋은 시절이 있었는데, 그때 독일 노동운동이 보여준 그런 지혜를 보여주지 못했어요. 보편적 의제를 제시하면서 사회를 이끌어가지 못했기 때문에 안으로 쪼그라들어 내부의 권력투쟁만 남은 게 지금의 상황이지요.

이 생각하면 비단 노동조합만 그런 건 아닌 듯합니다. 사실은 학생운동 조직도 오랫동안 마찬가지였습니다. 그냥 학생회를 장악하는 것 말고는 다른 아무 목적도 없어서 결과적으로 학우들에게 외면받아왔거든요.

김 그래서 이제 다시 시작해야 한다고 말한 거예요. 학생 조직, 노동조합부터 근본에서 새로 시작해야죠. 그런 의미에서 이제 다시 지금 우리가 직면한 눈앞의 현실로 돌아가서 이야기를 이어볼까요? 처음에 이 선생이 가진 불안과 의구심에서 이야기가 시작되었는데, 이제 좀 해소가 되었나요, 아니면?

과거 청산의 과제와 의의

이 한편으로는 거시적인 관점에서 선생님 말씀처럼 한국 사회가 반독재 투쟁의 역사를 통해 진보해왔고 앞으로도 그 흐름을 되돌리기 어려우리란 것은 저도 어느 정도 공감하고 이해하겠습니다. 그런데 다른 한편에서는 지금 진행 중인 법적인 단죄가 제대로 매듭지어질지 불안한 마음이 드는 것도 사실입니다. 특검의 수사가 이대로 종결되고 나면 그 뒤엔 어떻게 되는 건지, 과연 박근혜와 그 하수인들에 대한 법적인 단죄가 온전히 이루어질 수 있을지, 모든 게 불확실하니까요.

김 그 문제에 대한 염려는 저도 마찬가지입니다. 따지고 보면 지금까지 탄핵 절차가 진행된 것도 여의도 정치인들이 아니고 광장의 촛불에서 시작된 거잖아요. 저는 앞으로도 누가 대통령이 되든지 간에 현실 정치권에서는 과거 청산과 법적 응징에 미온적일 거라고 생각합니다. 정치적 부담을 지고 싶어하지 않을 테니까요. 그런 의미에서 저도 앞으로의 법적 응징과 포괄적인 과거 청산에 대해서 마냥 낙관적으로 생각하지는 않습니다. 하지만 단지 정치인들이 과거 청산과 책임자 처벌에 소극적이기 때문에 염려하는 것만은 아닙니다.

이   그럼 다른 이유가 있다는 말씀인가요?

김   지난 역사를 돌이켜보면, 단순히 정치인들만이 아니라 평범한 한국인들의 성격이랄까 집단 정서 자체가 불의에 대한 항쟁 그 자체에서는 대단히 영웅적인 용기를 보여준 데 반해, 불의한 개인에 대한 법적인 처벌에서는 상대적으로 소극적이었던 것이 부인할 수 없는 사실이기 때문입니다. 이런 얘기가 나오면 보통 반민특위가 실패한 것을 맨 먼저 상기하는 편인데, 저는 그 전에 해방 직후 일본인들이 한국인들에게 거의 아무런 보복도 당하지 않고 자기 나라로 돌아간 것부터 이야기해야 한다고 생각해요. 이게 그러니까 민족의 성격과도 무관하지 않다는 생각까지 들거든요. 다른 나라 같았으면 반민특위 같은 제도적인 기구가 친일 부역자들을 법적인 절차에 따라 처벌하기 전에 여기저기서 한국인들을 괴롭혔던 일본인들과 조선인 경찰들이 민중에 의해 직접 처단되었을 거예요. 그런데 제가 아는 한 그런 사례가 보고된 것이 없어요. 놀라운 일이죠. 제2차 세계대전이 끝난 뒤 동유럽에 거주하던 독일인들이 (동프로이센 지방을 비롯해서 동유럽에는 독일의 정식 영토는 물론이고 독일인들이 소수민족으로서 여러 지역에 흩어져 살고 있었거든요.) 주위의 다른 민족에 속하는 주민들에게 얼마나 비인간적인 폭력을 당하고 고향에서 추방되었는지는 사실 필설로 다 말할 수 없을 정도예요. 나치 독일이 먼저 지은 죄가 있으니까 독일인들이 차마 그걸 공공연히 말하지 않을 뿐이지요. 그런데 한국의 경우에는 해방이 된 뒤에 일본인들을 그냥 '안녕히 가세요.' 하고 보내준 거예요. 이건 보통의 상식으로는 좀 이해하기 어려운 선량함이죠. 자기에게 나쁜 짓을 한 사람이라 할지라도 집요하게 끝까지 미워하지 못하는 거예요. 예를 들면 저는 박정희 치하에서 그렇게 고통받은 김지하 시인이 지난 선거에서 박정희의 딸인 박근혜를 지지했던 것도 그렇게밖에 이해가 되지 않아요. 여러 가지 다른 이유가 있겠지만 사람을 끝까지 미워하지 못하는 게 한국인들의 일반적인 성품이 아닌가 하는 생각까지 든다니까요.

이   조금 전에는 우리 사회가 폭력에 중독된 사회라고 하시더니, 갑자기 한국인의 과도한 선량함을 말씀하시니까 혼란스럽습니다.

김   실은 저에게도 그건 쉽게 설명하기 어려운 자기 인식의 과제예요. 우선 우리 속의 과도한 폭력성과 과도한 선량함이 모두, 그 자체로서 우리의 자기 분열인 것은 분명해요. 그 자기 분열이 일차적으로는 집단적 분열로 나타나지요. 한편에서는 지배계급과 그 하수인들의 잔인함과 폭력성이 있고, 다른 한편에서는 민중의 과도한 선량함이 대립하는 거지요. 한편에서는 비무장 민간인을 잔인하게 학살하는 군대가 있고, 다른 한편에서는 나라 금고 비었다고 금을 모으고 광장에서 백만이 모여도 쓰레기가 남지 않는 놀라운 단정함이 있는 거지요. 어쩌면 민중의 그런 선량함이 지배계급으로 하여금 민중을 만만하게 보고 더 폭력적으로 굴게 만드는 원인도 된다고 생각해요. 그런 의미에서 보자면 민중의 선량함과 지배층의 폭력성이 모순적으로 대립한다기보다는 도리어 착한 민중이 사악한 지배층을 낳는 원인이라고 말할 수 있겠지요.

그런데 이 지점에서 우리가 차분히 돌아볼 필요가 있는 것이, 착한 민중과 사악한 지배층이 따로 있는 게 아니고 따지고 보면 둘 다 한국인이라는 거예요. 착한 민중의 아들이 군대 가서 총을 쥐여주면 양민을 학살하는 악마의 하수인으로 돌변하는 거지요. 그런 의미에서 그 둘을 완전히 별개의 자아나 계층으로 나누는 것은 옳지 않겠지요. 결과적으로 볼 때는 모순 대립하는 두 측면이 같은 마음속에 공존하고 있는 거지요. 그렇다면 어떻게 같은 하나의 민족의 성품 속에 그렇게 과도한 폭력성과 마찬가지로 과도한 선량함이 공존할 수 있는지는 두고두고 묻고 생각해야 할 자기 인식의 과제예요.

이   그렇게만 말씀하시면 어떻게 합니까? 좀 더 구체적으로 착함과 잔인함이 어떻게 공속할 수 있는지 설명도 해주시고 어떻게 우리 마음속의 자기 분열을 극복할 수 있는지도 좀 말씀을 해주셔야지요.

김   간단히 말하자면 저는 모든 것이 원칙 없는 선량함, 또는 과도

한 착함의 문제에서 비롯된다고 생각합니다.

이   착한 것도 죄가 됩니까?

김   니체가 그랬지요. '착한 사람은 종말의 시작'(der Anfang des Endes)이라고.

이   선생님도 그렇게 생각하세요?

김   착한 것 그 자체야 무슨 죄가 되겠습니까? 하지만 착하지 않아야 할 때 착하다면, 그건 치명적인 악의 근원이 됩니다. 그런데 저는 우리들 한국인이 이 점에서 반성할 점이 없지 않다 생각합니다. 다시 말해 원칙 없는 선량함으로부터 벗어나야 하지 않을까 생각하는 거지요. 당연히, 누군가 나에게 잘못된 일을 했다 해서 폭력적으로 보복하는 것은 옳지 않아요. 그러나 공적으로 잘못을 저지르고서도 자기 잘못을 인정하지도 않고 사과하지도 않는 사람을 적당히 용서하는 것은 더욱더 옳다고 생각하지 않아요. 여기서도 루소를 인용할 수 있겠는데, 그가 그랬죠. 악인에게 동정심을 가지는 것은 그 사람 때문에 고통받은 수많은 사람들에게 대단히 잔인한 일이라고. 그런데 우리는 권력을 손에 쥐고 용서할 수 없는 악행을 저지른 사람들에게 너무 관대했어요. 너무 무관심했고, 너무 쉽게 잊어버렸고, 너무 과도하게 두둔했지요. 그랬기 때문에 그런 독재자들이 반복해서 출현할 수 있었던 것이지요. 하지만 이번에는 아닌 건 끝까지 아니라고 말해야 돼요. '만수산 드렁칡'처럼 선과 악이 뒤섞이는 것은 옳지 않아요. 죄를 지었으면 벌을 받아야지, 그게 피차간에 떳떳한 거예요. 그런 점에서 앞으로 박근혜와 이재용 등에 대한 처벌이 어떻게 이루어지느냐 하는 것은 한국인들의 성격이 얼마나 성숙했는지 판단할 수 있는 시금석이 되리라 생각해요.

이   이것도 결국 마음의 일이라는 말씀인가요?.

김   선과 악을 개인의 감정이 아니라 보편적 이성으로 판단해야 되는데, 우리는 대개 악을 단순히 감정의 차원에서 미워하는 데 머물렀어요. 하지만 감정은 시간이 가면 약해지게 마련이거든요. 저는 반민특위의 경우도 단순히 이승만 정권이 친일 정권이어서 그런 것만이 아니고 한국인의 이런 전반적 성격과 무관하지 않다 생각해요. 만약 한국인 대다수가 친일파들에게 불타는 증오심을 품고 있었고 그 증오심을 끝까지 유지했더라면 아무리 이승만 정권이 친일 정권이었다 해도 반민특위가 그렇게 속절없이 해체되고 말았겠어요? 하는 시늉이라도 했을 텐데, 그거 하지 않아도 민심이 그다지 동요하지 않으니까 그냥 넘어갈 수 있었던 것 아니겠어요?

그러니까 나라 안에 정의를 세우기 위해서는 국민들 자신이 마음속에 굳건한 시비지심(是非之心)을 지속적으로 유지해야 돼요. 시비지심이 뭐예요? 시시비비를 가리는 마음, 옳은 것과 그른 것을 분명히 구별하는 판단력 아니겠어요? 그게 정의감이거든요. 그러니까 여기서도 결국 모든 문제는 우리의 마음에 달려 있는 거예요. 박근혜와 그 하수인들이 어떤 법적 처벌을 받게 되느냐 하는 것은 표면적으로는 현실 정치와 법조계 인사들의 의지에 달려 있지만, 그들의 의지를 움직이는 건 결국 시민의 집단 의지거든요. 그러니까 앞으로 광장의 민의가 어떻게 움직이느냐에 따라 과거 청산이나 법적 처벌의 향배가 달라지겠지요.

이   선생님은 어떻게 예상하십니까?

김   말씀드린 대로 한편에서는 염려하는 마음이 있지만 다른 한편에서는 반민특위부터 시작해 지금까지 제대로 된 과거 청산을 해보지 못했던 것에 비하면 앞으로는 적어도 예전보다는 한 걸음 더 나아가지 않을까 하는 기대는 하고 있습니다. 우리가 역사를 통해 스스로 깨우치고 성숙해온 겨레인데, 우리가 제대로 과거 청산을 하지 못했기 때문에 우리 사회의 부패가 더 쌓여왔다는 자각이 예전에 비하면 훨씬 더 광범위하게 확산되어왔다고 생각하기 때문이에요.

이   과거 전두환과 노태우에 대한 처벌을 생각해보면, 일단 사법 처리 절차를 밟은 뒤에 적당히 사면해주지 않을까 하는 불안한 마음도 듭니다만.

김　물론 사람마다 기대 수준이 같을 수 없고, 생각하기에 따라서는 법적 처벌이 충분하지 않을 수 있겠죠. 시간적으로도 금세 이루어지지 않을 수도 있고요. 하지만 법적 처벌의 절차가 다소 지연된다 해서 면죄부를 받는다고 생각하면 그것도 오산이에요. 과거 1987년 당시를 돌아보면, 기껏 민주화했더니 다시 노태우가 대통령이 됨으로써 과거 청산이 물 건너간 것처럼 보였죠. 하지만 김영삼이 대통령 되고 나서 결국 전두환과 노태우가 법의 심판을 받고 감옥살이를 했잖아요. 여당에서 집권을 했음에도 불구하고 말이에요. 그러니까 심판이 잠깐 지연되었을 뿐이지, 그걸 완전히 피할 수는 없었던 거죠.

표면적으로만 보자면 그 뒤에 결국 김영삼 대통령이 퇴임 직전에 둘을 사면해주는 바람에 제대로 그 둘을 단죄하지 못한 결과가 되었다고 생각할 수도 있지만, 이 문제에 관해서도 역사가 하루아침에 비약할 수는 없어요. 지금 우리가 광화문에서 촛불을 들고 있으면서 군대가 우리를 덮칠 거라고 염려하지 않잖아요. 이에 반해 1980년 5월 이른바 '서울의 봄'에 수만 명의 시위대가 서울역 광장을 메웠을 때, 군대가 출동할 수 있다는 것이 현실적인 위험이었고 또 실제로 그렇게 되었지요. 하지만 지금은 박정희의 5·16이나 전두환의 12·12사태처럼 정치군인들이 군부를 움직여 국가권력을 불법적이고 폭력적인 방식으로 장악하는 것이 불가능하다는 걸 저나 여러분들이나 우리 모두 잘 알고 있고 또 믿고 있잖아요. 생각하면 이건 엄청난 역사의 진보지요. 그처럼 과거 청산의 문제에서도 지난번보다는 더 진전된 성과를 얻을 수 있지 않겠어요?

이　그렇다면 이번에는 그때보다는 좀 더 온전한 처벌과 과거 청산이 가능하리라는 말씀인가요?

김　네. 물론 법적 처벌과 과거 청산이 한번에 다 끝나지는 않을 거예요. 그러나 국민 대다수가 마음으로 한번 요구하기 시작하면 과거 전두환·노태우 때처럼 잠깐 법의 심판을 피할 수는 있겠지만 영영 피할 수는 없겠지요. 다만, 이번에는 국민들이 마음으로 심판한 대상이 하나가 아니기 때문에 그 과정 자체가 보다 복잡하고 시간이 걸릴 거예요. 예전에는 쿠데타로 권력을 장악한 신군부를 심판하면 되는 일이었으니까 상대적으로 심판의 대상이 단순했지요. 그래서 지금보다는 쉬운 측면이 있었다고 생각해요. 그에 반해 지금은 박근혜와 그 주변 인물들은 물론이고 김기춘으로 대표되는 부역자들에 대한 단죄가 같이 이루어져야 할 뿐만 아니라 이재용 같은 재벌이 지금까지 저질러온 범죄 행위에 대해서도 법적인 단죄를 요구하게 되겠지요. 그리고 더 나아가 『조선일보』 같은 언론에 대해서도 어떤 식으로든 책임을 묻게 될 거예요. 그런 것들을 생각하면, 앞으로 갈 길이 멀죠.

이 멀기만 할 뿐 아니라 험하기도 할 텐데, 과연 철저한 과거 청산과 법적 단죄가 가능할까요?

김 당연히, 쉽지는 않을 겁니다. 그러나 여기서도 역시 대세가 문제입니다. 제가 어느 정도 낙관적으로 생각하는 건, 지금 삼성의 이재용이나 『조선일보』의 행태는 우리 시대의 평균적 상식에 너무 어울리지 않기 때문이에요. 한국 보수의 특징이 스스로 변하지 않는 거예요. 박근혜가 그렇고 김기춘이 그렇지만, 이재용은 다른가요? 『조선일보』도 마찬가지예요. 『월간조선』을 보면 여전히 죽은 박정희 띄우기에 여념이 없고 하나같이 썩은 극우들이 몇십 년 전과 똑같은 말을 하고 있지요. 대중은 21세기에 살고 있고 그에 어울리게 생각이 바뀌었는데, 자기들만 19세기에 살아요. 그런데 그들이 돈과 권력을 쥐고 있으니까 세상이 다 자기 생각대로 움직인다고 믿고 앞으로도 그렇게 세상을 자기 뜻대로 움직일 수 있으리라 믿어요. 자기들이 얼마나 뒤떨어졌는지 스스로 모르는 거지요. 그런 까닭에 현실에 맞게 자기를 맞추거나 현실에 능동적으로 대처하지 못하고 늘 같은 방식으로 대응하게 돼요. 그럼 결과적으로 어떻게 되겠어요? 현실로부터 응징을 받게 되는 거지요. 다시 말해 그들은 끊임없이 추태를 부릴 거고, 그러면 그럴수록 국민들의 분노를 연장하고 증폭하게 될 거예요. 우리에겐 그게 희망이죠. 그런 의미에서 저는 지금 문제가 되고 있는 정부 권력과 재벌 그리고 족벌 언론의 단죄가 문제라면 크게 염려하지 않아요. 완전하지는 않아도, 다시 우리 역사에서 우리 스스로 또 한 번 과거 청산의 기록을 남기게 되겠지요.

그런데 제가 염려하는 건 그것과는 다른 의미의 과거 청산이 필요한데, 그게 어느 정도나 이루어질 수 있는가 하는 거예요.

이   그것 말고 다른 청산이라니요? 국가와 재벌과 언론의 삼각동맹 말고 다른 청산의 대상이 있다는 말씀인가요?

고갈된 기성 세대

김   네. 이걸 청산이라 표현하는 것이 적합할 수도 있고 아닐 수도 있지만, 지금 우리가 일반적으로 놓치고 있는 청산의 과제가 하나 있어요.

이   그게 뭡니까?

김   다소 추상적으로 들릴지 모르지만, 박근혜와 김기춘, 이재용이나 『조선일보』만이 아니라 우리 세대 또는 우리 시대 전체가 청산 대상이라고 생각해본 적 없어요?

이   무슨 뜻입니까?

김   구약성경에 보면 모세가 이스라엘 민족을 이끌고 이집트를 탈출해서 최종 목적지인 가나안 땅에 들어갈 때까지 얼마만큼의 시간이 걸렸다고 되어 있습니까?

이   40년이라고 들었던 걸로 기억합니다. 그런데 그건 왜 …….

김   가보지 않아서 맞는 소리인지는 모르나, 이집트에서 홍해를 지나 시나이 광야를 거쳐 요단 강 건너 가나안까지, 직선거리로 치면 보름이면 갈 수 있는 거리랍니다. 많은 사람이 움직였으니 길게 잡아 한 1년 걸릴 수도 있다고 생각해도 될까요? 그런데 그걸 40년 동안 방랑했던 거예요. 그리고 마지막에 이집트에서 태어난 사람들, 다시 말해 남의 나라에서 노예로 태어났던 사람들은 단 한 사람도 요단 강 건너 가나안에 들어가지 못했다고 되어 있어요. 쉽게 말해 광야를 떠도는 동안 다 죽었다는 거죠. 그들을 이끌고 나온 모세조차 그 강을 건너지 못하고 세상을 떠났다고 해요. 그러니까 오직 광야에서 자유롭게 태어난 새로운 세대들만이 자유로운 나라에 참여할 수 있었던 거예요.

저는 지금 우리 상황도 그와 비슷하다 생각해요. 87년체제라고 하는 것이 넓게 잡아보자면 전태일 이후의 세대가 형성한 체제예요. 전태일이 우리의 모세였고 예수였고 마르크스였지요. 그가 붙인 불꽃이 반세기를 타오른 거예요. 그런데 그를 따라 일어난 세대가 이제 완전히 고갈되고 소진되었다는 거지요. 제 말은 돈과 권력을 독점한 부패 집단뿐만 아니라 이른바 진보니 개혁이니 하는 사람들까지 포함해서 하는 말이에요.

이　어떤 의미에서 그렇습니까?

김　더는 새로운 의제를 제시하지 못하니까요. 그들이 군부독재와 싸웠지요. 그리고 군부독재를 타도했어요. 그런 다음 새로운 체제를 수립했지요. 그 후 여당에 속한 사람이든 야당에 속한 사람이든, 또는 보수라고 분류되는 사람이든 진보라고 분류되는 사람이든 이제는 이 체제 내에서 나름의 지분을 가지고 있는 거예요. 쉽게 말하자면 기득권자들이 된 거지요. 그리고 서로 섞여왔지요. 김영삼 씨가 3당 합당을 한다면서 같이 반독재 투쟁을 하던 사람들 데리고 노태우와 합친 뒤에 그건 그냥 이 나라 정치의 습속이 되어버렸다고 말해도 좋아요. 지금 김문수 씨 같은 극좌 운동가들이 극우로 변신하고, 잠수정 타고 북한 가서 김일성을 직접 만난 김영환 씨 같은 사람이 극우로 변신하는 것을 어떻게 이해할 수 있겠어요? 하지만 이게 우리 현실이어서 원래 박근혜 선거 캠프의 주요 인사였던 김종인, 이상돈 의원 같은 이가 지금 민주당이나 국민의당에 있거나 김대중 대통령이 현직에 있을 때 청와대 비서실장이었던 한광옥 씨 같은 사람이 지금 박근혜 비서실장인 건 아무튼 초현실주의적인 풍경이기는 하지만 앞의 사례들에 비하면 애교로 보일 정도예요.

저는 세계 역사나 다른 나라에 이런 식의 정치적 변신과 비슷한 사례가 있는지 정말 모르겠습니다. 생각이 바뀌는 건 얼마든지 있는 일이지요. 이를테면 영국의 철학자 버트런드 러셀은 원래 러시아혁명에 동조하는 사람이었는데, 직접 소련을 방문해 레닌을 만나고 난 뒤에 러시아혁명에 대한 입장이 비판적으로 바뀌었어요. 하지만 아무리 그렇다고 해서 그가 극우 보수주의자가 된 건 아니거든요. 어떤 의미에서 러셀의 기본적인 세계관은 달라진 것이 없다고 볼 수도 있지요. 공산주의라는 사례에 대한 판단이 달라진 건, 그 사례에 대한 정보의 차이 때문이었다고 설명할 수 있겠지요. 그와는 좀 다르지만 과거 군국주의 시대 일본의 경우에도 전향이라는 것이 하나의 문제적 사회현상이었는데, 어찌 보면 한국과 비슷한 데가 있어요. 그런데 이것은 주로 공산당 운동을 하던 사람들이 군국주의 시대에 가혹한 탄압에 굴복한 것이었습니다. 그런 의미에서 이해할 만한 구석이 없지 않아요. 그런데 한국의 경우에는 그게 아니거든요. 탄압을 받던 시절에는 그래도 강인하게 고통을 이겨낸 사람들이 막상 외적인 탄압이 사라지고 나니까 변신을 하는 거예요. 그것도 정반대의 진영으로 건너가는 거지요. 이건 정말로 한국적인 현상인데, 저는 아직도 이 현상을 어떻게 이해해야 할지 답을 못 얻었어요.

이   결국 생각의 주체성의 결핍이 낳은 결과가 아닐까요?

김   저도 그렇게밖에는 달리 이해할 방법이 없습니다. 그런데 문제는 지금 이 나라를 좌우하는 사람들이 아무런 생각의 주체성도 없는 사람들이라는 거예요. 기존의 권력을 타도하기 위해서 싸울 때는 무조건 부수면 되니까 그게 문제가 덜 되었지만, 이제는 새롭게 수립된 체제 내에서 생기는 많은 문제들을 해결하는 것이 시급한 과제인데, 이 과제 앞에서 과거 민주화 운동 세대는 속수무책인 거예요. 한편에서는 자기들이 기득권 세력이 되어버렸다는 것이 공정한 문제 인식을 방해하는 데다가, 다른 한편에서는 생각의 주체성조차 없으니까 그냥 자기의 사사로운 이해관계에 따라 시류에 편승하게 되는 거지요.

지금 박근혜의 탄핵 사태는 우발적으로 박근혜 한 개인에게서 일어난 개인적 부패의 문제만은 아니고, 앞에서도 얘기했듯이 1987년 민주화 이후 국가와 자본과 언론의 지배 카르텔이 만들어낸 어떤 말기적 증상이라고 보아야 하지 않겠어요? 그럼 이 상황은 단순히 부패를 척결한다거나 이를 위해 정권을 교체한다거나 하는 것으로 해결되지 않는 어떤 근본적이고 구조적인 문제로부터 비롯된 거란 말입니다. 그러면 이 문제를 해결하기 위해서는 한국 사회 전반에 대한 체계적인 인식과 진단, 그리고 그로부터 논리적으로 일관되게 도출되는 해법이 나와야 하는데, 그걸 해낼 수 있는 역량이 없는 거죠. 그런 의미에서 지금 기성 세대가 전체로서 고갈된 세대라는 거예요.

그런데 그걸 스스로는 자각하지 못하고 계속 자기들의 시대가 이어지고 있다고 생각하는 게 더 큰 문제인 거죠. 그래서 누군가가 이제 당신들의 시대는 끝났다고 말해주어야 해요. 말한다고 들을지 어떨지는 알 수 없지만.

이   정치권뿐만 아니라 다른 영역도 그렇다고 생각하십니까?

김   네. 어제도 말했지만, 기본적으로 이론과 학문의 주체성이 결여되어 있으니까 어떤 다른 영역이라도 큰 차이가 있을 수 없어요. 늘 비슷비슷한 생각들이 돌고 도는 거니까요. 이를테면 1987년 이후 한국 사회에서 일정하게 진보적 운동의 한 축을 담당했다고 말할 수 있는 노동계의 경우에도 지배 세력의 공격에 그때그때마다 방어적으로 대응하는 것 외에는 아무런 의제도 적극적으로 제시하지 못하잖아요. 노동계가 그런데 하물며 다른 곳은 어떻겠어요. 부분적으로 타당하고 필요한 운동의 의제는 얼마든지 제시할 수 있지만 한국 사회를 전체적으로 재구성하고 새롭게 형성할 전망을 내놓는 곳은 아무 데도 없지 않나요?

그러다 보니 외적으로도 운동이 세대교체가 된다거나 이어지지 못하고 그냥 쪼그라들 뿐이지요. 예를 들면 1987년 이후 나름대로 한국의 진보 운동에 기여했다고 할 수 있는 '민주화를 위한 전국 교수 협의회' 같은 조직은 이름만 있을 뿐, 새로이 참여하는 신진 교수들이 없으니까 그냥 개점휴업 상태예요. 따지고 보면 교수 사회뿐만 아니라 대학의 학생회도 예전 같지 않기는 마찬가지 아닌가요? 그냥 껍데기만 있는 거죠. 학생회의 구성원들은 새로운 세대지만, 정신적으로는 기성 세대의 낡은 세계관을 벗어나지 못하고 있으니까 재생산이 되지 않는 거예요.

그런데 정당은 현재적이고 잠재적인 권력 단체니까 사람들이 계속 모여들기는 하지요. 그래서 우리 세대 전체가 직면한 문제가 또렷이 보이지 않아요. 거기서는 신장개업을 하거나 선거를 치를 때마다 새로운 얼굴을 충원하고 무언가 바뀌는 것처럼 포장할 수 있지요. 그런데 그거야말로 회칠한 무덤이에요. 너나 가릴 것 없이 삼성 돈, 재벌 돈 받아서 정치를 해왔거든요. 지금 박근혜 탄핵 사태가 벌어지고 나서, 이재용과 박근혜 사이의 뇌물 수수가 특검의 정식 수사 대상이 되고 구속영장이 청구될 정도로 상황이 악화되었지만, 여전히 어떤 정당도 재벌 해체를 입에 올리지는 않아요. 받은 게 있으니까 감히 그 말을 입에 올리지 못하는 게 아니라면, 달리 어떻게 이해할 수 있겠어요. 일본은 이미 70년 전에 해치운 재벌 해체가 뭐 그리 대단한 일이라고. 그러면서 만만한 게 헌법인지, 이 당 저 당에서 개헌 논의에는 열심이에요. 나라를 어떻게 새롭게 형성할지 아무런 전망도 없는 사람들이.

이　선생님도 개헌에는 찬성하시지 않습니까?

김　네. 찬성합니다. 순수 내각제로 개헌해야 한다는 게 저의 오랜 지론입니다.

이　기왕 말이 나온 김에 그 근거를 좀 말씀해주실 수 있나요?

김　이걸 자세히 말하기 시작하면 끝이 없겠지만, 지금 상황에 대입해보면, 굳이 제가 구구하게 이유를 대지 않더라도 왜 내각제가 더 나은 정치체제인지 답이 금세 나올 거예요.

이   지금 상황이라면?

김   만약 지금 한국의 정치체제가 대통령제가 아니라 내각제였다면, 이런 정치적 혼돈과 불확실성이 아예 처음부터 없었을 거 아닙니까? 총리가 책임지는 행정부에 치명적인 문제가 발생했다면, 국회에서 총리를 불신임하면 그만이었을 테니까요. 다시 말해, 내각제였더라면 국회에서 탄핵 소추에 상응하는 결정, 곧 내각불신임이 통과된 것으로 그냥 종결되었을 문제가 지금 헌법재판소로 넘어가 있잖아요. 게다가 특검은 특검대로 분주하기는 하지만 대통령에 대한 온전한 수사는 못하고 있는 상황이고. 이게 다 허울 좋은 권력분립 원칙 때문 아니겠어요? 말은 입법·사법·행정이 서로 견제하는 제도라고 하지만, 따지고 보면 입법·사법·행정이 모두 지배층인 건 마찬가지거든요. 자기들끼리 견제하는 거예요. 그런데 그게 정작 국민의 집단적 의지를 신속하게 받아들이고 구현하는 일에서는 입법·사법·행정이 삼권분립을 빙자해서 자기들끼리 공을 주고받고 하는 과정을 끝없이 계속할 수 있잖아요. 그러니까 다시 이런 험한 꼴을 보지 않으려면 이제 대통령제는 그만하고 내각제로 가야 돼요. 더불어 독일처럼 정당명부 비례대표 제도를 확대해서 민의가 한쪽으로 쏠리지 않고 국회의 의석에 다양하게 반영되도록 하면 되지요. 그렇게 해야 광장의 민의와 제도 정치의 거리가 좁혀질 수 있어요.

이   무슨 말씀인지는 알겠습니다만, 그것만 가지고서는 내각제로 가야 한다는 것을 설득하기엔 충분하지 않은 것처럼 여겨집니다만.

김   간단히 말씀드리면, 법을 새로 만들 필요보다는 법을 정확하게 지킬 필요가 더 큰 나라라고 한다면, 저는 대통령제로도 충분하다고 생각합니다. 하지만 만약 우리가 바꿀 것이 많고 고칠 것이 많은 나라에 살고 있다면, 내각제로 가야 한다고 생각합니다. 예를 들어 재벌 해체나 노사 공동 결정 제도 같은 것을 도입하기 위해서는 법을 바꿔야 하지 않겠어요. 그럼 누가 어떻게 바꿀 수 있습니까? 지금의 정치체제 아래서 과연 그런 개혁 입법이 가능한가요? 제 답은 "아니오!"입니다. 못 바꿔요.

이 그럼 내각제가 되면 바꿀 수 있습니까? 내각제가 입법을 통한 제도 개선에 더 유리하기 때문인가요?

김 아무래도 그렇지 않겠어요? 내각제란 국가의 통치를 국회가 책임지는 제도인데, 국회가 원래 입법 기능을 가지고 있는 기관이므로, 내각제로 갈 경우 입법과 행정이 함께 이루어질 수 있는 거지요. 지금과 같은 대통령제 아래서는 어떤 정당이 이러저러한 법을 제정해서 나라를 바꾸겠다고 공약을 내건다 하더라도 그것이 유권자들의 입장에서는 별로 실감이 되지 않습니다. 왜냐하면 설령 다수당이 된다 하더라도 대통령이라는 산이 버티고 있으니까 법률을 제정하고 제도를 바꾸는 과정이 훨씬 더 복잡해질 수밖에 없거든요. 이건 거꾸로도 마찬가지인데, 대통령이 아무리 좋은 뜻으로 새로운 법을 만들어 나라를 바꾸려고 하더라도 입법권은 국회에 있으므로 대통령은 오직 국회를 움직임으로써만 자기의 뜻을 실현할 수 있는 거예요. 요컨대 국민의 입장에서 보자면 내각제의 경우에는 국회 하나만 움직이면 되는 것을 대통령제의 경우에는 국회와 대통령을 같이 움직임으로써만 나라를 바꿀 수 있는 거죠. 그런 의미에서 훨씬 더 세상을 바꾸는 것이 어렵고 힘들어집니다.

이 구체적인 사례를 들어 말씀해주실 수 있습니까?

김 국회가 만든 법의 입법 취지를 대통령이 훼손한 대표적인 사례가 로스쿨 관련 입법입니다. 노무현 대통령 시절 여러 해 동안 법학자들과 시민단체 그리고 정치권과 법조계까지 두루두루 참여해서 만든 법이 '법학전문대학원 설치·운영에 관한 법률', 이른바 로스쿨 법입니다. 이 법의 입법 취지는 여러 가지가 있지만, 법조계에서의 학벌 타파도 그 가운데 하나였습니다. 예를 들어 전국적으로 스무 개나 서른 개 대학의 로스쿨에서 같은 수로 변호사들을 배출할 수 있다면, 지금까지와 같은 법조계의 학벌 편중은 완전히 사라지지는 않더라도 많이 완화되리라 생각했던 거지요. 그런데 어렵사리 합의를 이끌어내어 법률을 청와대로 보냈을 때, 청와대에서 한 일이 기존의 대학 서열에 따라 학교별로 로스쿨 정원을 차등배분한 것이었습니다. 이건 입법 취지를 정면으로 거스르는 일이었으나, 지금의 조건 아래서는 국회가 할 수 있는 일이 없어요.

그런데 지금 우리 상황을 보면, 박근혜 탄핵은 개혁의 시작일 뿐, 우리나라에 고치고 바꾸어야 할 제도가 얼마나 많습니까? 그런데 지금 국회의 상황을 생각하면, 다음 대통령이 누가 되든 국회가 따라주지 않을 테니까 우리나라를 제도적으로 혁신하기는 어려워요. 그런 의미에서 다음 정부는 여러 가지로 과도기적 역할밖에 할 수 없지 않을까 하는 게 제 생각이에요.

이   대통령 중임제나 분권형 대통령제는 어떻습니까?

김   지금도 대통령이 선출된 왕인데, 대통령 중임제 해서 박근혜 같은 사람이 부정선거로 두 번 대통령 하고 그것도 모자라 삼선 개헌을 하고 그것도 모자라 유신헌법 만들고 종신 독재를 하는 거 보고 싶으세요?

이   그래도 그건 지금은 어려운 일 아닙니까? 중임제가 되면 연임하기 위해 더 잘하지 않겠습니까?

김   아마 국민을 더 잘 속이기 위해 광분하겠지요. 국정원부터 시작해 검찰, 국세청, 그리고 교육부와 문체부 등등 동원할 수 있는 모든 권력기관을 동원할 거고, 언론을 통한 거짓 선전은 물론 재벌 돈 끌어다가 관세 데모를 하겠죠. 여론을 조작하기 위해 할 짓 못할 짓 다 하겠죠. 너무 뻔한 거 아니에요? 민중은 믿어야 하지만 정치인들 믿으면 안 돼요. 물론 정치인들이 처음부터 무슨 악마는 아니죠. 하지만 권력이 사람을 변화시키거든요. 정치는 개인이 하지만 정치 활동은 개인적인 차원에서 끝나는 것이 아니기 때문에 그래요. 정치하는 사람이 누가 처음부터 삼성 돈 받고 싶어서 받는답니까? 주는 사람은 줄 필요가 있고 받는 사람은 받을 필요가 생기는 거거든요. 그래서 좋은 정치제도를 만들기 위해서는 정치인들에 대한 방법론적 불신에서 시작하지 않으면 안 돼요.

게다가 아무리 어려워도 나쁜 일을 저지를 수 있는 가능성이 있으면 저지르고 싶어하는 게 사악하고 어리석은 인간의 욕심이거든요. 박정희 죽고 나서 그 딸이 대통령 되어 이렇게 나라를 망칠 줄 누가 상상했나요? 세상은 늘 변하는 거고 좋은 일도 나쁜 일도 일어날 수 있으니까, 할 수 있는 한 나쁜 일이 일어나지 않도록 미연에 방지하는 게 최선이에요. 원래 제헌헌법 초안이 내각제였던 것을 이승만 세력이 대통령제로 고친 것도, 4·19 일어난 뒤에 다시 부활한 내각제를 박정희가 대통령제로 바꾼 것도 우리 역사에서는 다 의도적인 독재의 서막이었어요.

이　그럼 독재를 피하기 위해 분권형 대통령제는 어떻습니까?

김　한 사람에게 권력이 독점되어 있는 것보다는 두 사람에게 권력이 분산되어 있는 것이 그나마 낫다고 생각할 수 있지만, 국정 운영에서 책임 소재가 불분명해지는 것은 너무 큰 위험 요인이 아닌가 합니다. 자칫하면 서로 책임은 지지 않으면서 권력만 나눠 먹자는 게 될 확률이 너무 높습니다. 그때는 배가 산으로 올라가지 않겠어요? 삼권분립이 권력층 사이의 허울 좋은 상호 견제 제도인데, 행정부까지 분권형으로 만들어놓으면 아무도 국정에 책임지지 않으면서 천년만년 권력만 누리겠다고 할 수도 있지요. 국민의 결집된 의지가 국정에 효율적으로 반영될 수 있으려면, 그냥 내각제를 하면 돼요. 이제 국민의 교양 수준이 너무도 높아진 터라 무슨 농간이 통할 시대도 아니고, 국정을 실질적으로 책임지는 총리가 잘못하면 국회가 불신임하면 되며, 또 그런 국회가 잘못하면 국민이 선거를 통해 심판하면 그만이거든요. 간단한 길을 두고 복잡하게 머리를 굴리는 건 모두 흑심이 있기 때문이죠.

이　그렇다면 지금이라도 여야가 뜻을 모아 개헌을 하면 좋지 않나요?

김　모든 일에는 순서가 있는 법입니다. 저는 지금처럼 국민들 사이에 개헌의 방향과 새 헌법의 내용에 대해 아무런 토론도 이루어지지 않고 국민적 합의도 없는 상태에서 국회의원들만 머리를 맞대고 개헌을 해서 온전한 새 헌법을 만들어낼 수 있으리라고 기대하지 않습니다. 자칫하면 누더기 헌법이 되기 십상이지요. 한번 새 헌법을 만들면 그래도 이제는 통일을 내다보고 몇십 년은 갈 헌법을 만들어야 할 것 아닙니까. 그러기 위해서는 다른 무엇보다 중요한 것이 민주적인 토론입니다. 마음이 급하더라도 그런 절차에서부터 민주적인 원칙을 지키는 것이 한국 정치의 성숙을 위해 필요한 일이라 생각합니다.

그리고 개헌 문제에 대해 꼭 하나 보태고 싶은 말이 있는데, 개헌을 하려면 지금 국회를 먼저 해산하는 것이 순서라고 봅니다. 국회의원들이 자기들 자리는 내놓지 않고 그대로 지키고 앉아 있으면서 권력 구조를 자기들 편한 대로 뜯어고치겠다는 발상이 어떻게 가능한지 모르겠어요. 게다가 지금처럼 나라를 뒤죽박죽으로 만든 당사자들의 대다수가 여전히 국회에 남아 있는데, 어떻게 거기서 제대로 된 개헌 논의가 가능하겠어요? 그러니까 정말로 개헌을 하려면, 먼저 자기들 권력부터 내려놓고 시작해야죠.

이 국회를 해산하면 누가 개헌을 합니까?

김 제 말은 정말로 개헌을 할 뜻이 있다면, 지금 국회는 해산하고 개헌을 위해 의회를 새로 구성해야 한다는 거예요. 그리고 어떤 방식으로 개헌하겠다는 것을 내걸고 국민의 선택을 받는 과정이 먼저라고 생각해요. 내각제면 내각제, 대통령 중임제면 중임제, 또 다른 절충안이면 그것대로 분명한 방안을 제시하고 국민의 동의를 구해야지요. 지금 이 당 저 당에서 말하듯이 단순히 시간적으로 가능하니까 대선 전에 개헌을 해치우자는 식의 발상은 국민을 우습게보고 자기들 입맛대로 개헌을 하겠다는 생각이지요. 저는 이제 이런 식의 오만한 정치는 끝내야 한다고 생각해요. 그런 의미에서라도 저는 굳이 개헌만을 위해서가 아니라 대한민국의 총체적 재구성을 위해 이번에 국회의원들이 자진사퇴하고 국회를 실질적으로 해산해서 총선을 통해 새롭게 구성하는 것이 순서라고 생각해요. 실은 누가 대통령이 되더라도 여소야대가 될 수밖에 없다면서 벌써부터 합종연횡에 골몰하고 있는데, 그럴 필요 없이 깨끗하게 국회의원 선거를 다시 하면 되지요. 그런 뒤에 새 국회에서 개헌 논의를 시작하는 거예요.

이 　듣고 보니 정말로 그래야겠습니다. 박근혜만이 아니라 국회에 앉아 있는 그 부역자들도 최소한 유권자의 심판을 받는 것이 올바른 일이니까요.

김 　두말할 필요가 없는 일입니다. 심판이라는 말이 나왔으니 한마디 보태자면, 지금 국회로 대표되는 정치권뿐만 아니라 한국 사회를 지금까지 이끌어온 기성 세대 전체가 심판의 대상입니다. 아니 이미 심판 받은 거지요. 기성 세대가 만든 대한민국호라는 배가 박근혜라는 암초에 부딪혀 침몰한 상황이니까요. 그런 의미에서 저는 단지 국회 해산과 재선거뿐만 아니라 전체로서 우리들 기성 세대가 지금 이 상황에서 정말로 해야 할 일은 젊은 세대들을 위해 이제 물러나주고 길을 비켜주는 일이라고 생각합니다. 아무런 새로운 것도 잉태할 수 없는 사람들이 여전히 자기들이 세상의 주인이라고 착각하면서 모든 일을 스스로 다 처리하고 해결하겠다고 버티고 있는 것이야말로 지금 우리 사회의 심각한 비극입니다. 이건 여야가 따로 없고 진보와 보수가 따로 없는 문제예요. 이쪽저쪽 가릴 것 없이 고갈되었어요. 사람들이 '가스통 할배들'이나 '박사모'만 늙었다고 타박하는데, 실은 예전에 이른바 386이라 불리던 세대도 마찬가지예요. 그러니까 더 늦기 전에 젊은 세대에게 살림을 넘겨주어야 돼요. 하지만 그게 그냥 주먹구구식으로 할 건 아니니까, 무엇을 어떻게 넘겨주어야 할지 지혜가 필요한 거지요. 광장에서 민의를 표현하는 것도 중요하고, 제도권 내에서의 정치도 중요하지만, 정말로 우리가 지금 고민할 건 그런 거예요. 비켜주는 것 그리고 물려주는 것.

이 　기성 세대가 고갈되었다는 건, 저도 평소에 느꼈던 거니까 동의할 수 있습니다만, 막상 저희 세대가 새 역사의 주역이 되어야 한다니까, 당황스럽고 두려운 마음까지 듭니다. 저희는 아무런 준비도 안 되어 있는데, 그게 어떻게 가능합니까?

김　그래서 그냥 비켜주기만 하면 안 되고 물려주기도 해야 한다는 거예요. 그리고 여러분들은 그 물려주는 유산을 받을 줄도 알아야 하는 거지요. 아무리 기성 세대가 값진 유산을 가지고 있고 또 그걸 물려주고 싶다 하더라도, 그걸 젊은 세대가 받을 생각이 없다면, 역사는 이어질 수 없겠죠. 그래서 지금 우리가 세대를 넘어 고민하고 대화하면서 역사를 이어가는 것이 기성 세대와 젊은 세대, 우리 모두의 과제예요. 함석헌이 누누이 강조했듯이 이어가야 역사가 이루어지는 거니까요.

이　이 문맥에서 좀 외람된 질문처럼 들릴지 모르겠습니다만, 조금 전까지 선생님께서 기성 세대가 고갈된 세대라고 하셨는데, 그런 세대가 아직도 저희 세대에게 물려줄 것이 있습니까?

김　앞세대가 뒷세대에게 물려줄 것 가운데 가장 중요한 것은 역시 넓은 의미에서의 경험이겠지요. 그런데 여기서 단순히 성취의 경험만이 아니라 도리어 오류와 실패의 경험이 어쩌면 더 가치 있는 유산일지도 모르겠습니다. 그런 부정적 경험으로부터 우리가 지난 세대의 과오와 한계에 대한 명확한 인식을 얻어낸다면, 그것은 이제 단순한 경험이 아니라 지혜가 되는 거죠. 여러분들이 기성 세대가 무엇을 이루었고 어디에서 한계에 부딪혔으며, 성취의 원동력은 무엇이었고 또 실패의 원인은 무엇이었는지를 정확하게 인식할 수 있다면, 이제 여러분은 그것만으로도 역사를 새로 쓸 수 있는 최소한의 지혜를 물려받는 셈이죠.

선출되지 않은 권력에 대한 민주적 통제와 지방분권

이　선생님은 우리가 역사를 새로 써야 한다고 말씀하시지만, 저희는 이제 20대이고, 굳이 나이를 따지지 않더라도 저희처럼 광장에 나와서 촛불을 드는 사람들이 구체적으로 무엇을 어떻게 할 수 있을지 실은 잘 모르겠습니다. 그저 기대할 수 있는 것은 야당밖에는 없는데, 선생님 말씀처럼 야당도 그다지 믿을 만한 사람들이 아니라면, 촛불을 든 시민이 직접 할 수 있는 일이 무엇이 있겠습니까? 계속 촛불만 들고 있으면 세상이 알아서 바뀔까요? 지난번에 해프닝으로 끝나기는 했지만, 여의도 국회를 믿을 수 없으니 시민의회 같은 거라도 만들어야 할까요? 또는 어떤 형식으로든 직접민주주의의 실험이라도 해야 하는 겁니까? 아니면 우리가 무엇을 할 수 있겠습니까?

김 질문 하나하나가 나름대로 다 무게 있는 질문인데, 그걸 낱낱이 얘기하자면 한이 없을 테니 제 식으로 묶어서 말씀을 드릴게요. 이 선생 질문이 젊은 세대가 처한 상황에서 시작해 야당을 거쳐 마지막엔 직접민주주의로 나아갔는데, 젊은 세대에 관한 문제는 잠깐 내려놓고 정당정치와 직접민주주의 사이의 관계, 더 정확하게는 그 둘 사이의 현실적 괴리에 대해 간단히 언급하고 넘어가고 싶습니다. 실은 저도 이 둘 사이의 거리를 좁히는 것이 지금 우리의 과제라고 생각하고 있습니다. 그 점에서 이 선생의 문제의식에 공감합니다. 그런데 그 둘 사이의 괴리를 좁히기 위해 어디서 출발하는 게 좋을지 생각해본 적 있습니까?

이 글쎄요. 생각을 안 해본 건 아니지만 아직 분명한 답은 얻지 못했습니다. 다만 무언가 제도권 정당정치 또는 대의민주주의의 한계를 극복하기 위해서는 직접민주주의를 강화하는 것이 필요한 것이 아닌가, 또는 어떤 식으로든 주변으로부터의 시민적 참여가 의회 권력의 중심부에 영향을 미칠 수 있는 장치가 마련되어야 하는 것이 아닌가 하는 생각은 해보았습니다.

김 동감입니다. 그것이야말로 저희 세대의 한계를 극복하는 길일 겁니다. 앞에서 대화할 때, 정치만 민주화되고 경제는 민주화되지 않아서 나라가 온통 기업국가가 된 것이 87년체제의 결정적인 한계라고 말씀드렸습니다만, 사실은 정치적 차원에서도 우리가 반드시 보완해야 할 과제가 많습니다. 1987년 민주화는 대통령을 선출할 수 있는 권리를 국민에게 되돌려주었어요. 그런데 민주주의라는 것이 국회의원과 대통령을 국민이 직접 선출하는 것만으로 다 이루어지는 게 아니라는 걸 우리는 지난 30년 동안 알게 되었지요. 민주주의도 자라는 건데, 지금 한국의 민주주의가 한 단계 더 성숙하기 위해 무엇이 변해야 하느냐를 진지하게 생각할 때가 된 거지요.

이　　가장 시급한 과제가 뭐라고 생각하세요?

김　　직접민주주의라는 것이 국가의 모든 일을 모든 국민이 직접 수행하는 것을 의미한다면 이건 현대 사회에서 가능한 일은 아니겠지요. 누군가 전체 국민의 뜻을 대신해서 나랏일을 수행할 수밖에 없는데, 전체로서 국가기구란 국민을 대신하고 대변하는 대리인이라고 말할 수 있겠습니다. 그런데 주식회사의 주주와 그 대리인인 경영자 사이에서 발생하는 대리인 비용이 국민과 그 대리인이라 할 수 있는 공직자 집단의 관계에서도 똑같이 발생하겠지요. 구체적으로 말하자면 어떤 공직자가 국민에게서 위임받은 권한을 마치 자기 자신에게 고유하게 귀속하는 권력인 것처럼 국민에게 행사하려 든다면, 그때부터 그는 국민의 뜻을 대변하는 대리인이 아니고 국민에게 군림하는 권력자가 되는 거지요. 민주주의의 발전이란 국가기구 전체가 국민의 대리인으로서 가능하면 국민의 뜻과 괴리되지 않도록 제도적인 장치를 만드는 것이라고 생각됩니다.

이　　구체적으로 어떤 제도적 장치가 필요합니까?

김　　크게 세 가지가 필요하다 생각합니다. 첫째로 중앙 권력 자체의 분산입니다. 쉽게 말해 제왕적 대통령 제도를 근본에서 고쳐야 합니다. 둘째로 선출되지 않은 권력에 대한 민주적 통제가 필요하고요, 마지막으로 과감하고 급진적인 지방분권이 필요합니다. 첫 번째 문제는 간단히 말해 선출된 왕이라고까지 말할 수 있는 지금의 대통령 제도는 시효가 다했다는 것을 박근혜가 보여주었다고 저는 생각합니다. 그래서 권력 구조에 관해 개헌 논의를 더는 피할 수 없게 된 상황인데, 저는 이제 대통령제를 폐지하고 순수한 내각책임제로 건너가야 한다고 생각하고 있습니다.

　이건 앞에서도 말했으니 다음으로 넘어가 두 번째 문제에 대해서 말씀을 좀 드리자면, 선출되지 않은 권력에 대한 민주적 통제는 보다 어렵고 복잡한 문제여서 많은 연구와 토론이 필요합니다. 우선 선출되지 않은 권력의 범위를 어디까지 잡을 것이냐 하는 것부터 문제라면 문제겠습니다만, 예를 들면 검찰 조직은 다른 어떤 국가조직보다 시민의 삶에 직간접적으로 영향을 미치는 조직이라는 건 다 동의할 수 있겠지요. 그런데 이 조직이 대단히 역설적이게도 1987년 민주화 이후 도리어 민주적인 통제를 받지 않는 권력 집단이 되어버린 것이 부인할 수 없는 사실입니다. 이런 사정은 경찰도 마찬가지고 법원도 마찬가지지요. 사법부의 독립성이라는 것이 좋은 의미에서 정치적 중립성의 확립이나 삼권분립을 위한 것이 아니라 국민의 뜻으로부터의 분리 독립과 같은 말이 되어버린 겁니다.

　좁은 의미의 국가기구에 속하지는 않지만, 언론도 선출되지 않은 권력인 것은 마찬가지입니다. 민주주의라는 것이 기본적으로 민의에 의해 나랏일이 결정되는 것인데, 그 민의를 보이지 않게 조종하는 것이 언론이니까 일종의 배후 권력이라고 말할 수 있겠지요. 그런데 지금으로서는 이것 역시 전혀 민주적 통제가 이루어지지 않고 있으므로 민의가 왜곡될 수밖에 없는 구조입니다.

　이　그럼 선출되지 않은 권력을 민주적으로 통제하기 위해서는 무엇을 해야 합니까? 예전에 선생님은 검찰이나 법원의 민주적 통제를 위해 인권재판소 설립을 제안하셨는데, 지금도 그렇게 생각하시는지요?

　김　여전히 그렇게 생각합니다. 요즘은 여러 곳에서 검찰을 민주적으로 통제하기 위해 검찰총장을 국민이 선출하거나 지역의 검찰 우두머리를 주민 직선으로 선출하는 것을 제안하고 있는데, 그런 방법 역시 생각해볼 수 있는 대안이 되겠지요. 하지만 검찰이나 법원의 우두머리를 국민이 선출하는 것이 바람직한지, 아니면 그보다 판사와 검사의 선발 제도 자체를 바꾸는 것이 더 시급한 일인지는 토론이 필요한 주제라고 생각합니다. 지금처럼 빠르면 20대 초반에 검사나 판사로 임용되어 젊은 시절부터 무소불위의 권력자 행세를 하도록 되어 있는 제도가 우병우 같은 자들을 양산하고 있다고 생각하지 않으세요? 이뿐만 아니라 결혼도 하지 않은 새파란 처녀 총각이 늙은 부부의 이혼소송을 담당하는 것이 과연 합당한가요? 물론 법의 공정한 판단이나 집행이 인생 경험과는 무관한 것이라 말할 수도 있겠지요. 하지만 정말로 그렇다고 한다면 차라리 인공지능에 판결을 맡기는 것이 더 공정하지 않겠어요? 아무튼 이 문제는 최근 들어 우리 사회에서 예전에 비해 논의가 활발해진 편이어서 학자들이나 정치인들이 다양한 대안을 제시하고 있으니까, 너무 서둘지 말고 충분한 논의를 거쳐 대안을 마련해야 하리라고 봅니다.

이   언론에 대해서도 나름의 대안을 제시해오신 줄 압니다만.

김   언론 권력의 민주적 통제에 대해서 노동자 경영권으로 접근해야 한다고 말해왔습니다. 간단히 말해 KBS나 MBC 사장을 종업원들이 선출해야 한다는 거지요. 그리고 다른 모든 언론의 경우에도 마찬가지의 원칙을 적용해야 한다고 생각하고 있습니다. 최대 주주가 누구든 언론의 경우에는 일반 사기업과 달리 경영권은 100퍼센트 종업원 몫이라는 원칙이 확립되어야 하리라고 봅니다. 쉽게 말해 편집권 독립을 아예 언론사의 기업 지배 구조 차원에서부터 확립할 필요가 있다는 거지요. 그리고 공영 언론에서부터 이 원칙을 선구적으로 견인해 나갈 필요가 있다는 겁니다. 정권이 바뀔 때마다 공영방송 사장을 새로 임명하는 과정에서 공영방송의 정치적 중립성이 침해될 가능성이 언제나 상존하고 있는데, 종업원이 선출하게 하면 아무 문제가 없지 않겠어요?

아무튼 선출되지 않은 권력을 어떻게 민주적으로 통제할 것이냐 하는 문제는 경우마다 조금씩 해법이 다를 것이므로, 세심한 논의가 필요하다고 생각합니다.

이   세 번째 주제에 대해서는 어떻습니까?

김　지방분권에 대해 말씀드리자면, 지금처럼 중앙정부의 권력이 너무 비대하기 때문에 우리가 지불해야 하는 사회적 비용이 너무 큽니다. 앞에서도 말했지만, 국립대학 총장 임명권까지 청와대에서 쥐고 있는 것은 과도한 권력 독점이라고 볼 수밖에 없습니다. 중앙정부는 지역이 스스로 결정할 수 없는 것에 국한해서만 권력을 행사하는 것이 옳습니다. 그리고 중앙정부든 지방자치단체든 모든 공공적 기구는 시민의 자율성을 침해하지 않는 한에서 개인이 할 수 없는 일을 위임받아 수행해야지, 시민이 스스로 결정할 수 있는 일까지 자기가 결정하겠다고 나선다면, 이는 시민의 자유와 자율성의 침해일 뿐이지요. 그렇게 시민의 자유와 자율성을 침해하기 시작하면 사회 전체가 활력을 잃어버리게 됩니다. 아무것도 스스로 결정할 수 없는 사회에서는 아무도 어떤 일도 스스로 할 수 없게 될 테니까요.

　그런데 지방분권이란 이런 원칙적인 측면에서 중요한 과제일 뿐만 아니라, 특히 통일을 위해 대단히 절박한 과제입니다. 지금처럼 중앙정부가 모든 권력을 독점한다면 통일이 되기는 어려울 거예요. 그런 경우에는 중앙 권력을 차지하지 못하면 치명적인 불이익을 당하게 될 테니까, 남이든 북이든 중앙 권력을 차지하기 위해 사생결단으로 싸울 수밖에 없지 않겠어요? 그런 조건 아래서는 통일되기 어렵지요. 통일을 위해서는 가능한 한 급진적으로 중앙정부의 권력을 지방으로 분산할 필요가 있어요. 하지만 이런 이야기를 구체적으로 하기 시작하면 끝이 없겠죠?

이　네. 저도 그런 말씀에 공감합니다만, 지금 제가 느끼는 답답함은 그런 과제를 누가 어떻게 수행할 수 있느냐 하는 겁니다. 정치와 경제는 물론이고 언론이나 교육의 문제 같은 것까지 광장에서 시민이 느끼는 문제는 비슷한 것 같아요. 그런데 그 문제를 누가 어떻게 해결할 것이냐 하는 게 어려운 문제인 것 같습니다. 직접민주주의 이야기가 나오는 것도 그 문제에 대한 답이 보이지 않으니까 답답해서 나오는 말이 아닐까 싶기도 합니다만.

정치에 대한 관심과 정당에 대한 무관심

김 저도 그게 답답하기는 마찬가지입니다. 민중은 늘 세상을 전복해왔는데, 그 뜻을 받아 새로운 나라를 세우는 일은 또 다른 과제지요. 기존의 집을 허문다고 해서 새 집이 생기는 것은 아니니까요. 시민의 뜻에 따라 새로운 나라를 세우는 건 아무래도 제도권 정치의 일이겠는데, 제도권 정치가 광장의 민의와 너무나 괴리되어 있으니까 문제 아니겠어요?

이 맞습니다. 그래서 자꾸 시민의 직접행동이나 직접민주주의 같은 말이 입에 오르내리는 거지요.

김 좋습니다. 우리의 대화에서 아까부터 직접민주주의라는 낱말이 자꾸 튀어나오는데, 이 문제를 주제로 삼아 한번 본격적으로 따져봅시다. 우리가 지금 제도권 정치와 광장의 민의 사이의 괴리를 말하고 있는데, 아마 병원과 환자 사이에도 비슷한 말을 할 수 있겠지요?

이 네. 그럴 것 같습니다. 병원 문턱이 높다느니 낮다느니 하는 말을 하니까요.

김 그렇다면 그 경우에 병원 문턱을 낮추기 위해 환자들이 할 수 있는 일이 어떤 게 있습니까? 그런 경우에도 직접민주주의적 행동이 무슨 의미가 있나요? 환자들이 자기들 가운데서 추첨을 통해 의사를 뽑고 스스로를 진료하고 치료할 수 있는 겁니까? 그건 아니겠죠?

이 그랬다간 큰일 나겠지요.

김 당연히 먼저 의료 제도와 체계 그리고 병원의 시설 같은 것들을 어떻게 하면 개선할까 고민하지 않겠습니까? 그리고 거기에 대해서조차 우리 같은 보통 사람들은 잘 모르니까 병원에서 일하시는 의료인이나 관련 전문가들의 말을 먼저 청해듣지 않겠습니까?

이 물론입니다.

김 그런데 정치는 다릅니까? 정치는 아무나 할 수 있는 일이냐고요?

이 　예감이 안 좋다 했더니 결국 그렇게 물어오시는군요. 그렇게 물어보시니까, 정치도 아무나 할 수 있는 일은 아니겠지요.

김 　그런데 대개 민주주의 사회에서 사는 사람들은 정치는 아무나 할 수 있다고 생각해요. 아니 더 나아가 아무나 할 수 있어야 그것이 진짜 민주주의라고 생각하기도 하지요. 일종의 아마추어리즘에 대한 신화가 있는 거예요. 그런데 돌이켜보면 이게 어제오늘의 일이 아니고 이미 민주주의의 본거지였던 고대 그리스의 아테네에서부터 문제가 되었던 일인데, 실은 소크라테스가 아테네 시민들과 불화했던 근본 이유도 거기 있었어요.

이 　그래서 사형 판결을 받은 겁니까?

김 　간접적인 이유는 되었다고 해야겠지요. 우리는 대통령과 국회의원을 국민이 직접선거로 뽑는 게 민주주의라고 알고 있지만, 고대 그리스 사회에서 그건 과두정 또는 귀족 지배의 권력 획득 제도예요. 선거는 원래 돈 없으면 나갈 수 없는 거고, 그 전에 선거판에서 늘 잘나고 똑똑해 보이는 사람이 표를 얻을 확률이 훨씬 높잖아요. 그래서 부잣집에서 태어나 잘 배우고 잘 사는 사람들이 선거에서는 절대적으로 유리해요. 그래서 그리스 사회에서 선거는 부자들을 위한 정치제도였어요. 이걸 표현할 때 다수가 아니고 소수의 지배 체제라고 하면 올리가르키아(oligarchia), 소수자 지배라고 불리는 거고, 그 소수가 탁월한 사람이니 탁월한 자들의 지배 체제라고 하면 아리스토크라티아(aristocratia)라고 불리고, 경멸적인 의미에서 부자들이 돈으로 지배하는 거라고 하면 플루토크라티아(plutocratia) 또는 플루타르키아(plutarchia)라고 불리는 거죠. 이름이 뭐든 이 셋이 선거를 통해 관직을 획득한다는 점에서는 같아요. 모두 민주주의와는 거리가 먼 거죠. 민주주의란 데모크라티아, 말 그대로 데모스, 곧 민중의 지배니까요.

이 　그럼 그리스 시대의 기준으로 민주주의적인 권력 배분 제도는 뭐였습니까?

김　그게 바로 추첨이었어요. 추첨을 하면 아무나 관직을 맡을 수 있는 거니까. 민회는 어차피 모두에게 개방되어 있었으니 논외로 하고 우리로 치면 의회 정도에 해당하는 평의회(boulē)나 법정의 판사 겸 배심원(그때는 이 둘이 같았습니다) 등을 선거가 아니라 추첨으로 뽑았지요. 그리스 시대 민주주의를 위한 투쟁의 역사란 간단히 말해 민중이 관직에 참여하기 위해 선거가 아니라 추첨을 권력 배분 장치로 확립하려 했던 투쟁의 역사라고 보면 틀리지 않을 거예요.

이　그런데 거기 어떤 문제가 있었습니까? 민중이 차별 없이 권력에 직접 참여하면 좋을 것 같은데요.

김　세상일이 그리 간단하지 않습니다. 여기서 다시 소크라테스를 잠깐 무덤에서 불러내야 할 것 같은데, 그는 거의 처음으로 그런 식의 정치적 아마추어리즘 속에 놓여 있는 곤경을 정확하게 꿰뚫어본 사람이었거든요. 그는 사람이 집을 지을 때는 건축사를 찾으며, 배를 지으려면 조선 전문가를 찾고, 아플 땐 의사를 찾으면서, 그 모든 것들을 다 합친 일, 그래서 그 모든 것보다 더 어려운 일인 나랏일에 대해서는 어떻게 어떤 전문가도 찾지 않고 자기들 스스로 다 판단하고 처리할 수 있다고 생각하는지 끊임없이 되물었어요. 그게 장기적으로 보자면 소크라테스가 아테네 시민들에게 미움받고 끝내 죽음에 이른 이유였어요.

물론 소크라테스는 시민의 자유나 민주주의의 대의를 거부한 게 아니고, 어디까지나 민주주의적 제도가 뿌리박고 있는 정치적 아마추어리즘이라는 것이 정치의 전문성의 추구와 양립하기 어렵다는 것을 드러낸 거지요. 이 점에 관해서 보자면 그의 문제 제기는 오늘날에도 타당하다고 말할 수 있어요. 사람들이 몸이 아프면 최고의 의사를 찾잖아요. 제주에서도 비행기 타고 서울 가고 싶어하고, 부산과 광주에서도 고속열차 타고 서울 가고 싶어하는 거 아니에요? 지역 병원 다 망하게 생겼다는 소리가 나올 정도로. 그런데 그런 열성의 절반만이라도, 아니 10분의 1만이라도 좋은 정치인을 찾기 위해 관심을 가졌더라면 우리나라도 지금보다 조금 더 좋아지지 않았겠어요? 그런데 생각해보면 많은 한국인들이 좋은 의사에 대한 극성스러운 관심에 비해 좋은 정치인에 대해서는 거의 관심이 없다 해도 좋을 정도라고 저는 생각해요.

이 노사모도 있고 박사모도 있는데요?

김 맞습니다. 그런데 그게 정치인이 아니라 연예인에 대한 열광이나 다름없으니까 문제지요. 처음 시작은 꼭 그런 게 아니었다고 말할 수 있겠지만 나중엔 그렇게 되어버린 것 아니겠어요? 또는 축구 한-일전 같은 것이 된 거지요. 이성적인 성찰은 사라지고 맹목적인 당파성만 남은. 생각하면 노사모에서 박사모로의 퇴행이야말로 우리 정치의 비극적 현주소를 보여주는 것이라 생각할 수 있을 거예요. 노사모가 보여준 긍정적 참여의 열정은 다 사라지고 증오와 맹목적 당파성만 남아 암세포처럼 뭉친 것이 박사모지요. 그런데 저는 그 씨앗이 이미 노사모 속에서 잉태되었다고 생각해요.

이 그건 또 무슨 말씀인지요?

김 노사모는 노무현이라는 개인에게 열광하기는 했지만 노무현이 속한 정당에는 큰 관심이 없었지요. 그게 문제였어요. 정치인은 정당인이에요. 그런데 대다수 한국인들이 정치인에 대해 갖는 관심은 엄밀히 말하자면 정당 활동을 하는 사람에 대한 관심이 아니라 정당과 무관하게 정치를 하고 있거나 할 수 있는 자연인에 대한 관심이에요. 정당과 아무 상관 없는 반기문 사무총장이나 황교안 국무총리가 대선 주자로서 관심을 끌 수 있었던 것도 다 그 때문이지요. 이런 현상은 좌우나 보수·진보를 막론하고 공통된 현상이에요. 엄밀하게 말하자면 아직 한국인은 본래 의미의 정치인이 아니라 정치적 명망가에 대한 관심이 많은 거지요.

지금과 같은 탄핵 국면에서 직접민주주의에 대한 관심이 커지는 것도 정치인에 대한 무관심과 동전의 앞뒷면처럼 같이 가는 거라고 저는 생각해요. 정당인으로서의 정치인이 보이지 않으니까, 아니 정치인들이 속한 정당에 아무런 기대도 하지 않으니까, 자꾸 정당이라는 매개 없이 또는 제도 정치를 애써 무시하고 무언가 시민이 직접 나랏일을 도모해 볼 수 없을까 하는 생각들을 하게 되는 거지요.

하지만 광장에 모인 시민들이 현실적으로 할 수 있는 일이 무엇이 있겠어요? 직접민주주의라는 것은 의사 결정의 규모가 커지면 커질수록 어려워지게 마련인데, 수십만 명이, 때로는 백만이 넘는 사람들이 무엇을 어떻게 할 수 있냐고요. 게다가 따지고 보면 그 직접민주주의라는 것도 여러 가지 의미에서 형편이 좋은 사람들이 먼저일 수밖에 없어요. 매주 토요일마다 광장에서 촛불을 드는 것도 최소한 그 시간에 매여서 일하지 않아도 되는 사람들에게 허락된 일이지요. 한두 번은 모를까 정규직이든 비정규직이든 생계를 위해 힘들게 일해야 하는 사람들에겐 분명히 부담이 되는 일이잖아요. 그래서 박근혜는 전경련 시켜서 돈을 주고 극우 데모를 지원하고 조직하게 한 것 아니겠어요? 하물며 만약 시민의회다 민중의회다 하면서 무언가 개방적인 직접민주주의를 위한 기구가 만들어진다면, 거기는 정말 아무나 참여할 수 있겠어요? 어차피 그것도 일정한 정원이 있을 수밖에 없을 텐데, 그게 상설 기구이고 임기가 정해져 있든 그렇지 않든지 간에, 그런 직접민주주의를 위한 기구 역시 이른바 유한계급에 속하는 명망가들이 다 장악하고 보통 사람들은 다시 소외될 것이 너무나 뻔하지요.

이　그래도 그런 열정이 나쁜 건 아니지 않습니까?

김　당연히 나쁜 게 아니죠. 나라에 대한 관심과 열정을 어떻게 나쁘다고 하겠어요? 저도 지금의 탄핵 국면에서 사람들이 보여주는 직접민주주의에 대한 어떤 동경이나 열망은 기성 정치에 대한 불신과 어떤 식으로든 정치에 참여하려는 적극적인 의지의 표현이라고 생각해요. 이런 마음가짐은 그 자체로서는 대단히 긍정적인 거지요. 기성 정치를 불신하는 것도 정당하고, 참여하려는 의지도 나무랄 일은 아니지요. 그러나 그 열정이 하나로 모이지 못한다면 결국 아무것도 이루지 못하고 허공에 흩어질 수밖에 없으니 안타까운 거예요.

이   직접민주주의라는 것이 시민의 에너지를 하나로 결집하기엔 한계가 있다는 말씀인가요?

김   방향이 잘못되어 있기 때문입니다. 아까의 예로 돌아가 병원 문턱이 높으면 사람들이 병원의 의료 체계를 개선하려 할 것 아닙니까? 만약 현행 의료 체계 내에서 의사들을 신뢰할 수 없다면, 한편으로는 그들을 불신하면서도 어떻게 하면 의사와 환자 사이에 신뢰를 회복할 수 있을지, 그 신뢰를 어떻게 제도적으로 조성할 수 있을지 그런 걸 고민할 것 아닙니까? 다시 말해 의사를 아무도 못 믿겠으니까 내가 직접 진료와 치료에 참여할 수 있는 자가의료 체계를 만들겠다고 나서는 사람은 없을 것 아니에요? 제 말은 정치도 똑같다는 겁니다.

이   그 비유에 따르면 정치는 나라의 병을 고치는 의술과 같겠군요.

김   그렇지요.

이   병원에 해당하는 건 뭡니까?

김   그게 정당입니다. 오늘날 한국 같은 거대 국가에서는 정당이야말로 시민이 정치에 지속적으로 참여할 수 있는 거의 유일한 매개체입니다. 그래서 나라가 정상이냐 아니냐, 얼마나 온전히 굴러가고 있느냐 아니냐를 보려면 다른 무엇보다 정당을 보지 않으면 안 됩니다. 흔히 교육에 대해 말할 때, 교육의 수준은 교사의 수준을 넘지 못한다는 말이 있잖아요. 정치의 수준도 정당의 수준을 넘지 못합니다. 아무리 훌륭한 정치인이 있다 하더라도 정당이 없으면 아무 소용이 없는 것이 현대 정치입니다. 그걸 지난 대선에서는 안철수 의원이 그리고 현재의 탄핵 국면에서는 반기문 전 유엔 사무총장이 잘 보여주었지요. 그들의 능력을 사람들이 어떻게 평가하든지 간에, 그 평가가 객관적으로 옳든 그르든지 간에, 그들이 정당과의 굳건한 결속 없이(그러니까 실질적으로는 정당과 무관하게) 자기들의 개인적 이미지나 평판으로 정치를 시작했을 때, 그들의 실패는 예정된 것이나 다름없습니다. 이런 사정은 박근혜 역시 마찬가지인데, 그는 정당과 굳건하게 결속해 있었으나 정당을 철저히 사유화함으로써 실패한 경우입니다. 마치 이익만을 위해 민영화된 병원이 마지막에 병원 구실을 할 수 없듯이, 정당 역시 개인의 이익을 위해 조직화되는 순간 정당이 아니라 영리 조직과 다름없는 붕당으로 전락하는 거지요.

그러니까 단순히 정당이 필요할 뿐만 아니라 제대로 된 정당이 필요합니다. 그럼에도 불구하고 이 명백한 이치를 깨닫지 못하고 지금도 사람들이 끊임없이 정당과 무관하게 정치를 하겠다고 나서는 것은 과대망상이라고밖에 판단할 수 없는 일입니다. 그런데 그런 명망가들이야 평생 그렇게 저 잘난 맛에 살아와서 그렇다 치더라도 지금과 같은 위기 상황에서 한국 정당의 근원적 개혁에 대해 염려하는 사람이 거의 없다는 것은 정말로 신기한 일입니다. 어쩌면 그렇게 정치적인 겨레가 이토록 정당에 무관심할 수 있습니까?

추측하건대 이번에 야당에서 정권을 되찾아오더라도, 누가 대통령이 되든 한국 사회는 노무현 정부의 한계를 넘지 못할 거예요. 그건 무슨 친노패권주의 때문이 아니고 지금 야당이 그 이상의 새로운 생각을 가지고 있지 않기 때문이에요. 그래서 박근혜를 통해 박정희의 한계를 지금 한국인들이 뼈저리게 깨닫듯이, 다음 정부를 통해 김대중과 노무현의 한계를 자각하게 되겠지요. 물론 그건 박정희의 한계와는 종류도 다르고(하나는 불법적인 권력이었고 다른 하나는 합법적인 것이었다는 점에서), 또 그 한계보다는 훨씬 더 확장된 한계임에는 틀림없지만 그 한계에 갇혀서는 결코 우리가 새로운 미래를 열 수 없다는 것도 냉혹한 진실이에요. 그 한계를 극복하려면 정당이 근본에서 쇄신되어야 합니다. 있는 정당을 바꾸든 새로운 정당을 만들든, 정당다운 정당을 만드는 것이 한국 정치의 진정한 도약을 위해 지금 우리 모두에게 주어진 시급한 과제예요.

이 그렇다면 선생님은 광장의 민의와 제도 정치 사이의 괴리를 좁히기 위해서도 결국 정당이 관건이라고 보시는 거군요. 그런데 거리의 정치를 불신하면서 제도권 정치나 정당정치를 활성화해야 한다고 말하는 정치학자들도 있는 걸로 알고 있습니다만, 그런 분들에 대해서는 어떻게 생각하십니까?

김　정당이 중요하다는 말이야 다 할 수 있습니다. 그런데 종종 그런 말은 광장의 정치적 에너지를 교묘하게 억압하는 수사로 쓰입니다. 좀 단순화해서 말하자면 처음 의도는 그게 아니었다 하더라도, 어차피 광장에서 촛불 들고 있어봤자 할 수 있는 일도 없으니까 나랏일은 여의도에 맡기고 너희는 그냥 집에 가라는 말과 결과적으로 같은 말이 되어버릴 수도 있는 거지요.

이　선생님의 입장은요?

김　집에 가라는 게 아니고 같이 만들어야 한다는 겁니다. 무슨 민중의회나 시민의회가 아니라 정당을 만들어야 한다는 게 제가 하고 싶은 말입니다. 기존의 정당에 들어가서 주체가 되든지, 그게 길이 아니라 생각하면 새로 만들든지, 광장의 에너지는 막연한 직접민주주의가 아니라 정당 형성으로 결집되어 나갈 때만 비로소 세상을 바꾸는 지속적인 힘이 된다는 거지요.

광장의 민의와 제도권 정치 사이의 괴리는 그냥 없앨 수 없습니다. 광화문에서 여의도 국회의사당으로 간다고 가정해보세요. 일단 이쪽과 저쪽을 통하게 해주는 길이 있어야 갈 수가 있겠지요. 그런데 가다 보면 그냥 걸어갈 수는 없는 강이 나옵니다. 그 강이란 일종의 구조적 단절이지요. 그때는 양쪽을 이어주는 다리가 있어야 오갈 수 있어요. 그 다리가 정당이에요. 우리가 아무리 투표를 하고, 촛불을 드는 것처럼 다른 종류의 정치적 실천을 한다 하더라도, 광장과 제도 정치 사이에는 여전히 건너야 할 넓은 강이 있는 거예요.

이　그건 왜 그렇습니까? 이 문맥에서는 비유가 아니라 개념적으로 설명을 해주시면 좋겠습니다.

김　그게 보편적인 것과 개별적인 것 사이의 괴리예요. 광장에 아무리 많은 사람들이 모인다 하더라도 그들은 고립된 개인들의 외적 결합에 지나지 않아요. 이런 개별자들이 아무리 많이 모이더라도 그 모임이 자동적으로 보다 높은 하나인 전체를 이루지 못합니다. 개별자들이 모여 보다 높은 하나를 이루기 위해서는 반드시 개별자와 보편자를 매개하는 매개체가 필요합니다. 정치에서는 그게 정당이지요.

그런데 사람에 따라서는 이런 매개를 거부하는 경우도 있습니다. 루소가 대표적인 사람인데, 그는 시민의 일반의지가 온전히 표현되고 실현되기 위해서는 개별적 시민과 일반의지 사이에 어떤 매개체도 없어야 한다고 보았지요. 이런 입장에 따르면 정당이란 일반의지를 정립하는 데서 매개가 아니라 일종의 방해물인 셈입니다. 하지만 루소의 생각은 도시국가에서나 가능한 상상일 뿐, 수천만 인구를 가진 거대 국가에서는 실현 불가능한 일이겠지요.

이   서로주체성의 이념에 비추어보면 어떻습니까?

김   그 경우에도 마찬가지입니다. 제가 『그리스 비극에 대한 편지』(2003)에서 정치를 "너와 내가 만나 우리가 되는 것"이라고 말하지 않았던가요? 국가는 그렇게 개별적 주체들이 만나 집단적 주체를 이룬 것을 말합니다. 그런데 만남이 허공에서 일어날 수는 없습니다. 너와 내가 만나기 위해서는 내가 너에게 가고 네가 나에게 올 수 있는 길이 있어야 합니다. 그 길은 나도 아니고 너도 아니고 너와 내가 만나 이룬 우리도 아닙니다. 길은 만남의 지평, 만남의 가능성의 조건으로서 너와 나 사이에 그리고 개별자와 보편자 사이에 열려 있는 거예요. 이런 의미에서 정당은 현대 국가에서 개별적 시민들을 서로 소통시키고 그들의 의지를 국가의 일반의지로 결집해주는 가장 중요한 길이자 매개체라고 할 수 있습니다.

이   다소 극단적인 가정이기는 하지만 광장에 대한민국 국민이 다 모이면 정당의 매개는 필요 없는 것 아닙니까?

김   마찬가지죠. 그들이 설령 박근혜 탄핵과 퇴진에 동의해서 모인

다 하더라도 그다음에 대해서는 생각이 같으리란 법이 없거든요. 물론 순전히 논리적 가능성으로서만 보자면 만 사람이 만 가지 일에 대해 모든 면에서 생각이 같은 상황을 배제할 수는 없겠지요. 그런데 설령 그런 경우라 하더라도 결과적으로 달라지는 것은 없습니다.

이 　왜 그렇습니까?

김 　만 사람이 만 가지 일을 마치 한 사람이 하듯이 똑같이 실행할 수는 없기 때문입니다. 그게 가능하다면 처음부터 만 사람이 만 사람이 아니고 한 사람이었겠죠. 이 문맥에서 저는 이제 개별적 주체성의 보편적 결집에서 한 걸음 더 나아가 결집된 일반의지의 수행에 대해서 주의를 환기하고 싶습니다. 우리가 서로주체성을 말할 때 밑으로부터 위로 보다 높은 하나의 주체성을 정립하는 측면도 고려해야 하지만, 동시에 그렇게 정립된 보다 높은 하나가 다시 아래로 작용하는 측면도 생각해야 합니다. 주체는 활동 가운데 존립하는데, 서로주체성 속에 결집된 일반의지는 이제 적극적 활동을 통해 수행될 때 비로소 현실적 의지가 되고, 그 속에서만 서로주체성도 현실적 주체성으로 나타나게 되는 거지요.

그런데 이런 사정은 우리가 직접민주주의적인 정치형태를 말할 때도 마찬가지로 고려되어야 합니다. 진정한 의미에서의 직접민주주의 또는 민중의 직접적 통치가 무엇인가요? 그것은 스스로 결정하고 스스로 복종하며 마지막에는 스스로 실행하고 스스로 책임진다는 것을 의미합니다. 그렇지 않고 오직 결정만 스스로 하고, 스스로 결정한 일에 대해 따르지도 않으면, 더 나아가 결정된 일을 실행하지도 않는다면 결국 남는 것은 무책임한 의견들의 분출과 대립밖에 없을 것입니다. 앞서 우리가 직접민주주의의 약점으로 전문성의 결핍을 말했습니다만, 여기서 우리는 직접민주주의의 또 다른 한계로서 무책임성을 언급할 수 있겠지요.

이 　직접민주주의의 무책임성이라고요?

김 　네. 너무도 많은 사람들이 민주주의를 단지 의견 개진이나 의사결정의 자유로만 이해합니다. 그런데 직접민주주의를 통해 우리가 개별적 주체들의 의지를 일반의지로 수렴해낼 수 있다고 가정하더라도, 그렇게 결집된 일반의지를 누가 어떻게 수행하느냐의 문제는 여전히 남습니다. 이것은 비단 국가뿐만 아니라 다른 모든 단체나 조직의 경우에도 마찬가지인데, 어떤 조직 내에서 회의를 하고 의사 결정을 하는 것은 어떤 일을 하기 위해서입니다. 그런데 의사 결정과 결정된 사항의 실행이 분리된다면 그것은 직접민주주의의 실천이라 할 수 없습니다. 그런 조직은 그때부터 직접민주주의적 통치가 아니라 관료제에 의거해 운영되는 거지요. 크고 작은 시민단체에서도 상근자가 있고 좀 더 규모가 커지면 사무처가 만들어지고 하는 것이 모두 일종의 관료제지요. 이것은 모든 회원이 아무리 동등한 자격으로 의견을 제시할 수 있다 해서 자기가 제시한 의견을 자기 스스로 실행하고 책임질 수 없기 때문에 비롯되는 불가피한 결과입니다. 원칙적으로 말해, 우리가 정말로 온전한 의미에서 직접민주주의를 입에 올릴 수 있으려면, 의견의 제시뿐만 아니라 실행에서도 모두가 똑같이 참여하지 않으면 안 됩니다. 이게 현실적으로 불가능하다면 어떤 조직 내에서 모두가 모든 일에 대해 의견을 개진하더라도, 그 의견의 효력은 그가 스스로 수행하고 책임지는 일의 범위를 넘어서는 것이어서는 안 됩니다. 그걸 인정하지 않고 또 실천할 수 없는 경우에 직접민주주의란 십중팔구 전반적 무책임성을 벗어날 수 없을 거예요.

    기왕 관료제 얘기가 나왔으니 다시 국가로 돌아가서, 여기서 우리는 관료제가 나쁘다는 편견도 잠시 내려놓을 필요가 있겠는데, 국민의 의사가 하나로 결집되는 과정을 매개하는 것이 대의제라면, 그 결집된 의사의 집행을 대신하는 것이 관료 기구입니다. 모든 국민이 한 사람처럼 의사 결정을 하고 결정된 것을 실행할 수 없는 한, 대의제도 관료제도 불가피한 것입니다. 그래서 정말로 우리가 이상적인 나라를 원한다면 관료제를 무조건 비판하기만 할 것이 아니고 그것이 민의에 따라 작동하도록 제도적으로 설계해야 돼요. 사실은 좋은 나라는 좋은 정당과 함께 훌륭한 관료 체계에 의해 유지되는 거예요. 그동안 우리는 정당도 관료도 제구실을 못한 편이라 매사에 시민이 부패하고 폭력적인 국가권력과 직접 부딪쳐 싸우지 않으면 안 되었지만, 이젠 한 단계 성숙한 나라를 만들기 위해 정당과 관료 제도를 쇄신할 필요가 있어요.

그런데 이야기를 좀 정리하자면 여기서도 순서가 있는데, 관료 제도를 쇄신하든 더 근본적으로 헌법을 고치든, 아니면 나라의 다른 어떤 개혁을 위해서든 지금 국면에서 우리가 가장 관심을 가져야 할 으뜸가는 과제는 좋은 정당을 만드는 일이에요. 정당이란 한마디로 말해 시민의 대리인입니다. 시민은 정당이라는 대리인을 통해 민의를 결집하고 또 그렇게 결집된 민의가 국가기구를 통해 실행되도록 영향력을 행사하는 거지요. 여기서도 당연히 '대리인 비용'(agent costs)이라고 하는 것이 발생하겠지만, 그 대리인 비용을 줄이기 위해 우리가 할 일은 내가 스스로 좋은 대리인이 되거나, 아니면 좋은 대리인을 양성하여 그 대리인을 잘 다루고 잘 감시하는 일이지, 대리인 없이 국민들 본인이 나랏일을 직접 수행하자고 나설 일은 아니라는 거예요.

말을 해놓고 보니 제가 무슨 직접민주주의에 대해 반감이라도 가진 사람처럼 보일지 모르겠습니다만, 정당에 대한 무관심이 너무 답답해서 좀 강조해 말씀드린다는 게 그렇게 되었군요. 아무튼 정당에 대해서는 기본적인 이야기는 한 것 같으니 이 정도로 해둘까요?

남북 분단과 정당정치의 파행

이 　처음 이야기를 시작할 때는 저도 정당에 대해서는 그렇게 큰 관심은 없었는데, 듣고 보니 이것이 얼마나 중요한 문제인지 공감이 될 뿐만 아니라 갑자기 새로운 의문이 여러 가지 생겨납니다. 선생님은 정당이 너와 나를 만나게 해주는 길과 매개가 된다고 말씀하셨는데, 현실에서는 도리어 정당이 너와 나를 대립하게 하는 장벽이 되는 경우가 많지 않습니까?

김 　맞습니다. 그런데 그건 병원이 치유가 아니라 감염의 장소가 되기도 하는 것과 같습니다. 하지만 아무리 그렇다고 해서 병원을 없애자고 할 수는 없지 않습니까. 그러니까 정당의 경우에도 우리가 할 일은 온전한 정당을 만들고 그게 제구실을 하도록 북돋우는 것이지, 정당 없는 정치를 추구하는 것은 아니라고 생각합니다.

이 　그건 이제 저도 충분히 이해하고 동의하겠습니다. 그런데 제가 다시 정당에 의한 배제를 거론한 까닭은 정당의 일반적 성격 때문이라기보다 한국의 정치적 상황에서 그런 특징이 많이 나타나지 않는가 하는 생각이 들기 때문입니다. 그러니까 한국의 정당들이 선생님 말씀처럼 민의를 결집하는 기능이 아니라 도리어 내부의 분열을 조장하고 적대성을 증폭하는 구실을 하는 것이 아닌가 싶은 생각이 드는 거지요. 야당에 대해 말씀하실 때, 한국의 야당들이 특별한 생각의 차이도 없으면서 나뉘어 있다고 하셨는데, 비단 야당뿐만 아니라 전체적으로 정당의 지형을 보면 나뉘어 있어야 할 필연적 이유가 없는 상태에서 나뉘어서 단지 분열을 위한 분열을 확대 재생산하고 있는 것이 아닌가 싶은 생각이 드는데, 제가 너무 과민한 건지, 아니면 선생님 생각은 어떠신지 모르겠습니다.

김 　정확한 지적입니다. 실은 그것이야말로 지금 우리 사회가 극복해야 할 근본적인 정치적 과제라고 말할 수 있을 거예요. 정당에 대해 처음 말을 꺼냈을 때는 정당의 중요성에 대해 주의를 환기하는 정도로만 언급하고 넘어가려 했더니, 이렇게 발목이 잡혀버리는군요. 사실은 이 문제는 생각보다 심각한 것인데, 한국 정치의 근원적 모순에 맞닿아 있는 것이라 해결하기도 정말로 어렵지만, 어떤 식으로든 해결하지 않으면 사실 우리 사회의 정상적인 정치 발전은 불가능하다 해도 과언이 아닙니다. 그만큼 중요한 문제지요.

이　제가 말을 꺼내기를 잘했군요. 그럼 구체적으로 무엇이, 왜 문제인지 이제 선생님께서 설명을 좀 해주시죠. 왜 한국에서는 정당이 통합과 매개의 장치가 아니라 정반대로 배제와 분열의 확대 재생산 장치가 되는 겁니까?

김　한마디로 분단 상황 때문입니다. 그 때문에 한국의 정당은 본질적으로 선의의 경쟁이 아니라 적대적 투쟁의 전선에 서게 되는 거지요.

이　분단이 한국 정당의 지형을 근본에서 규정한다는 말씀인가요?

김　바로 그겁니다. 어느 나라에서나 정당이 나뉘어 있는 것은 현실이 나뉘어 있기 때문입니다. 한 국가의 구성원들이 모든 면에서 동질적이라면 정당의 분리는 일어나지 않았겠죠. 정당은 현실의 대립을 반영하고 대변하기도 하지만 동시에 그 대립을 조정하는 역할도 하지요. 그게 정치니까요. 만약 대립이 어떤 방식으로도 타협이나 조정에 이를 수 없다면, 그런 경우 대립은 정치적 대립이라기보다는 전쟁 상태라고 보아야겠지요.

그런데 만약 한국이 분단되지 않은 통일국가였더라면 여러 정당들을 낳는 현실의 대립이 내부적인 대립이었을 겁니다. 마찬가지로 그 대립을 조정하고 타협하는 것 역시 내부적인 정치 행위를 통해 수행되었겠지요. 하지만 한국이 분단국가다 보니까, 정치가 내부적인 대립과 타협의 과정이 되지 못하고, 외부적 대립에 의해 규정되고 좌우되는 거예요. 다시 말해 외부적 대립 구도가 내부적으로 투사되는 거지요.

그런데 외부적 대립은 더도 덜도 아니고 전쟁 상태거든요. 지금 남북은 잠깐 무기를 내려놓았다는 의미에서 휴전 상태에 있는 것일 뿐, 두 나라가 평화적으로 공존하는 건 아니란 말입니다. 전쟁의 목적은 상대를 파괴하고 굴복시키는 거니까 남북은 서로 간에 상시적인 적대적 부정과 파괴의 위협 아래 있는 거지요. 그렇다면 이 근본적 대립 구도 속에서 자기를 지키려는 의지가 결집되는 것은 너무도 당연한 일 아니겠어요? 그렇지 않을 경우에는 자기 자신의 존재 자체가 불가능할 테니까요.

이   그것까지는 이해하겠습니다만, 외부의 적에 대해 자기를 지키려는 의지가 어떻게 내부적 대립으로 전환되는 겁니까?

김   그 전환은 두 가지 방식으로 일어날 수 있습니다. 하나는 실제로 적이 내부에 존재하는 경우입니다. 특히 분단 상황은 자기 내부에서의 분열이기 때문에 적과 동지가 외적으로만 대립하는 것이 아니고 동시에 내적으로도 대립하게 됩니다. 따지고 보면 대한민국의 헌법에 따르면 북한 영토와 주민도 한국의 내부이고 내부인인 데다가, 남한과 북한이 물리적으로는 서로 외부적으로 대립하는 타자라고 하더라도, 정신적으로는 서로 얼마든지 삼투할 수 있고 또 서로 그런 정신적 승리를 위해 투쟁하기 때문입니다. 휴전선에서 확성기 틀어놓고 서로 비방하는 것은 남북의 대립이 본질적으로는 정신의 자기 내적 대립이기 때문이지요.

우리는 이처럼 자기 내부에서 다시 자기와 타자가 적대적으로 대립하는 것을 함석헌처럼 현대 국가에 보편적인 이데올로기적 분열로 파악할 수도 있겠습니다. 함석헌에 따르면 우리 시대는 국가의 경계를 넘어 더 큰 전체를 지향하기 시작한 시대인데, 이데올로기는 국가를 초월하여 국가를 규정하는 전체의 표상이라는 것입니다. 비록 근대적 국가라는 것도(예를 들면 프랑스혁명의 자유, 평등, 형제애의 이념처럼) 무언가 정신적인 가치 위에 세워진 것이기는 하지만, 현실적으로는 인종적인 토대 위에 세워진 것이지요. 유럽의 국가들은 말할 것도 없고, 미국조차 백인들이 아메리카 원주민들을 배제하고 세웠던 나라니까요. 그런 까닭에 근대국가는 그 표방하는 이념의 보편성에도 불구하고, 그 자체로서는 서로 대립하고 경쟁하는 개별자들이었던 거지요. 그런데 19세기 이후 우리 시대에 이르기까지 인류는 다시 그 한계를 넘어 보다 보편적이고 정신적인 인류 공동체를 향해 발돋움하기 시작했다는 것이 함석헌의 통찰이었습니다. 보다 보편적 만남을 지향하는 것이 인간의 근원적 욕구니까요.

그런데 개별적인 국민국가를 넘어 보편적인 인류 공동체를 지향하려면 그 보편적 공동체를 상상할 수 있어야 하지 않겠어요? 그러니까 이데올로기란 그런 보편적 공동체의 모습을 우리에게 알려주는 이념이라는 거지요. 사회주의나 공산주의의 이념도 자본주의나 자유주의의 이념도 모두 국민국가의 경계를 초월하여 그려볼 수 있는 그런 보편적 세계의 형상화인 거예요. 그런데 엄밀하게 말하자면 사회주의적 세계도 자본주의적 세계도 아직 현실로서 주어진 전체는 아니에요. 그런 한에서 그건 관념의 영역, 정신의 영역인 거지요. 하지만 인간이 그런 정신적 이념에 따라 행위하는 한에서 관념은 다시 현실을 규정하는 실제적인 힘이 되는데, 그 보편적 세계에 대한 관념이 하나가 아니고 둘 또는 여럿일 경우 그런 관념들은 단순히 현실에 영향을 미칠 뿐만 아니라 현실적으로 존재하는 국가를 보이지 않는 정신적 대립을 통해 분단시키게 된다는 거예요.

그런데 여기까지는 세상 모든 나라들이 비슷하게 처한 상황이라고 말할 수 있어요. 요즘 트럼프에 의해 분열상을 보이고 있는 미국도 따지고 보면 그런 경우라 할 수 있죠. 테러와 난민으로 몸살을 앓는 유럽도 비슷하고요. 그냥 미국만이 문제라면 누군들 안전한 미국을 바라지 않겠어요? 하지만 세계가 문제되는 순간 이야기가 달라지는 거죠. 어떤 세계를 원하느냐에 따라 외국인에게 문을 어떻게 열고 닫을 것이냐가 달라지거든요.

그런데 여기서 그건 접어두고 다시 우리의 문제로 돌아와서 만약 한국이 처음부터 근대적인 국민국가 건설에 성공한 나라였더라면 아무리 이데올로기적인 원심력이 강하더라도 그것 때문에 나라가 둘로 갈라질 일은 없었을 거예요. 19세기 말과 20세기 초 독일에서 아무리 사회주의 운동이 강렬하게 일어났다 하더라도 그것 때문에 독일이 분단되지는 않았던 것처럼, 오늘날 프랑스인들이 난민이나 테러에 대한 입장이 내부적으로 대립된다 해서 그 때문에 나라를 둘로 쪼개자고 나서지는 않겠죠. 우리도 마찬가지였을 거예요.

그런데 우리는 그런 국가를 가져본 적이 없어요. 지리적으로 같은 공간에서 살아왔고 인종적으로 단일민족이라 부를 수 있을 만큼 동질성을 유지해왔음에도 불구하고, 정치적 의미에서 우리는 하나의 겨레였던 적도 없었으며 이 나라가 우리 모두의 나라였던 적도 없어요. 이 나라는 그저 지배계급 그들만의 나라였고, 국가란 합법적 수탈 기구였을 뿐이죠. 이건 마르크스류의 국가 일반에 대한 비판적 관점과는 별개로, 앞서도 말씀드린 대로 국가의 주권을 처음부터 포기하고 사대주의를 선택한 한국에서만 볼 수 있는 지극히 특수한 현상이에요. 그런 나라니까 당연히 결속력이 떨어질 수밖에 없지요. 그런 결속력의 약화가 하필 제국주의 침략과 맞물려 식민 지배를 불러왔고, 해방된 뒤에는 국민국가의 건설 자체가 이데올로기적 대립에 의해 좌절되어버린 거지요. 함석헌의 표현에 따르면, 오늘날 지표 아래서 보이지 않게 모든 나라를 분단시키고 있는 이데올로기적 대립이, 한국처럼 땅거죽 자체가 연약한 나라를 아예 찢어버렸다는 거예요.

이 그건 단순히 정신적 이데올로기뿐만 아니라 외세의 실질적 개입 때문이라고 말해야 할 일 아닙니까?

김 당연히 외세에도 책임이 있지요. 그러나 우리 내부의 취약함이 없었더라면 그렇게 속절없이 당하지는 않았을 거예요. 돌이켜보면 해방이 되고 미군과 소련군이 한반도에 들어오기 전에, 1927년에 좌우합작으로 창립된 신간회가 1931년에 해체된 뒤에 우리는 민족이 전체로서 하나가 되어 일제에 저항하지 못했어요. 1929년의 광주학생운동이 마지막 몸부림이었지요. 이게 광주에서 시작되어 광주 이름이 붙어 있는데, 실은 전국적 운동이었거든요. 그런데 그 후 다시는 그런 보편적 봉기는 일어나지 않았죠. 저는 그 이유가 딱히 한국인이 일본의 지배에 적응했다거나 아니면 일본의 통치가 더 악랄해져서 저항하는 것이 불가능해졌기 때문이라고 생각하지 않아요. 억압받는 인간이 저항이 가능하다고 저항하고 가능하지 않다고 저항하지 않는 건 아니거든요. 도리어 억압이 강하면 저항도 강해졌던 게 이 나라의 민중항쟁의 문법이에요.

이　　그렇다면 왜 그 뒤 해방될 때까지 많은 지식인들이 변절하고 민중은 침묵하면서 시대가 암흑 속에 빠져버린 겁니까?

김　　그건 겨레의 마음이 분단되어버렸기 때문이에요. 온갖 어려움을 이기고 신사참배를 거부했던 기독교인들의 신앙과 풍찬노숙하면서 무장 독립운동을 하던 공산주의자들의 이념이 하나의 마음으로 모이지 못했기 때문이지요. 신앙과 이념의 종이 되어버려 각자 자기의 근본주의 교리 속에 갇혀버린 거예요. 민족이 먼저였더라면 신사참배를 거부하는 기독교인들을 공산주의자들이 존경하지 않을 수 없고, 거꾸로 그런 기독교인의 입장에서는 자기들에게 신사참배를 강요하는 일제와 타협 없이 싸우는 공산주의자들을 존경하지 않을 수 없었을 테지만, 그들은 모두 민족보다 낡은 신앙과 추상적 이념이 더 중요했던 거예요. 이 점에서 우리가 실패한 거죠. 해방 후 좌우의 대립과 남북의 대립은 오래전부터 배양되어온 그 분단의 연장선에서 이해해야 돼요. 미국과 소련, 기독교적 세계와 공산주의적 세계의 대립은 이미 해방 오래전부터 시작된 일로서, 남북 분단은 오래전에 시작된 그 마음의 분단의 결산이지 결코 느닷없는 시작이 아니었던 거죠.

이 점에 관해서 볼 때 베트남은 우리의 반면교사인데, 제2차 세계대전 후 베트남이 독립을 선언한 뒤 다시 외세가 들어와 그 나라를 분단시켰을 때, 베트남 사람들은 내부의 분열을 극복하고 외세와 싸워 기어이 통일을 이루었지만, 우리는 해방 이후 외세가 개입하기 시작한 뒤부터 도리어 더욱더 극단적인 분열로 치달았던 거잖아요. 당시 베트남에서도 불교와 가톨릭 같은 종교적 세계관에서부터 시작해 프랑스를 통해 이식된 근대 계몽주의적 세계관은 물론이고, 정반대로 과거 봉건 왕조의 후예와 그 추종자들, 그리고 20세기 들어 새로이 등장한 공산주의 운동의 다양한 세력들이 무지개처럼 펼쳐져 있었어요. 게다가 베트남은 수십 개의 민족으로 이루어진 다민족국가예요. 하지만 그들은 무엇이 더 중요하고 덜 중요한지를 알았던 사람들이에요. 그래서 그 모든 잠재적 대립상에도 불구하고 나라 전체의 자유와 독립의 깃발 아래 단결할 줄 알았지요. 그 덕분에 호치민(Ho Chi Minh)은 전쟁을 하기 전에 이미 국민의 마음을 먼저 얻을 수 있었고, 그에 대한 보답으로 그는 누구도 배제하지 않았지요. 오죽하면 옛 황제에게까지도 신하의 예를 갖추어 대했답니다. 명색이 사회주의자가. 그 정도로 모든 사람들 앞에서 자기를 낮추었으니 호치민은 마음으로는 다 통일을 해두고 현실의 통일을 방해하는 외세하고만 싸울 수 있었던 거지요. 그러니 결국 이길 수밖에요. 그런데 김일성도 이승만도 민중의 마음은 하나로 모으지 못하면서 힘으로만 굴복시켜 하나를 만들려고 한 거예요. 그러니 어떻게 통일이 되겠어요?

이   그렇군요. 그럼 다시 우리 문제로 돌아와 한반도의 분단이 정당정치를 어떻게 왜곡하는지에 대해 말씀해주시지요.

김   우선 남과 북이 전투를 벌이지만 않을 뿐 서로를 부정하는 관계에 있으니까, 적의 공격으로부터 자기를 지키고 보존하는 것이 다른 모든 정치적 관심에 앞서는 첫 번째 관심이 될 수밖에 없겠지요. 그런데 자기 보존이 문제가 되는 까닭이 내부의 취약함 때문이 아니고 외부의 공격 때문이니까, 자기 보존의 의지는 자동적으로 외부의 적의 부정 및 파괴의 의지와 같아지게 되지요. 여기서 남한의 첫 번째 정치 세력의 성격이 본질적으로 정립되는데, 그것이 반공 세력이에요.

그런데 여기서 우리가 오해하지 말아야 할 것이 하나 있는데, 지금 우리 사회에서 그 반공 세력이란 것이 과거 4·3사건 당시에 제주에서 악명을 떨쳤던 서북청년단처럼 무슨 특정한 집단을 가리키는 게 아니라는 거예요.

이   그럼 어떤 의미에서 그걸 반공 세력이라 부르신 겁니까?

김   그래서 제가 굳이 '본질적' 성격이라고 표현했잖아요. 제가 지금 문맥에서 말한 반공 세력이란 우리 모두의 마음속에서 우리를 움직이는 정신적 힘이에요. 그게 혼자만의 일이 아니니까 세력인 거예요.

이　그렇다면 선생님이나 저도 어떤 의미에서는 반공 세력에 속한다는 뜻입니까?

김　당연히 그렇지 않나요? 아니었더라면, 지금 우리가 왜 여기 남쪽에 살고 있겠어요? 누가 말리는 사람도 없는데, 헬조선 버리고 북으로 다 넘어가지 않았겠어요? 혹시 이 선생 독일 통일 때 태어났던가요?

이　저는 그 무렵에 태어났습니다만, 여기 같이 있는 친구들은 대부분 그 후에 태어난 사람들인 줄 압니다.

김　독일이 정식으로 통일된 게 1990년 10월 3일이었습니다. 그런데 돌이켜보면 통일은 1989년 5월 2일에 시작되었다고 말할 수 있어요.

이　무슨 일이 있었습니까?

김　고르바초프가 소련 공산당 서기장이 되고 나서 동구권 국가들에 대한 소련의 통제가 느슨해진 틈을 타 헝가리가 처음으로 서방에 국경을 개방한 날이 그날입니다. 가고 싶으면 가라고 문을 열어준 거지요.

이　헝가리의 국경 개방이 독일 통일과 무슨 상관이 있었습니까?

김　동서독의 분단이 고착된 게 1961년부터였습니다. 그 전까지는 어느 정도 자유로운 왕래가 가능했어요. 그런데 동독 사람들이 자꾸 서독으로 가서 돌아오지 않으니까, 그해에 동독에서 장벽을 쌓았지요. 그 장벽을 넘다가 수많은 사람들이 사살되는 역사가 그렇게 시작되었어요. 그게 1989년까지 이어졌던 거예요. 하지만 서쪽으로는 못 넘어가도 동쪽의 사회주의 형제 국가로는 여행이 가능했거든요. 그런데 그 동구권 국가 가운데서 오스트리아와 국경을 마주하고 있던 헝가리가 문을 열어버린 거지요.

이　그래서 동독 주민들이 그 문을 통해 서쪽으로 밀려갔다는 겁니까?

김　말하자면 그런 거지요. 처음엔 헝가리 및 다른 동구권 국가들에 주재하던 서독 대사관에 동독 주민들이 밀려든 것이 시작이었는데, 동독 정부로서는 그걸 막을 수 있는 방법이 없었어요. 만약 북한의 이른바 공산주의 체제가 남한에 비해 우월하다면 우리도 마음만 먹으면 중국을 통해 북한으로 들어갈 수 있잖아요. 어차피 남도 조국이고 북도 조국인데, 이 역겨운 '헬조선'이 뭐가 그리 좋아 껴안고 살겠어요? 그리고 우리가 북한으로 넘어가기 시작하면 남한 체제가 붕괴하는 건 시간문제가 될 거고, 동서독처럼 머지않아 통일이 될 테니 일석이조 아니에요? 그런데 우리 모두 그 가능성은 전혀 고려하지 않잖아요. 그게 우리 마음속의 반공 세력이라는 말이에요.

이 마음속의 반공 세력이 현실 속에 나타난 것이 한국의 이른바 보수정당이에요. 이름을 뭐라고 걸든, 남한을 북한의 공산주의의 위협으로부터 지키겠다는 것이 이 정당이 내거는 첫 번째 대의라고 할 수 있죠. 그리고 이 대의는 남한 주민들이 북으로 탈주할 생각이 전혀 없기 때문에 남쪽에 살고 있는 한에서 객관적 정당성을 지니고 있는 거지요.

이 그렇다면 어디서부터 문제가 시작되는 것입니까?

김 마음속의 자기 보존의 의지로서 반공 의식은 적어도 자기가 스스로 원해서 북으로 탈주하지 않고 남한에 살고 있는 사람들 모두에게 타당한 일종의 일반의지라고 말할 수 있겠습니다. 그리고 그 보편적인 일반의지가 자기 보존을 지향한다 할 때, 보존하려는 그 '자기'도 어떤 특정한 무리가 아니라 남쪽에 살고 있는 우리 모두를 의미하는 것이겠지요. 그런데 그 일반의지가 정당의 형태를 띠고 현실 속에서 나타날 경우에는 사물화되고 개별화된 모든 존재가 그렇듯이 그 정당도 정해진 외연, 곧 테두리에 의해 제한되게 마련입니다. 바로 여기서 그 반공을 표방하는 보수정당 스스로가 남한 국민의 일부로서 전체의 일반의지를 대변하는 대리인임을 분명히 자각하고 자기 자신 또는 자기가 속한 정치 세력을 그 자체로서 국민 전체와 동일시하지 않을 때는 문제가 없지만, 만약 이 정당이 자기를 국가 또는 국민 공동체 전체와 동일시하게 되면 이로부터 전혀 새로운 적대적 대립이 내부에서 조성되는 거지요.

이　　실은 이해가 갈 것 같으면서 이해가 되지 않는 것이 있습니다. 말씀하신 대로 남한 주민 모두가 남한에 살고 있다는 것은 자동적으로 북한이 아니라 남한의 체제를 스스로 선택했다고 말할 수 있는데, 보수정당이 반공이나 안보를 제1의 정치적 관심사로 내세우는 것이 왜 내부의 적대적 대립을 초래하는 것인가요?

김　　그건 모두의 관심사를 자기들만의 관심사로 전유하고 독점하기 때문이겠지요. 예를 들면 지금도 탄핵 국면에서 옛 새누리당, 그러니까 자유한국당은 말할 것도 없고 탄핵에 찬성한다는 바른정당조차 마치 야당은 안보관에 문제가 있는 정당인 것처럼 말하지 않습니까? 이것은 북한의 위협으로부터 남한을 보존하는 과제를 이른바 보수정당이 독점하겠다는 욕망의 표출이지요. 그런데 이것이 나라를 지키겠다는 애국심의 표현이라면 정말 좋겠는데, 그게 아니어서 문제입니다. 모든 문제가 이제 여기서부터 시작되는 거지요.

이　　저도 이른바 보수 세력이 별로 애국심이 없는 사람들이라는 것을 느낌으로는 알고 있습니다만, 설명하기는 어렵더라고요. 맨날 태극기를 들고 나오는 사람들인데, 왜 애국심은 없는 건가요?

김　　외부의 위협으로부터의 자기 보존이라는 과제를 자기 혼자서만 독점하겠다는 것은 실은 그걸 포기하겠다는 것과 똑같습니다. 그래서 문제입니다.

이　　그건 또 왜 그렇습니까? 좋게 생각하자면 나라를 지키겠다는 열정의 표현일 수도 있지 않나요?

김　　하나의 단체와 조직이 타자와의 적대적 대립 속에 있을 때 그 구성원이 혼자서 그 조직을 지킬 수 있습니까? 만약 그렇게 생각한다면 그건 자기와 남을 속이는 거 아닌가요? 가능하면 많은 사람이 같이 싸우면 싸울수록 자기를 더 잘 지킬 수 있겠지요?

이　　지당한 말씀입니다.

김　　그런데 한국의 보수정당이 보여주는 행태가 바로 나라를 자기 혼자서만 지킬 수 있다는 거예요. 그래서 남들은 다 자기들이 하라는 대로 따라야만 나라를 지키게 된다는 겁니다. 마치 의사가 자기 말을 들어야 환자가 나을 수 있다고 주장하는 것과 같습니다. 그런데 의사의 경우에는 그런 주장이 정당성이 있지만, 보수정당이 한국의 안보를 자기들만 책임질 수 있다고 강변하는 건 아무런 정당성도 없는 거지요.

이 　자기 자신이 병역을 필하지 않은 것은 물론이고 자기 자식들도 군대를 보내지 않는 사람들이 가장 많은 정당에서 자기들만 안보를 책임질 수 있다고 주장하는 것은 아무래도 좀 우스운 일입니다.

김 　그런데 더 심각한 문제는 이른바 보수정당이 자기들만 안보를 책임져야 되고, 그런 까닭에 야당에는 나라를 맡길 수 없다고 국민을 선동하기 시작하면서, 이걸 자기들만 권력을 장악해야 하는 이유로 삼는 거예요. 그러면서 국가 안보를 자기들의 권력 유지와 동일한 문제로 만들어버리지요. 그럼 이것이 독재의 시작인 거예요. 그리고 거기 반대하거나 저항하는 사람들을 폭력적으로 억압하기 시작하면, 그게 국가 폭력인 거고. 그런데 국가가 폭력을 행사하려면 그럴듯한 이유가 있어야 되니까, 폭력국가는 반드시 국가 폭력에 저항하는 시민을 외부의 적과 내통하는 내부의 적으로 규정하게 되지요. 그래서 무차별한 종북몰이가 시작되는 거예요.

그런데 이런 식으로 외부적 위협을 핑계삼아 내부에서 계속 우리와 남을 적대적으로 나누기 시작한다면, 외부의 위협으로부터 스스로를 지킬 수 있겠어요? 모두가 단결해서 싸워도 쉽지 않은데.

이 　당연히 어려운 일이겠지요. 그런데 한국의 보수정당은 왜 입으로는 안보를 내세우면서 내부적인 단결과 결속을 스스로 거부하는 것입니까?

김 　그들이 나라의 안보에 관심이 없기 때문이에요. 정말로 나라를 지키는 일이나, 더 나아가 상대방을 어떤 식으로든 극복해서 다시 통일을 이루는 일에 관심이 있었더라면 그렇게 할 수 없죠. 그들이 지키고 싶은 건 나라가 아니고 그들의 권력이에요. 그런 까닭에 안보의 문제를 독점하려는 거지요. 자기들만 안보에 관심 있고 자기들만 안보를 책임질 수 있다고 계속 선전하고 선동하기 시작하면 자기들에 속하지 않는 정치 세력은 모두 안보를 무시하고 위태롭게 하는 집단으로 낙인을 찍을 수 있거든요. 그런데 나라의 안보를 위태롭게 하는 집단이 뭐겠어요? 적이잖아요. 그리고 적은 대화가 아니라 투쟁과 파괴의 대상일 뿐이잖아요. 죽여도 되는 대상이 되는 거죠. 이게 단순히 정당들 사이의 대립에서만 그치지 않아서 더 문제인데, 이를테면 5·18을 두고 지만원 씨 같은 사람이 북한 군대가 일으킨 사건이라고 주장하는 까닭도 그거예요. 북한 특수부대의 난동이었으니까 계엄군이 발포한 것도 정당하다는 논리거든요. 지금 촛불집회에 대해서도 북한의 공작원이 개입되었다는 식의 선전 선동이 나오는 것도 같은 논리예요. 그런 식으로 자기들의 불의한 권력 행사에 저항하는 시민들을 적으로 만들어내는 거지요. 그러면서 그들은 적이니까 죽여도 된다는 거고요. 그런데 북한은 계속 핵무장의 길로 나아가면서 사정거리가 더 긴 미사일을 개발하고 있는데, 이런 식으로 내부를 분열시키는 것이 안보에 무슨 도움이 되겠어요. 그들이 조금이라도 안보에 관심을 가지고 있는 자들이라면 박근혜 빨리 탄핵해서 국가를 정상적인 궤도에 다시 올려놓자고 했겠지만, 자기들 권력에만 집착하는 자들이니 안보야 사실 어떻게 되든 상관없는 거죠.

　이　아무리 그렇더라도 남한이 무너지면 그 사람들도 무사하지는 못할 것 아닙니까?

　김　바로 그래서 미국에 매달리는 거예요. 남한의 보수 세력은 자기 스스로 나라를 지키려는 의지는 이미 수십 년 전부터 포기한 자들이에요. 세상에 어떤 나라에서 전·현직 국방장관들이 전시작전통제권 반환을 집단적으로 반대한답니까? 한국 보수 세력의 안보관은 모든 국민이 단결하여 스스로 나라를 지키자는 것이 아니고, 그냥 미국에 안보를 떠넘기는 거예요. 그렇게 하려면 미국에 이권을 넘겨줘야지요. 그래서 무기 사달라면 사주고, 해군기지 건설하라면 건설하고, 사드 배치하라면 배치하는 거예요. 그렇게만 하면 미국이 한국을 포기할 수 없고, 한국 내에서 미국의 이익을 충실하게 대변하는 이른바 보수 세력을 지켜줄 거라고 믿는 거지요. 또 실제로 그래왔고요. 그래서 지금과 같은 국정 공백 상황에서도 국방부는 사드 배치를 서두르고, 보수 단체들은 시청 앞에서 대형 성조기를 펼치는 거예요. 말이 나왔으니 덧붙이자면, 탄핵 반대 집회에 당장이라도 전쟁을 해야 할 듯이 선동하는 사람들 가운데 많은 사람들이 전쟁 나면 언제라도 미국으로 도망갈 수 있는 준비를 다 해놓은 자들이라고 보면 틀림없어요. 미국 비자, 미국 은행, 미국 주소. 그런 까닭에 당장 전쟁이라도 해서 북한을 무너뜨려야 할 것처럼 선동할 수 있지요. 전쟁 나면 앉아서 꼼짝 없이 죽어 나갈 보통 사람들이라면 절대로 할 수 없는 선동을 하는 게 모두 도망갈 궁리가 다 되어 있기 때문이에요.

우리가 지금 한반도의 분단과 여기서 비롯되는 한국의 정당정치의 파행에 대해 이야기하고 있는데, 요약하자면 한국에 참된 의미의 보수 정당이 없어요. 보수는 자기 보존 하자는 건데, 이 나라에 있는 보수 집단이란 참된 자기 보존 세력이 아니고 외세에 기생하는 매국노 집단일 뿐이에요. 그게 우리의 비극이에요.

그런 집단이 나라의 지배하는 세력으로 자리잡고 있으니, 그다음 순서는 그런 매국노들의 지배에 저항하는 것 아니겠어요? 논리적으로 보자면 이것이 한국의 가짜 보수정당에 대립하는 대항정당의 근원이에요. 이 대항정당이 분단 상황에서 거의 집권한 적이 없었기 때문에 우리가 이 대항정당(들)을 편의상 야당이라고 불러도 좋다면 이 근원으로부터 우리나라 야당의 역사는 시작되는 거지요. 다시 말해 바람직한 나라를 형성하는 것이 아니라 독재 권력이라는 현존하는 악에 저항하고 그것을 타도하는 것이 야당의 현실적 존재이유가 되는 겁니다. 그런데 반대와 타도의 대상에 같이 토론이라도 할 수 있는 무슨 합리적인 주의주장이 있다면 반대를 하는 쪽도 또 다른 주의주장을 가지고서 싸우겠지만, 보수 세력이 사이비 보수이고 자기들 잘 먹고 잘 살자는 것 말고는 아무런 이상도 없는 폭력 집단에 지나지 않는지라 반대하는 쪽 역시 차분하고 섬세하게 논리적으로 따지는 것이 어려워져요. 강도가 겨누는 칼날 앞에서 논리나 윤리가 무슨 소용이 있겠어요. 그래서 정치가 나라를 위해 공공적인 선을 이루려는 경쟁이 되지 못하고 사생결단의 전쟁으로 흐르게 되는 거지요. 그리고 내용적으로도 보수정당이 사이비 보수이듯이, 그에 대립하는 이른바 진보정당 역시 내용 없는 사이비 진보로 흐르게 되는 거고요. 이게 모두 분단 상황에서 진짜 보수 세력, 보수정당은 없고 사이비 보수 매국노들이 판치기 때문이에요. 그래서 한국에서 가장 필요한 정당은 정상적인 보수정당입니다. 그래야만 정치가 자기 파괴적인 내부적 전쟁으로 치닫지 않고 선의의 경쟁이 될 수 있어요.

이　말씀을 들으면서 문득 드는 의문이 하나 있습니다. 정치와 전쟁을 구별하셨는데, 정당들 사이의 대립이 언제 정치적 행위가 되고 또 어떤 경우에 전쟁으로 흐르게 되는 겁니까?

김　서로 대립하면서 국가권력을 위임받기 위해 경쟁하는 정당들이 서로의 존재를 인정하면서 상대를 폭력적으로 제거하려 하지 않고 오직 공론장에서 로고스(Logos), 곧 이성과 말을 통해 자기를 주장하는 한 정당들의 대립은 정치적 대립이라고 말할 수 있습니다. 그때 그들은 말 그대로 같은 목표를 향해 다투어 달려간다(con-currere)는 의미에서 경쟁 속에 있습니다. 그러나 정당들이 상대방의 존재를 인정하지 않고 때로는 법적 절차를 통해(이 법적 절차가 언제나 합법적인 것은 아닙니다) 때로는 폭력을 통해 상대방을 파괴하고 제거하려 한다면, 정당의 대립은 경쟁이 아니라 전쟁의 상태로 돌입하게 되겠지요. 우리는 이처럼 정치적 경쟁의 광장에서 벗어나 상대방을 파괴하는 것을 목표로 삼는 모든 정파를 극단적 정파라고 규정할 수 있겠습니다. 다시 말해 그것이 극우와 극좌 정파를 정치적 광장 내의 좌파 정당 및 우파 정당과 구별하는 기준인 거지요.

　그런데 우리 역사에서는 이 문제에 관해서도 해방 공간의 좌우 대립 속의 혼란이 정부 수립 후 가라앉은 뒤부터 언제나 집권 보수 세력이 극단주의의 온상이었습니다. 다시 말해 극좌가 아니라 극우가 늘 문제였다는 거지요. 이승만 독재 시절에 진보당 당수였던 조봉암을 간첩으로 몰아 사형시킴으로써 결과적으로 진보당을 파괴한 것이 대표적인 예인데, 이처럼 정치적 반대자를 폭력적으로 제거하는 것은 박정희도 마찬가지였습니다. 그는 3선개헌이나 유신헌법 등을 통해 야당의 집권을 원천적으로 차단하려 한 데서 멈추지 않고, 정적들을 폭력적으로 제거하는 일도 서슴지 않았습니다. 미수에 그치기는 했으나 김대중을 납치 암살하려 하는가 하면, 이른바 인혁당 사건을 조작하여 대법원 사형 판결 후 8시간 만에 가족 면회조차 허락하지 않고 사형을 집행한 것은 물론, 장준하 선생을 북한산에서 암살한 것도(공식적으로 확인되지 않았을 뿐) 일반적으로 인정되고 있는 만행입니다.

　1987년 이후 야당에 대한 박정희식의 탄압은 없어졌다고 말할 수도 있겠지만, 그렇다고 해서 이 문제가 근본에서 해소되거나 달라진 것은 결코 아닙니다. 다른 무엇보다 지난 대선은 그 공정성을 인정할 수 없는 조직적 부정선거였던 것이 분명한데(그렇지 않았더라면 국정원 대선 개입 사건을 수사하던 검찰총장을 쫓아내지 않았겠죠), 이 점에서 한국 정치는 전두환이나 박정희 시절로 퇴행한 것이 분명합니다. 그런데 이명박 정부가 그다지 곱지도 않은 박근혜의 당선을 위해 그런 무리수를 둘 수밖에 없었던 까닭은 권력이 야당으로 넘어갈 경우 자신들이 저지른 권력형 범죄가 드러날 것을 염려했기 때문이라고밖에는 달리 설명할 길이 없을 거예요. 국가권력을 통해 불법적으로 사익을 추구하기 시작하면, 그 범죄행위를 덮기 위해서는 계속 권력을 독점하지 않으면 안 되는데, 이것이 결국 정당정치를 선의의 경쟁에서 적대적인 전쟁 상태로 몰아넣는 원인이 되는 거지요.

요컨대 처음에는 외부의 적을 핑계로 권력을 장악하고, 그 후 그 권력을 통해 사사로운 이익을 추구하게 되고, 다시 그 범죄를 덮기 위해서는 권력을 내놓지 않아야 하고, 권력을 내놓지 않기 위해서는 야당을 모조리 친북이나 종북 세력으로, 다시 말해 파괴해야 할 내부의 적으로 몰아가야 하는 거지요. 이게 한국의 정당정치를 근본에서 어지럽히는 악의 경로입니다. 그리고 이 경로는 참된 보수 세력의 부재, 또는 극우 세력이 보수 세력을 참칭하는 데서 시작되는 거지요.

통합진보당 해산 판결 또는 국가보안법에 대하여

이 선생님, 이 문맥에서 좀 껄끄러운 질문을 하나 드려도 되겠습니까?

김 무슨 질문이기에 그렇게 조심스럽게 말을 꺼냅니까?

이 지금 친북이나 종북을 언급하셨는데, 기왕에 정당과 관련해서 이야기를 하고 있으니까 박근혜 정부 때 헌법재판소가 통합진보당 해산 결정을 내린 것에 대해서는 어떻게 생각하시는지 좀 듣고 싶습니다. 혹시 그 판결 직후에 선생님도 공개적으로 입장을 표시하신 게 있었습니까?

김 아니요. 없었습니다.

이 그렇다면 통진당 해산을 지지하신 겁니까?

김 그것도 아닙니다.

이 그렇다면 그 문제에 대해 선생님의 입장은 어떤 건가요?

김 개인적으로 저는 2008년 민주노동당을 탈당한 사람들이 진보신당을 새로 만들었을 때 같이 탈당했던 사람입니다. 그리고 2009년에 강령을 만들 때 소위원회 위원장을 맡아 강령을 기초하기까지 했지요. 게다가 진보신당의 대표를 지냈던 사람들이 다시 통진당과 통합하자면서 당을 떠났을 때, 그에 반대하고 남았던 사람이기도 합니다. 하지만 그런 입장의 같고 다름을 떠나 저는 통진당 해산 결정은 그 자체로서 잘못된 판결이라고 생각하고 있습니다.
이   이유는 무엇입니까?
김   길게 말할 것 없이 김수영 시인의 시를 읽어드리고 싶습니다.
이   갑자기 시는 왜?
김   한번 들어보세요. 읽어드릴게요.

김일성 만세

'김일성 만세'
한국의 언론 자유의 출발은 이것을
인정하는 데 있는데

이것만 인정하면 되는데

이것을 인정하지 않는 것이 한국
언론의 자유라고 조지훈이란
시인이 우겨대니

나는 잠이 올 수밖에

'김일성 만세'
한국의 언론 자유의 출발은 이것을
인정하는 데 있는데

이것만 인정하면 되는데

이것을 인정하면 되는데

이것을 인정하지 않는 것이 한국
　　　정치의 자유라고 장면이란
　　　관리가 우겨대니

　　　나는 잠이 깰 수밖에

　1960년 4·19가 나고 쓴 시인데 신문사에 보내기는 했으나 실어주지 않아서 정식으로 발표되지는 않은 걸로 압니다. 그런데 저는 남한 사회가 적어도 폭력을 동반하지 않는 한 모든 정치적 견해를 자유롭게 표현할 수 있는 사회가 되어야만 통일을 준비할 수 있다고 생각합니다. 그러니까 굳이 통진당이든 진보신당이든, 또 박정희 만세든 김일성 만세든, 누구든 폭력적인 방식으로 국가권력을 찬탈하려 하지 않는 한, 자신의 정치적 견해를 방해받지 않고 공표할 수 있어야 한다고 생각해요. 그런 점에서 국가보안법은 반드시 폐기되어야 할 거라는 말도 여기서 덧붙이고 넘어갈 필요가 있겠군요.

　이　선생님은 앞에서 반공이라는 것이 남한 사회의 암묵적 합의라고 말씀하시지 않았습니까? 그런 판단에 비추어보자면 "김일성 만세"는 좀 과도한 것 아닐까요?

　김　우리가 공산주의를 거부한다는 것은 폭력과 독재를 거부한다는 의미입니다. 그런 점에서 이승만과 박정희의 독재와 마찬가지로 김일성으로부터 김정은까지의 독재를 용납할 수는 없는 거죠. 그런데 우리가 광화문 광장에서 박정희 만세를 부른다고 해서 잡아 가두지는 않잖아요. 그처럼 김일성 만세를 부른다 해서 잡아 가두면 안 된다는 게 제 생각이에요. 그런데 이런 원론적인 이야기도 이야기지만, 저는 이제 김일성의 신화를 극복하기 위해서 김일성 만세를 허락해야 한다는 생각이에요.

　이　무슨 뜻인지요?

김   남한 사회에서 김일성 만세를 허락하지 않으면, 보이지 않는데서 김일성 만세를 부르는 사람들이 반드시 생기게 마련이에요. 박정희 추종자들이나 김일성 추종자들이나 맹목적이고 비이성적이기는 매한가지예요. 마찬가지로 박정희 추종자들이나 김일성 추종자들이나 모두 자기들 나름의 이유가 있기도 하고요. 하지만 김일성도 박정희도 우리가 반복할 수 있는 길은 아니잖아요. 둘 다 우리에겐 악령들인데, 악령을 퇴치하려면 밝은 데로 끌어내는 게 답이에요. 그런 의미에서 국가보안법을 없애야지요. 폭력을 구사하지 않는 한 생각의 자유는 보장해주어야지요. 그게 성숙한 사회라고 저는 생각해요. 그리고 우리도 이제 그 정도의 성숙에는 이르렀다고 판단되고요.

이   그렇게 되면 종북 세력이 폭력혁명을 선동할 거라는 염려를 하는 사람들도 많이 있을 텐데요.

김   남한 사회에서 정치적 의미의 폭력은 좌익보다는 우익이 더 문제예요. 지금 광장에서도 증명되고 있는 일이잖아요. 탄핵 반대 집회에서 야구방망이 들고 폭력을 선동하고 있지 않은가요? 그에 비해 좌익의 경우는 설령 폭력을 입에 올리더라도 방어적이라고 보는 게 공정한 판단이라고 저는 생각해요.

이   방어적이라는 게 무슨 뜻인지 모르겠습니다. 방어적 폭력이라는 뜻입니까?

김   한국전쟁이 일어났을 때, 이른바 보도연맹에 가입되어 있었던 사람들 무려 30만 명이 아무런 법적 재판 절차도 없이 남한 군경에 의해 학살되었습니다. 사람들이 잊어버리고 말을 하지 않아서 그렇지 이건 천인공노할 만행이고 전쟁범죄예요. 그 후에도 학살은 이어져서 한국전쟁 중에 학살당한 민간인이 아무리 적게 잡아도 100만 명이 넘으리라는 게 정설이에요. 한반도 전체가 학살터였는데, 말을 못할 뿐이지요. 말을 하는 순간 연좌제로 몰려 더 핍박을 받으니까 가족이 학살을 당했어도 도리어 침묵하고 살 수밖에 없었던 거예요.

이   어떤 사람들을, 왜 죽였습니까?

김   보도연맹 사건이란 쉽게 말해 이 선생이나 나처럼 고분고분하지 않은 사람들을 평소에 블랙리스트를 만들어 관리해오다가 전쟁이 나자 죽인 거예요. 이유는 그들이 북한 편을 들까 봐 그랬던 거지요. 이 선생이나 내가 북한에 동조할 이유도 없지만, 한국의 독재자들은 자기들을 무조건적으로 추종하지 않으면 적이라고 생각하는 특이한 취향을 가지고 있지요. 그러니까 지금도 한국의 극우 집단의 관점에서 보자면 나 같은 사람은 빨갱이고 내부의 적이겠지요. 이번 탄핵 반대 집회에서 머리 깎고 승복 입은 어떤 사람이 빨갱이는 죽여도 된다는 방패를 들고 연단에 서 있더군요. 이 논리에 따르면 입만 열면 김일성과 북한 체제를 비판하는 나 같은 사람도 박근혜를 맹목적으로 지지하지 않으면 내부의 적이고 죽여도 되는 사람인 거예요. 이승만 시절 같았으면 지금 야구방망이를 든 박사모가 직접적인 살상 무기로 무장한 서북청년단이었을 것이고 광장에서 말로만 위협하지 않고 직접 테러를 자행했겠지요. 경찰은 뒤에서 은밀하게 후원했을 거고. 기본적으로 그 구도는 지금도 바뀐 게 없어요. 이른바 좌파 진영에서 검찰이 못마땅하다고 검찰총장 집 앞에서 야구방망이 들고 집회를 열어 검찰총장을 죽여야 한다고 공공연히 선동했다고 생각해보세요. 경찰과 검찰이 열두 번도 더 잡아넣었을 거예요. 경찰과 검찰이 묵인하고 방조하니까 박사모들이 그런 선동을 할 수는 있는 거지요. 생각하면 한국의 시민사회는 오랫동안의 민주화 투쟁 속에서 조금씩 성숙해왔어요. 다른 무엇보다 비폭력 저항의 원칙이 확립된 것도 그런 성숙의 증거지요. 사실 몇 년 전 미국산 쇠고기 파동 때만 하더라도 경찰차에 밧줄 걸어서 당기곤 했잖아요. 근데 이제 그런 거 다 부질없다는 것을 깨달은 거지요. 그럴 필요도 없는 거고요. 이번에도 몇 달 동안씩이나 광장에서 그렇게 많은 사람들이 모였는데도, 그토록 의젓할 수가 없었잖아요. 그런 의미에서 한국의 평균적 시민계급이 이제는 어떤 내적인 성숙에 이르렀다고 저는 생각해요. 그런데 박사모 하는 짓을 보면 수십 년 전이나 지금이나 극우적 사고방식은 전혀 바뀐 게 없어요. 그러니까 폭력이 문제라면 좌파가 아니라 극우 세력이 훨씬 더 큰 문제에요.

이념과 사명

이   정말, 그 사람들은 왜 그렇습니까? 같은 한국인인데 왜 그네들은 같이 성숙하지 못하는 겁니까? 성조기 들고 설치는 것을 보면 화가 나기보다는 부끄러워서 견딜 수가 없습니다.

김   그게 모두 우리나라에 제대로 된 보수가 없어서 그렇습니다.

이   왜 우리나라에는 제대로 된 보수가 없는 겁니까?

김   지켜야 할 자아가 없기 때문이지요. 정치의 영역에서 자아는 개인이 아니고 겨레예요. 서양식으로 말하자면 네이션(nation)이겠죠. 그런데 우리는 엄밀하게 말하자면 아직도 네이션을 형성하지 못한 민족이에요. 생물학적으로 동질적인 무리들일 뿐이죠. 사실 이 나라엔 겨레도 민족도 없어요. 있는 건 가족들뿐이에요. 가족들의 위계가 있는 거지요. 맨 꼭대기에 박정희-박근혜로 이어지는 가족이 있고, 그 옆에 이건희-이재용 가족이 있지요. 그 아래 최태민-최순실로 이어지는 가족이 있고, 그다음엔 우병우나 김기춘인가요? 하여간 층층시하 내려오면 국민 대다수는 개돼지 취급받는 머슴 가족들이겠지요? 북한에서는 김일성-김정일-김정은으로 이어지는 가족이 백두혈통 운운하고 앉아 있으니까, 남북이 그 점에선 막상막하라고 볼 수도 있겠네요.

아무튼 가족만 있고 겨레 또는 정치적 집단으로서 민족은 없으니까, 실은 자기 가족의 이익 말고는 지킬 게 없는 거예요. 국가 차원에서 지킬 것이 없는 나란데, 이런 나라에 보수주의가 없는 건 너무 당연하죠. 그래서 오래전에 함석헌이 한편으로는 민족주의를 비판하면서도 그렇게 말했어요. "먼저 하나의 민족이 됩시다." 우리가 먼저 하나의 민족, 겨레가 되어야 비로소 자기 민족, 자기 겨레의 국가를 지키자는 보수주의도 나올 수 있는 거예요. 지금은 자기 가족의 이익을 국가의 이익으로 포장하는 야바위꾼들이 보수주의자 행세를 하는 것뿐이에요. 우리나라에는 보수주의도 없고 파시즘도 없어요.

이　잠깐, 지금 파시즘도 없다고 말씀하셨나요?

김　네. 많은 사람들이 가끔 파시즘 걱정을 하는데 걱정할 필요 없어요. 저도 아까 일상의 파시즘을 그냥 사용했습니다만, 사실 그때 말한 파시즘은 비유예요. 진짜 파시즘은 국가적 차원에서 이루어지는 것인데, 그 점에 관해서 보자면 저는 우리나라에 파시즘은 불가능하다고 생각해요. 아무나 파시스트가 되는 게 아니거든요. 야유나 반어조로 말하자면 우리는 아직 파시즘의 단계까지 가려면 멀었어요. (파시즘까지 가자는 말 아닌 건 아시죠?)

이　그건 무슨 뜻입니까?

김　사람들이 개념을 엄밀하게 쓰지 않고 국가 폭력을 싸잡아 파시즘과 동일시하는데, 파시즘은 네이션이 먼저 형성되어야 출현할 수 있는 거예요. 단순화해서 말하자면 세계화된 시대에 그에 대한 반동으로 정치적 의식이 네이션으로 퇴행하는 게 파시즘이거든요. 그래서 파시즘의 토대가 민족주의 또는 인종주의인 거예요. 그런데 우리에겐 그 민족이라는 토대가 없어요. 있는 건 가족뿐이에요. 시청 앞 탄핵 반대 집회에 모인 사람들이 언뜻 보기에는 파시즘적인 열정으로 충만한 것처럼 보이지만, 그들은 동질적인 인종에 기반을 두고 모인 것도 아니고, 민족에 기반을 두고 모인 것도 아니에요. 그냥 박정희-박근혜 집안의 머슴들로서 동원된 것뿐이거든요. 남의 집 머슴들이 아무리 많이 모여본들 그들이 무슨 의미 있는 일을 지속적으로 도모할 수 있겠어요? 주인이 아니고, 그냥 시키는 대로 이리저리 왔다 갔다 하는 머슴인데.

이　일제강점기를 거치면서 한국인의 민족의식이 다른 어떤 나라보다 강해졌다고 생각했는데, 그것이 아니었던가요?

김   맞아요. 너무 강하죠! 그런데 아무리 강하면 뭐하겠어요? 한국인들의 민족의식이란 게 지성과 정신의 단계까지 고양되지 못한 감정의 단계에 머물러 있는데! 민족의 정신은 없고 그냥 민족의 감정만 있는 거예요. 그런데 개인의 경우에도 참된 주체성이나 자기에 대한 긍지가 없는 사람일수록, 남의 평판에 예민하고 부질없이 외관에 집착하면서 가벼운 자극에도 발끈하잖아요. 우리의 민족의식이란 게 그냥 그 정도인 거지요. 그래서 발끈하는 걸 보면 민족의식이 대단히 강한 것처럼 보이지만, 그건 현실에서 아무런 힘도 발휘할 수 없는 일시적 감정일 뿐이에요.

이   민족의식을 두고 감정과 지성적 차원으로 나눌 수 있으리라고는 미처 생각하지 못했습니다만, 감정이 그렇게 무기력한 이유가 뭡니까?

김   그 까닭은 감정이 본질적으로 외부의 자극에 의해 마음에서 일어나는 수동적인 반응이기 때문이에요. 영어의 '패션'(passion)이라는 낱말이 '패시브'(passive)라는 낱말과 어원이 같아요. 감정은 기본적으로 수동적인 거예요. '액션'(action)이 아니라 '리액션'(reaction), 작용이 아닌 반응일 뿐이지요. 외부의 자극이 있으면 일어나고 없으면 가라앉는 거예요. 그래서 감정은 개별적이고 또 머무르지 않아요. 외부 세계가 끊임없이 변화함에 따라 주위 환경으로부터 주어지는 자극도 달라지기 때문이지요. 물론 외부 자극의 성격과 강도에 따라 감정도 지속적일 수 있고 반복되는 자극은 감정을 일종의 지속적인 습성이나 성격으로 만들기도 하지만요.

한국인들이 일본에 대해 가지고 있는 민족 감정이 그런 거라고 할 수 있겠지요. 그러나 그런 지속성이란 일종의 관성과 같은 것이어서, 감정을 능동적인 행위의 동인으로 만들어주지는 않아요. 그래서 반일 감정이 아무리 강하더라도 한국은 그냥 친일파의 나라인 거예요. 감정은 아무것도 하지 못하니까. 그래서 한국이 일본을 싫어하고 욕하면서도 맨

날 안팎으로 당하고 사는 거죠.

　민족으로든 개인으로든 사람의 의식이 감정의 수준을 넘어서지 못하면 늘 외부 자극에 반응하는 수동적인 객체로서 존재하는 거지, 결코 스스로 행위하는 능동적 주체로서 존재할 수 없어요. 그런 의미에서 그토록 오래 식민 통치 아래 고통을 받았음에도 불구하고 우리는 아직 하나의 민족을 형성하지 못했습니다. 다시 말씀드리지만 그래서 함석헌이 먼저 하나의 민족이 되어야 한다고 말했던 거예요. 그 말은 먼저 하나의 집단적 자아가 되고 주체가 되자는 말이지요.

이　그럼 언제 인간은 수동적인 감정의 덩어리에서 능동적인 행위의 주체가 될 수 있습니까?

김　자기를 알 때, 자기를 인식할 때지요. 칸트가 말했듯이 철학에서 자기의식이라고 말하는 그 경지가 능동적 주체가 일어나는 장소예요.

이　자기를 모르는 사람이 누가 있습니까?

김　그런가요? 사실은 자기를 모르면서 모두 자기를 안다고 생각해서 문제예요.

이　자기를 안다는 것이 무언가 특별한 일인가요? 그럼 언제 우리는 자기를 알 수 있습니까?

김　다시 함석헌에 기대어 말하자면, 전체 속에서 자기의 사명을 아는 것이 정말로 자기를 아는 거예요. 데카르트가 그랬지요. "나는 생각한다, 그러므로 나는 존재한다"라고. 그런데 여기서 내가 생각한다는 건 다른 무엇보다 내가 나를 돌이켜 생각한다는 말이에요. 그렇게 내가 나를 돌이켜 생각할 때 한갓 생물학적 개별자로서의 내가 또한 객체가 아니라 주체인 나로서 존재하는 거지요. 이게 철학에서 반성적 자기의식이라고 부르는 거예요.

　그런데 데카르트의 이런 통찰은 정말로 심오한 것이기는 하지만 내 존재의 의미를 다 밝혀주지는 못해요. 데카르트가 말한 반성적 자기의식을 통해 정립되는 나는 마치 점과도 같아요. 위치만 있는 거죠. 그래서 나는 나인데 아직 아무런 내용도 없는 나인 거예요. 그럼 나는 있어도 없는 것과 마찬가지겠죠. 내가 정말 존재의 내용과 질량을 가진 주체로서 존재하기 위해서는 위치만으로는 충분하지 않아요.

이　그럼 언제 나는 한갓 추상적 위치에서 구체적으로 존재하는 주체가 되는 겁니까?

김　자기 세계를 가져야지요. 시인들의 언어로 표현하자면 "우리의 보습 대일 땅"(김소월,「바라건대는 우리에게 우리의 보습 대일 땅이 있었더면」)과 "손들어 표시할 하늘"(윤동주,「무서운 시간」)이 있어야지요. 땅은 지금 여기이고 하늘은 도래할 전체라고 할 수 있어요. 보습 대일 땅이 현실의 나라이고 세계라면, 도래할 전체는 오직 이념 속에서만 펼쳐지는 세계라고 말할 수도 있겠습니다. 하나가 자기에게 자기 형성의 바탕 또는 질료로서 주어져 있는 세계라면, 다른 하나는 자기가 자유로이 형성해야 할 과제로서의 세계라고 말할 수도 있겠지요. 이처럼 자기의 세계를 가질 때, 자기의 존재가 단순한 위치로부터 사방으로 펼쳐져 부피와 질량을 가지게 돼요.

생각하면 누구든 어떤 방식으로든 자기의 세계를 설계할 수 있습니다. 로마 제국의 아우구스투스 황제에게 자기가 지배하는 세계가 있었다면, 그 로마 제국의 식민지인 유대 땅에서도 다시 가장 낮은 갈릴리 호숫가를 걷던 예수는 현실에서는 머리 둘 곳이 없었으나 그에게도 또한 눈에 보이지 않는 자기만의 나라가 있었던 것처럼, 동아시아의 한 귀퉁이에 중국과 미국, 러시아와 일본에 둘러싸인 반도에서도 다시 분단된 섬과도 같은 이 작은 땅에 사는 우리 역시 우리의 세계를 설계할 수 있지요. 우리가 설계하는 나라가 현실의 나라로 도래할지 아닐지는 정해져 있지 않습니다. 하지만 누가 압니까? 예수가 꿈꾼 나라의 이념이 결국 로마 제국을 삼켜버린 것처럼, 오늘 여기서 우리가 꿈꾸는 세상이 때가 이르면 현실의 세상으로 도래할지.

이　저도 그렇게 되면 너무 좋겠습니다. 그런데 그렇게 되려면 어떻게 해야 하는 겁니까?

김   같이 한번 생각해봅시다. 지금 우리가 '나의 세계'에 대해서 말하고 있는 거 맞지요? 나의 세계가 어떻게 현실의 세계, 그러니까 우리 모두의 세계가 될 수 있는지 묻는 것이 맞습니까?

이   예, 맞습니다. 그렇게 되려면 어떻게 해야 합니까?

김   나의 세계가 '세계'인 한에서 내가 설계하는 세계가 모든 사람들에게 설득력을 가져야겠지요. 왜냐하면 현실의 세계란 나 혼자만의 것이 아니고 모두가 같이 속하는 공동체니까요. 그런데 내가 꿈꾸는 세계는 아직은 나 혼자만의 마음속에서 그려지는 세계 아니겠어요? 그것이 모두가 같이 속하는 현실적인 세계가 되기 위해서는 그 세계가 나만이 아니라 모든 사람들이 같이 원할 수 있는 그런 세계여야겠지요. 그렇게 내가 꿈꾸는 세계가 동시에 모두가 원하는 세계가 될 수 있다면, 나의 세계가 우리 모두의 세계가 되는 것은 시간문제일 거예요. 서양에서 소크라테스가 꿈꾸었던 자유로운 시민의 세계가 모두의 세계가 되고 예수가 꿈꾸었던 사랑의 나라가 모든 사람에게 이상적인 나라의 척도로 마음에 자리잡은 것처럼, 지금 여기에서 내가 꿈꾸는 세계가 모든 사람이 원하는 세계가 될 수만 있다면, 내 마음속에서 꿈꾸는 세계는 반드시 현실의 세계가 되고 맙니다. 문제는 내가 꿈꾸는 세계가 모두가 원하는 세계가 될 수 있느냐 아니냐에 달려 있는 것이지 절대로 상투적으로 말하듯이 이론과 실천의 괴리가 문제인 것이 아니에요. 이를테면 공자가 수천 년 동안 동아시아의 세계를 형성해왔던 까닭은 공자가 꿈꾼 세계가 모든 사람이 원하는 세계였기 때문이에요. 거꾸로 마르크스가 꿈꾼 세계가 현실의 세계가 되는 데 실패한 까닭은 그가 꿈꾼 세계가 모두가 원하는 세계가 아니었기 때문이지요.

이   공자와 맹자의 사상이 한(漢)나라의 통치 이데올로기가 됨으로써 다른 사상에 비해 특권적인 지위를 얻을 수 있었던 것 아닙니까?

김   그런 역사적 사실을 부정할 수는 없겠지요. 하지만 공자와 맹자의 이상이 민중의 마음속에 공감을 얻지 못했더라면 그렇게 수천 년 동안, 아니 오늘날까지도 이어지는 생명력을 가질 수는 없었을 거예요. 마르크스주의가 소련의 국가 이데올로기가 아니어서 소멸한 것은 아니잖아요? 마찬가지로 기독교는 그렇게 혹독한 박해에도 불구하고 끝내 그 박해를 이기고 새로운 세계를 열었던 거고요. 그러니까 결국 중요한 것은 마음의 공감이지 외부적 환경은 아니에요. 내가 꿈꾸는 세계가 얼마나 광범위하게 다른 사람의 마음에 공감을 얻느냐 하는 것이 내가 꿈꾸는 세계가 얼마나 현실적으로 확장되느냐 하는 것을 결정하는 거지요.

이   그럼 나의 세계가 우리 모두의 세계가 되기 위해서는 어떻게 해야 합니까?

김   자기를 버려야지요. 나를 버려야 합니다.

이   나의 세계의 확장을 말하다가 갑자기 나를 버리라고 하시면 어떻게 되는 겁니까?

김   노자가 그러지 않았습니까? "성인은 정해진 마음이 없으니, 백성의 마음을 자기 마음으로 삼는다"[聖人無常心, 以百姓心爲心]라고.

이   그러면 남을 위해 무조건 자기를 희생하면 됩니까? 아니, 희생해야 되는 겁니까?

김   그건 아닙니다. 물론 전태일처럼 남을 위해 자기를 온전히 바쳤던 영혼이 있었습니다. 그는 우리 시대의 부처고 공자고 예수였습니다. 솔직하게 말하자면 저는 예수가 말하는 사랑이 더는 우리 시대에 뜨거운 감동을 불러일으킬 수 있다고 생각하지 않습니다. 그가 나의 죄를 대신 사해주기 위해 십자가에 달렸다는 이야기는 함석헌도 비판했듯이 우리 시대의 교양에는 전혀 어울리지 않는 신화지요. 기독교에서 말하는 죄라는 것도 그 정체를 되물어야 할 어려운 주제인 데다가 자기의 죄를 누가 대신 사해준다는 것도 이해하기 어려운 일이니까요. 그런 의미에서 신적인 사랑도 시대에 맞게 새롭게 계시되어야 하는 거지요.

그에 비하면 전태일이야말로 우리에게는 새로운 예수입니다. 그런데 지극한 자기희생은 사실은 모든 도덕을 초월합니다. 왜냐하면 도덕은 모두에게 보편적으로 요구되는 행위의 표준인데, 전태일의 자기희생은 결코 모두에게 똑같이 요구할 수 있는 것이 아니기 때문입니다. 여기에 모든 완성된 선의 역설이 있습니다. 완성된 선의 자리에서 보자면 노자가 말하는 성인처럼 그리고 불교에서 말하는 부처의 경우처럼 개별자로서 자기의 마음이란 없어야겠지요. 그것은 보편적 의지여야만 하기 때문입니다. 하지만 우리는 현실 속에서 개별자로서 존재하고 있으니, 우리들 각자에게 보편적 의지란 평생에 걸쳐 실현해야 할 과제이지 결코 일상에서 완전하게 실천할 수 있는 것은 아니지요. 공자는 일흔이 되니까 "마음의 욕망을 따라도 법에 어긋남이 없게 되었다"[從心所慾不踰矩]고 하지만, 전태일도 예수도 오직 죽음을 통해서만 개별자로서의 자기의 의지를 전체의 보편적 의지와 일치시킬 수 있었던 것 아니겠어요? 그러니까 보편적 의지와의 합일이란 우리가 지상에서 개별자로서 존재하는 한에서는, 일면적인 자기부정을 통해서가 아니라 오직 너와 나의 만남 속에서만 일어날 수 있는 과정이지요. 그 만남이 보다 넓어지고 보다 깊어지는 과정이 바로 내가 나의 개별적인 자아의 한계를 벗어나 보다 보편적인 의지, 보다 보편적인 자아로 나아가는 과정이라고 생각해요. 그런 의미에서 한쪽이 다른 쪽을 위해 일방적으로 희생하는 것은 참된 만남이 아니죠. 물론 무조건적인 기계적 균형이 능사는 아니에요. 인간의 삶에서 미시적으로 보자면 만남은 비대칭적일 수밖에 없지만, 그 비대칭성이 전체로서 균형 상태에 도달하는 것이야말로 모든 참된 만남의 지향이라고 생각할 수 있겠습니다.

이   그러면 자기를 버리라는 말씀은 무슨 뜻입니까?

김   만남 속에서 작은 나를 버리고 보다 큰 나, 곧 우리를 향해 나아가라는 말입니다.

이   그것을 위해 가장 중요한 것은 무엇입니까?

김   고통의 공유입니다. 자기를 버린다는 건 자기의 고통에 얽매이지 않는다는 것을 의미합니다. 내 곁에 있는 어떤 너의 고통이 나의 고통이 되고 나의 고통이 그 너의 고통이 되면, 처음엔 따로 분리되어 있던 너와 나의 고통이 이어져 우리의 고통이 되겠지요. 그렇게 형성된 우리가 다시 또 다른 너의 고통과 만나 더 큰 우리로 나아가기 시작하면, 마치 세상의 모든 강물이 하나의 바다로 흘러들듯이, 궁극적으로 모두의 고통과 눈물이 하나로 만나는 보편적 고통의 바다[苦海]를 상상할 수 있겠는데, 저는 그것이야말로 우리가 지향해야 할 이념적 세계라고 생각합니다. 나의 슬픔이 너의 슬픔과 만나 끊임없이 보다 넓은 강물로 흘러 끝내 그 보편적 슬픔의 바다에 이르게 되면, 나의 고통이 세계의 고통이 되고 세계의 고통이 나의 고통이 될 터인데, 그 경지가 바로 제 마음은 없고 오직 백성의 마음으로 제 마음을 삼는 경지라고 말할 수 있겠지요.

이 우리가 대한민국의 탄핵 정국에 대해 이야기를 시작했는데, 너무 심각한 지경에 이른 것 아닌지 모르겠습니다. 선생님 말씀이 딱히 잘못되었다고 말할 수는 없겠지만, 지향하시는 세계가 너무도 아득히 멀리 있는지라, 많은 사람들에게 무언가 너무 이상적이고 비현실적인 몽상처럼 보일 수도 있겠다는 생각도 드는데요. 게다가 한국은 강대국 사이에 끼어 있는 처지라 주체적으로 세계를 형성한다는 것이 현실적으로 어려운 일 아닙니까?

김 그런 질문이 나올 줄 알고 제가 미리 예수나 소크라테스를 예로 들었던 거지만, 예수는 아예 나라가 없었으니 말할 것도 없고, 소크라테스의 아테네 역시 나라가 커서 그의 이상이 세계의 표준이 된 건 아닙니다. 오죽하면 로마인들이 그리스인들을 두고 그렇게 말했겠습니까. 정복당한 자가 정복자를 정복했노라고. 그리스는 로마에 의해 군사적으로는 패배하고 정복되었지만, 정신적으로는 도리어 로마가 그리스에 의해 정복되었다는 것을 로마인들조차 인정하지 않을 수 없었던 거지요.

게다가 역사는 돌고 도는 것이어서 하나의 시대가 그 수명을 다하면 결국 다른 시대에 의해 교체되는 것이 만고불변의 법칙입니다. 그럼 새로운 시대의 문을 누가 열 수 있겠어요? 오직 변방에 있는 자들에 의해서만 열리는 거예요.

이 　왜 그렇습니까?

김 　중심에 있는 사람들이야 지금 세상이 자기들 세상인데 그 세상이 바뀌기를 원할 까닭이 있나요? 세계 내에 문제가 있다 해도 그저 여기저기 부분적으로 수리만 하려 할 뿐이지요. 하지만 지금의 세계에서 소외된 사람들은 입장이 다르죠. 그들에겐 세상이 바뀌어야 할 이유가 있는 거란 말이에요. 그래서 새로운 빛은 언제나 가장 깊은 어둠으로부터 도래하는 거예요. 그런데 문제는 그렇게 깊은 어둠과 고통 속에 있는 약자들은 모든 것을 빼앗긴 상태에 있기 때문에 감히 자기가 세상을 바꿀 수 있다는 것을 꿈꾸지도 않고 믿지도 않아요. 그래서 문제인 거예요. 그래서 세상은 다시 더 깊은 어둠 속으로 빠져드는 것이거든요.

이 　그럼 그 어둠을 깨치고 나가려면 어떻게 해야 합니까?

김 　그래서 우리에게 필요한 것이 믿음이고 사명이에요. 동학의 해월 최시형이 우리의 도는 성실과 공경과 믿음 세 자로 요약할 수 있는데, 그중에 으뜸은 믿음이라 했어요. 왜요? 니체가 그랬지요. 창조하는 자는 신앙을 신앙한다고! 창조가 뭐예요? 새로운 세계를 여는 거잖아요. 그런데 새로운 세계가 지금 어디 있답니까? 아직 없는 거잖아요? 모두가 뻔히 상상할 수 있는 것도 아니죠. 그런 거라면 새로운 세계라고 말할 수도 없을 테니까요. 그럼 그렇게 새로운 세계를 열겠다는 사람들이 무엇을 믿고 그 길고 어려운 길에 나설 수 있겠어요? 실은 아무것도 믿을 것이 없어요. 아무것도 없으니까 새로운 거라고요. 그래서 니체의 말이 창조하는 자는 믿음을 믿는다는 거예요. 신을 믿는 것도, 부처를 믿는 것도, 역사의 법칙을 믿는 것도, 다른 어떤 무엇인가를 믿는 게 아니고, 아무것도 없는 깊은 어둠 속에서 오직 믿음이 믿음을 믿는 거라고요. 그래서 함석헌도 믿음이 있음이라고 말했던 거예요. 참으로 믿으면,

끝내 있게 되니까.

이 　신의 죽음을 말한 니체가 믿음을 말했군요. 하지만 지금처럼 모든 믿음이 냉소에 부쳐지는 시대에 믿음을 가진다는 것이 쉬운 일입니까?

김 　그래도 믿어야 됩니다. 믿음이 없으면, 창조도 없어요.

이 　어떻게 해야 믿을 수 있습니까?

김 　믿음은 오직 사명감에서 옵니다. 칸트가 그랬지요. "너는 해야 한다. 그러므로 너는 할 수 있다." 이 말을 지금 이 문맥에서 제 식으로 풀이하자면, 해야 한다는 건 (칸트는 의무라고 했지만) 사명입니다. 할 수 있다는 건 믿음이지요. 해야 하기 때문에 할 수 있다는 건, 내 마음속에 뿌리내린 사명으로부터 믿음이 자라난다는 거예요. 그 믿음은 새로운 세계에 대한 믿음이겠지요. 그렇다면 믿음이야말로 사명과 새로운 세계의 이념을 이어주는 다리인 셈이지요. 내가 꿈꾸는 세계가 우리 모두의 세계로 실현되기 위해서는 먼저 객관적인 관점에서 내가 꿈꾸는 세계가 모든 사람이 원하는 세계의 보편적 이념이 되어야 하겠지만, 주관적인 관점에서 보자면 그 이념이 입에서 떠다니는 말이 아니라 나의 사명으로 마음속에 굳건하게 뿌리내리지 않으면 안 됩니다.

이 　너무 종교적인 말씀 아닙니까?

김 　종교일 수도 있고 철학일 수도 있지요. 그 둘을 나눈 것이 서양인데, 원래 우리는 철학과 종교를 나누고 산 적이 없어요. 철학이든 종교든 궁극적 관심에 대한 물음에서 시작되는 거고, 전체 속에서 자기의 존재 의미를 묻는다는 점에서 하나라고 보아야겠지요. 더 나아가 동학의 경우를 보면 철학과 종교가 하나일 뿐만 아니라 혁명까지 셋이 하나였지요. 그리고 사명이 왜 폄하되어야 하나요? 새로운 독일 대통령이 취임하면서 독일이 희망이라고 선언하는 것, 그거 사명감 아닌가요? 트럼프의 미국과 IS(이슬람국가)의 극단주의자들이 대립하는 이 파국적 상황에서 단순히 독일만이 아니라 전 세계를 위해 힘들게 이성을 지키려는 의지가 사명감이 아니면 무엇이겠어요?

오직 그런 사명감이 한 민족에게 정당한 존재이유를 주는 것일 수 있어요. 생각하면 어떤 민족도 단순한 생존권에 대한 주장만으로는 자기를 주체로서 정립할 수 없어요. 대상적인 사물도 존재하는 건 마찬가지거든요. 주체가 아니라 객체로서 존재하는 것이 다를 뿐이지요. 하지만 단순한 생존권이 문제라면 노예로 존재하더라도 존재하기는 하는 거니까 아무 상관이 없는 거예요. 하지만 그렇게 남의 노예로 목숨을 부지하는 것이 참된 존재라고 말할 수 있겠어요? 그게 아니라면 세계 내에서 전체 세계를 위해 우리가 하려는 일이 무엇인지를 안으로 명확하게 자각하고 밖으로 공공연히 천명할 수 있어야만 되는 거예요. 그게 주관적으로는 사명인 거고 객관적으로는 우리가 실현하려는 보편적 이념인 거죠.

이 과도한 사명감이 도리어 세상을 어지럽히지 않습니까?

김 동의합니다. 현실의 역사에서 사명과 이념은 너무도 자주 침략의 구실이 되었어요. 기독교적 사명감이 십자군전쟁을 낳고 프랑스혁명의 이념이 나폴레옹의 침략 전쟁의 깃발이 되었지요. 20세기 들어 소련 볼셰비키의 사명감도 예외는 아닐 테고요. 하지만 사명감이 현실에서 드리우는 어두운 그림자 때문에 모든 사명감을 싸잡아 매도한다면, 그것은 판단력의 결핍을 증명하는 것에 지나지 않아요. 십자군전쟁의 어둠에도 불구하고 예수가 가르친 사랑은 누군가의 가슴속에 뿌리내리고, 프랑스인들이 베트남 학교 교실에 붙여놓은 자유, 평등, 박애의 이상은 프랑스의 식민 지배를 겨누는 칼날이 되어 돌아오는 법이거든요.

게다가 우리 이웃이 누구예요? 서쪽으로 중국은 수천 년 동안 자기들이 천명을 받아 오랑캐를 계몽하고 온 세계를 밝힌다는 중화사상 속에 살아왔잖아요. 그 사명감은 주변 세계를 지배하는 명분이기도 했고, 다른 누구보다 우리들 한국 민족이 그 지배의 첫 번째 대상이었지요. 최근 몇백 년 동안 서세동점의 역사 속에서 한국과 별다를 것 없이 외세의 침략 아래 고통받다가 이제 그 역사를 극복하고 서양이 지배하던 세계를 중국이 지배하는 세계로 새롭게 형성하기 위해 기지개를 켜고 있지요. 동쪽으로 일본은 일본대로 터무니없이 대동아공영권이다 팔굉일우다 떠들어대면서 세상을 시끄럽게 하다가 패전 후 한동안 자숙하는 것 같더니 이제 다시 확실한 재무장의 길로 들어서잖아요.

그럼 우리는 어떻게 해야 하나요? 그냥 중국의 중화사상도 일본의 대동아공영권도 위선적인 사명감이니까 우리는 아예 아무런 사명감도 없이 한반도 한 귀퉁이 차지하고 앉아 그냥 생존만 하겠다고 말하면서 버티면 되는 건가요? 되겠죠. 그냥 생존하기만 하겠다면. 한쪽에서는 중국의 머슴으로 다른 쪽에서는 일본과 미국의 노예로 생존하는 게 뭐 그리 어렵겠어요. 사드 배치로 한반도가 다시 전쟁의 참화에 휩싸이지만 않는다면, 그럭저럭 진흙 밭에 구르는 굼벵이들처럼 살기는 살겠죠.

하지만 그렇게 단순히 목숨을 부지하는 것이 우리의 목적일 수 없다면, 그리고 모든 존재가 단순히 존재를 이어가는 것이 아니라 무언가 보다 높은 뜻을 실현하기 위해 존재하는 것이라면, 우리도 우리가 존재하는 이유를 말할 수 있어야 돼요. 그런데 사이비 이념과 위선적 사명감은 오직 참된 사명과 이념을 통해서만 극복할 수 있을 뿐, 결코 아무런 이념도 사명도 떠맡지 않으려는 냉소와 허무주의를 통해 극복할 수 있는 건 아니에요. 그러므로 우리가 정말로 지금까지 패권 국가들의 위선에 의해 받았던 고통을 넘어서고 싶다면, 저들이 열었던 하늘보다 훨씬 더 크고 높은 하늘을 우리 힘으로 여는 것만이 길이에요.

이　정당정치 이야기하다가 너무 멀리 온 것 같습니다만.

김　그렇지요? 하지만 그걸 결코 무관한 문제라고 생각하면 안 됩니다. 다시 우리의 현실로 돌아와 따져보자면 이게 보수정당과 진보정당의 차이를 말하기 위해 어쩔 수 없이 걸어야 했던 돌음길이었습니다.

이　무슨 뜻인가요?

김　주관적으로는 사명인 것이 객관적으로는 이념이라 했잖아요? 실체로서 자기를 보존하는 것이 보수의 첫 번째 관심사라면 이념의 주체로서 자기를 형성하는 것이 진보적 정치의 첫 번째 관심이에요. 진보

정당을 가리켜 으레 이념정당이라 부르잖아요. 그런데 이념이 뭐예요? 이 질문에 대해 여러분들이 어떤 식으로 대답하든지 간에 한 가지는 분명한데, 이념이 사명이 되지 못할 때 그건 이념이 아니라는 거예요. 그건 그냥 도구적 프로파간다에 지나지 않아요. 마찬가지로 그 사명이 이념으로서 보편화되고 객관화되지 못한다면 그건 사이비 종교에 빠진 사람들에게서 나타나는 것과 다른 바 없는 맹목적 자기도취겠지요. 그런 의미에서 이념은 오직 사명일 때만 참된 이념이 되고 사명 또한 오직 이념이 될 때만 진짜 사명일 수 있는 거예요. 한국에 진짜 진보정당이 없는 이유는 그 내세우는 대의가 안으로는 사명의 단계에까지 내면화되지도 못했고, 밖으로는 보편적이고 현실 적합적인 이념으로 객관화되지 못했기 때문입니다.

이런 가짜 이념의 출처에 관해 종종 홍세화 선생님은, 그게 젊은이들이 입시 공부에 찌들어 자기에 대한 고민도 세상에 대한 고민도 없이 청년이 되어 대학이나 일터에서 우연히 만난 선배들에게 그냥 일방적으로 주입받은 것인지라 생명력이 있을 수 없다고 설명하시는데, 저도 그게 정확한 진단이라고 생각해요. 주입식 입시 교육에서 주입식 이념 교육으로 올라탄 버스만 다를 뿐, 자기가 어디로 가는지 아무 생각 없이 버스에 타고 가기는 마찬가지인 거지요. 그렇게 아무 생각 없이 주입받은 이념이야말로 이념이라는 이름이 아까운 정념이고 감정에 지나지 않아요. 그건 앞서 말한 것과 같은 의미에서 외부의 자극이 마음에 불러일으킨 감정이지, 결코 지속적이고 능동적인 행위의 근거도 될 수 없고, 현실을 형성하는 설계도도 될 수 없는 거지요. 그냥 외부 현실이 마음을 계속해서 자극하여 그 감정을 유지해주는 한에서 그 감정은 이념의 탈을 쓰고 입에서 입으로 전파되지만, 그런 말이란 내면 깊은 곳에 뿌리내린 사명도 아니고 새로운 전체, 곧 새 하늘과 새 땅을 개방하는 이념도 아닌 까닭에 그냥 공중을 떠다니는 소리에 지나지 않아요. 그 결과가 한국의 진보 정치의 파산이에요.

이 　 선생님 말씀을 들으면서 자연스럽게 진보 운동가들의 변절 이유를 알 것 같습니다.

김 　 그들이 내뱉었던 말들은 사명도 이념도 아니었던 거지요. 그냥 감정적인 반응일 뿐이었어요. 앞서도 말했듯이 감정이란 외부 자극에 대한 반응인 까닭에, 외부 자극이 지속적으로 유지되는 만큼 유지되는 것일 뿐이에요. 상황이 바뀌면 감정도 바뀌지요. 그들의 언어는 이성적 생각이 아니라 감정의 표출에 지나지 않는 것이었던 까닭에 상황이 바뀌니까 딴소리하는 거지요. 그게 한국적 변절의 진상이에요.

사람이 삶을 살면서 다양하다 못해 모순되고 대립되는 경험을 하는 것은 너무 당연하고 피할 수 없는 일이에요. 그리고 경험이 달라지면 판단도 바뀌게 되지요. 그런데 바로 여기서부터가 문제인데, 어리석은 사람들은 어제의 경험과 오늘의 경험이 다르다 해서 어제의 판단을 오늘은 손바닥 뒤집듯이 바꾸어요. 그런데 세상일이라는 것이 그렇게 전적으로 옳고 전적으로 그른 게 있나요? 굳이 헤겔의 변증법을 끌어들이지 않더라도 어제의 경험과 판단에도 그 나름의 의미와 일리가 있고 오늘의 경험과 판단에도 그 나름의 의미와 일리가 있는 법이잖아요. 그래서 우리가 지혜로운 사람이라면 어제의 경험과 오늘의 경험 그리고 어제의 판단과 오늘의 판단을 비교해보고 보다 더 높은 차원의 판단으로 나아가지 않겠어요? 그런데 어리석은 사람은 어제 자기가 무슨 경험을 하고 어떤 판단을 내리고 그 판단의 의미가 무엇이었던지는 까맣게 잊어버리고 오로지 오늘 여기 일어난 일이 자기에게 주는 자극에만 사로잡히는 거예요. 그러니까 관동군 중위가 남로당 조직원이 되고, 그 남로당 조직원이 동지들을 싸잡아 배신해 살아남고, 쿠데타로 민주주의를 파괴한 뒤엔 과거 남로당 전력을 세탁하기 위해 극우 반공으로 돌변해 미국의 앞잡이 노릇을 하다가, 말년에는 과도한 독재로 미국과도 불화하니까 되지도 않게 자주 국방을 입에 올리다가 비명횡사하는 일이 벌어지는 거예요. 거기 무슨 일관성이 있어요? 그저 만화경처럼 변해가는 외부 상황과 그로부터의 자극에 대한 반응이 있을 뿐이지요.

그래서 제가 하는 말이, 여러분이 그 진보의 배신의 역사를 반복하지 않으려면 감정이 아니라 이성을 통해 보편적 이념을 형성할 줄 알아야 되고 더 나아가 그 이념이 굳건한 사명감으로 마음속에 뿌리내려야 된다는 거예요.

여성 또는 소수자와 국가

이 객관적 이념과 주관적 사명을 같이 말씀하셨는데, 처음엔 이해하기 어려웠으나 사명에 대해서는 저도 이제 무슨 뜻인지 이해하고 공감하겠습니다. 그런데 말씀을 들으면서 도리어 이념에 대해서 한 가지 드는 의문이 있습니다.

김 네. 말씀하세요.

이 이념은 객관적이고 보편적인 거라고 말씀하시지 않았습니까?

김 네.

이 우리 시대에 어떤 의미로든 보편적인 이념을 모색하고 형성한다는 것이 가능한 일입니까?

김 그렇게 묻는 이유를 좀 구체적으로 설명해줄 수 있습니까?

이 단도직입적으로 말씀드리자면 넓게는 소수자의 문제 또는 여성의 문제 때문입니다. 지금 우리 시대에 그런 모든 상이한 존재의 조건 속에 놓여 있는 사람들에게 보편적으로 설득력을 가질 수 있는 그런 이념이 과연 가능합니까? 사실 지금 광장에 모인 사람들이 박근혜의 탄핵과 퇴진, 더 나아가 처벌에 대해서도 하나의 목소리를 낸다고 가정하더라도, 그들이 결코 동질적인 주체가 아님은 분명합니다. 게다가 그들 사이의 사회적 관계가 평등한 차이라기보다는 지극히 위계적이어서 광장에서조차 억압받는 소수자들이 있습니다. 이를테면 노동자는 노동자라서, 장애인은 장애인이라서, 그리고 여성은 여성이라서 배제되고 억압된다고 느낍니다. 특히 여성의 경우에는 광장에서도 이중 삼중의 차별과 억압을 느낀다고 말할 수 있는데, 예를 들면 많은 사람들이 모이는 광장에서는 어김없이 여성에 대한 성추행이 보고되고 있습니다.

제가 이런 말씀을 드리는 까닭은 지금과 같은 뚜렷한 전선이 형성되어 있는 광장에서조차 다양한 소수자 그룹이 서로 단절되어 있다고 느낀다면, 과연 스스로 주류 집단에 결코 합류할 수 없다고 느끼는 다양한 소수자 집단을 모두 아우르는 보편적 이념이나 보편적 슬픔의 바다라는 것이 과연 가능한 것인지 의문이 생깁니다. 노동자의 고통을 자본가들이 이해하거나 공감하지 못하리라는 것은 굳이 말할 필요도 없겠지만, 그 노동자들 사이에서도 차별받는 비정규직의 고통을 정규직 노동자가 이해할 수 있겠습니까? 그리고 장애인의 고통과 슬픔은 비장애인이 결코 같이 나눌 수 없는 것 아닙니까? 여성이 겪는 고통을 남성이 이해한다는 것도 불가능한 일이고요.

김   거기에 덧붙여도 된다면, 호남 사람들이 느끼는 차별을 저 같은 영남 출신이 이해한다고 말한다면 그것도 거짓말이겠지요.

이   바로 그겁니다. 그렇게 우리 사회에 서로 단절되고 억압받는 무리들이 많이 있는데, 선생님이 말씀하시는 보편적 슬픔의 바다와 거기서 생성되는 새로운 세계의 보편적 이념이라는 것이 어떻게 가능한지 잘 모르겠습니다.

김   이렇게 해서 아마도 우리의 대화가 가장 어려운 고비에 이른 것 같군요.

이   선생님에게도 어려운 문제입니까?

김   물론이지요. 참된 만남이 어떻게 가능하냐 하는 것은 언제나 새롭고 어려운 과제입니다. 게다가 저 역시 특정한 존재의 조건에 매여 있는 개별자라는 점에서는 남들과 다를 바가 없으니까요. 비극을 설명하면서 니체가 그랬지요. 개별자가 전체와 합일하려 발돋움하기 시작하면 전체 속에 내재한 내적인 분열과 모순으로 말미암아 그 개별자는 파열하여 파멸할 수밖에 없다고. 이를테면 전체 속에는 남자뿐만 아니라 여자도 존재하는데, 저는 여자가 아니고 남자잖아요. 그런데 전체가 되려면 남자인 동시에 여자가 되어야 한다는 말이니까, 이게 어떻게 가능하겠어요? 그 둘은 동시에 하나일 수 없는 타자들인데. 그럼에도 불구하고 남자인 동시에 여자인 전체가 되려 하면, 모순적인 그 두 존재 방식 사이에서 나의 존재는 갈가리 찢어질 수밖에 없는 거지요.

이 그렇다면 결국 전체의 자리에 서는 것은 불가능한 일입니까?

김 내가 남자인데 동시에 여자가 되려 한다면, 그건 불가능한 일이지요. 어린이면서 동시에 노인이어야 한다면 그것 역시 불가능한 일이 아니겠어요? 부산에서 태어나 자란 경상도 사람이 동시에 광주에서 나고 자란 호남 사람이 되어야 한다면 그것 또한 불가능한 일이겠지요. 한국인 교수가 동시에 한국에 거주하는 외국인 노동자가 되어야 한다면 그것 또한 불가능한 일입니다. 그런데 여기서 제가 불가능하다고 반복해서 말하는 상황이 단순히 생물학적 의미에서 남자가 여자가 되는 것이 불가능하다는 것을 강조하기 위해 하는 말은 아닙니다. 그건 너무 당연한 말이니까 애써 강조할 필요도 없겠지요?

이 그렇다면 무엇이 불가능하다는 뜻입니까? 무엇이 문제인가요?

김 내가 남자로서 여자의 고통과 슬픔을 온전히 이해하는 것이 불가능한 것이 정말로 문제라는 말입니다. 고통은 오직 자기만의 것입니다. 누구도 나의 고통을 대신해서 느껴줄 수도 없고 같이 느껴줄 수도 없습니다. 고통 속에서 우리 모두는 자기에게 돌아옵니다. 그런 의미에서 고통이야말로 자기의식의 시원입니다. 고통 속에서 나는 네가 아니라 오직 나로구나, 이걸 처절하게 자각하게 되니까요.

이 그렇다면 어떻게 보편적 슬픔의 바다가 가능합니까? 우리 모두는 자기의 고통과 슬픔을 벗어날 수 없는 존재 아닙니까? 그렇게 고립된 상태에서 만남은 또 어떻게 가능합니까?

김　만약 너의 고통과 나의 고통이 언제나 동일해야만 너와 내가 우리가 되고 참된 만남이 가능하다면, 이런 경우에는 참된 만남이란 영원히 불가능할 것입니다. 그런데 생각해보면 많은 사람들이 너와 내가 존재의 조건이 동일하고 또 동일한 고통을 당해야만 '우리'가 될 수 있다고 생각하지요. 이건 단순히 사람들의 상식적인 통념으로 그치지 않고, 마르크스가 모든 인간이 프롤레타리아라는 하나의 계급이 되어야만 이상적인 사회가 실현된다고 생각한 것처럼 고상한 이론의 형태를 띠고 나타나기도 합니다.

그러니까 대개 사람들이 생각하는 선택지는 두 가지인데요, 하나는 적극적으로 모든 존재의 조건이 같든지, 아니면 아예 아무런 규정된 존재의 조건도 없든지, 둘 중에 하나여야만 더불어 '우리'가 될 수 있다고 생각하는 거지요. 예를 들어 미국의 인종주의자들이 백인이어야만 더불어 하나의 나라를 이룰 수 있다고 생각한다면, 이건 적극적인 존재의 동일성을 만남의 조건으로 요구하는 것이라고 하겠고, 마르크스처럼 아무것도 소유하지 않은 프롤레타리아만이 이상적 사회의 구성원이 될 수 있다고 생각한다면, 이는 없음의 동일성을 참된 만남의 조건으로 요구한 것이라 말할 수 있습니다. 단순하게 표현하기 위해 앞의 것을 존재의 동일성이라 한다면 뒤의 것은 무의 동일성이라 하면 되겠군요. 그러나 두 경우 모두 너와 내가 동일해야 우리가 될 수 있다고 생각하는 것은 다르지 않습니다.

이　선생님은 다른 의견이신가요?

김　그렇습니다. 저는 만남을 위해 동일성이 전제되어야 한다고 생각하지 않습니다. 내가 남자니까 남자하고만 만날 수 있고, 내가 경상도 출신이니까 경상도 출신들하고만 '우리'가 될 수 있고, 내가 한국인이니까 베트남 사람들과는 우리가 될 수 없다면 어떻게 만남이란 게 가능하겠어요? 그냥 홀로주체의 자기 동일적 확장만 있겠지요.

이　하지만 존재의 조건이 다르면 고통의 공유가 불가능한데, 고통의 공유가 없다면 참된 만남도 불가능한 것 아닙니까?

김　저도 종종 참된 만남이 고통의 공유에 존립한다는 말을 합니다. 그런데 이건 남의 고통에 참여해야 한다, 응답해야 한다는 걸 알기 쉽게 표현한 것일 뿐, 엄밀하게 말하자면 우리는 누구도 남의 고통을 그대로 공유할 수는 없습니다. 물론 우리는 타인의 고통에 공감하기 위해 애써야 합니다. 하지만 타인의 고통을 내가 완전히 공감할 수 있다거나 다 이해할 수 있다고 생각한다면, 그건 어리석은 오만입니다. 세상에는 세월호에서 자식을 잃은 부모들의 경우처럼 어떤 말로도 위로받을 수 없는 슬픔이 수없이 많습니다. 그들의 고통을 내가 다 이해하고 공감한다고 말한다면, 그건 정말이지 고통이 뭔지 모르는 자의 허튼소리에 지나지 않겠지요. 그런 의미에서 우리가 타인의 고통 앞에서 가져야 할 첫 번째 태도는 겸손입니다. 타인의 고통은 결코 나의 이해력의 범위 안으로 끌어들일 수 없습니다. 그것은 어떤 의미에서는 절대적인 타자성입니다. 그 타자성 속에 한 사람과 다른 사람의 고유성이나 독자성이 존립하는 거지요.

이　그렇다면 그 절대적인 타자성에도 불구하고 어떻게 선생님이 늘 말씀하시던 만남이 일어날 수 있는 겁니까?

김　응답입니다. 만남이 일어나는 순간은 내가 너의 고통을 다 알고 이해할 때가 아니고, 너의 고통에 응답할 때입니다. 만남은 완전한 공감이나 이해 또는 인식에 존립하는 것이 아니고 응답에 존립합니다. 나는 타인의 고통을 완전히 공감하거나 이해하지 못하더라도 그 고통에 응답할 수는 있습니다. 아무리 유능한 의사라도 환자의 고통을 똑같이 느낄 수는 없지요. 아니 그래서도 안 될 것입니다. 정말로 똑같이 고통을 느끼는 순간 의사가 아니라 환자가 될 테고 더는 환자를 치료할 수도 없게 될 테니까요.

네가 나와 같아져야 한다는 것은 동일성의 폭력을 낳습니다. 내가 남과 만나기 위해 남과 같아져야 하는 경우도 마찬가지입니다. 그건 타자

속에서의 자기상실과 자기소외로 귀착되겠지요. 그러나 양쪽 모두 참된 만남이 아니기는 마찬가지입니다. 타자를 자기에게 동화시키거나 반대로 자기가 타자에게 동화됨으로써만 자기와 타자 사이의 만남이 가능하다면, 그런 만남은 지배의 다른 이름일 뿐 자유롭고 평등한 서로주체들의 만남이라고는 도저히 말할 수 없는 것입니다.

그러나 내가 너의 고통에 응답할 때, 그 응답은 너를 나에게 동화시키는 것도 아니고 내가 너에게 동화되는 것도 아닙니다. 너는 너로서 나는 나로서 차이와 다름 속에 있지만, 부름과 응답 속에서 우리는 서로 간의 차이에도 불구하고 보다 높은 하나를 이루게 되는 것입니다. 그 하나는 차이를 포함하는 것이므로 차이들 위에 있는 하나요, 그런 의미에서 보다 높은 하나인 거지요. 이런 만남 속에서 우리는 서로 간에 누구도 상대방을 폭력적으로 동화시키지 않으면서도 '보다 높은 하나'에 참여하게 되는 것입니다.

덧붙여 말하자면 참된 만남이란 명사가 아니라 동사라는 겁니다. 너와 내가 우리가 되기 위해 너와 내가 존재의 차원에서 같아져야 한다는 것은 동일한 부류 또는 무리에 속하는 실체가 되어야 한다는 요구입니다. 논리학적으로 말하자면 동일한 유개념 아래 포섭되는 개별자가 되어야 한다는 말이지요. 하지만 제가 응답 속에서 일어나는 만남을 말할 때, 그 응답은 동일한 상태, 동일한 존재 또는 실체가 아닙니다. 응답은 나에게서 너에게로 건너감입니다. 부름에 응답하여 달려감입니다. 예를 들면 서울의 강남역에서 살해된 여성의 비명 소리를 듣고 내가 그에게 달려가기 위해, 내가 여성이어야만 되는 것은 아닙니다. 내가 남자라도 여성의 비명을 들을 수 있고 그를 돕기 위해 달려갈 수 있고 그를 지킬 수 있는 거지요. 어떤 부름을 듣고 응답하기 위해 존재 그 자체의 동일성이 언제나 전제되어야 하는 것은 아닙니다. 도리어 사랑은 차이 속에서만 일어나는 사건이 아닌가요?

이   사랑이 차이 속에서만 일어난다고 말씀하셨습니까?

김　그렇지 않습니까? 내가 나를 사랑하는 걸 사랑이라고 부릅니까? 우리가 자기애라는 말을 사용하기는 하지요. 루소는 이기심(amour propre)과 자기애(amour de soi)를 구별하여 앞의 것은 비판하면서도 뒤의 것에는 자못 심오한 뜻을 부여하기도 했습니다만, 상식적으로 생각하자면 사랑은 내가 아닌 남하고 하는 것 아닙니까? 동성 간의 사랑이든 이성 간의 사랑이든 사랑은 나 아닌 남과의 만남이잖아요.

이　듣고 보니 당연한 말씀입니다.

김　그런데 우리는 그 당연한 이치를 너무 자주 잊어버립니다. 사랑은 엄연히 차이와 타자성 속에서만 일어날 수 있는 사건인데, 애써 그것을 동일성의 관계 속으로 구겨 넣으려 하지요. 그리고 같은 타자라도 자기 동일성의 테두리 속에 있는 타자만을 사랑할 수 있다고 생각하고요. 하지만 자기를 사랑하는 거나 자기 동일적인 타자만을 사랑하는 것은 이기심이거나 아집이지 사랑이라고 부를 수는 없는 것 아니겠어요? 여기서 자기를 사랑한다고 하는 주체가 개인이냐 집단이냐에 따라 그 이기심이 개인적인 이기심이 되기도 하고 집단적 이기주의로 나타나기도 하겠지만, 어떤 경우든 참된 의미에서 사랑이라고 말하기는 어려운 거죠. 사랑은 자기하고 하는 게 아니고 자기와 다른 남과 하는 거니까요.

이런 의미에서 제가 늘 이야기해왔던 보편적인 슬픔의 바다는 세상 모든 사람이 똑같은 존재의 조건 속에서 똑같은 고통을 느끼는 그런 정태적 상태를 뜻하는 것이 아니고, 우리 모두가 동일성으로 환원되지 않는 차이에도 불구하고 서로의 고통에 응답하는 만남에 존립하는 겁니다. 그리고 그 만남 속에서 열리는 길들이 끝없이 중첩되어 펼쳐지는 지평이 바로 우리 모두가 참여하는 세계인 거고요.

이　그럼 그 원칙을 구체적으로 여성과 소수자의 차별 문제에 적용해서 말씀해주실 수 있나요? 그 원칙이 어떤 의미에서 소수자 또는 여성의 억압에 대한 답이 되는지요?

김　답이 되느냐는 물음이 너무 무겁기는 합니다만, 피하지는 말고 하나씩 생각해보지요. 우선 한 사회 내에서 소수자란 다수에 속하는 사람들과 다른 사람들을 의미하겠지요. 그 다름이 억압과 배제와 차별의 이유가 되는 거잖아요. 그런데 제가 하고 싶었던 말은 이것이 필연적인 인과관계가 아니라는 겁니다. 다시 말해 차이가 억압의 필연적인 원인일 수는 없다는 거지요. 왜냐하면 차이는 도리어 사랑의 조건이기 때문입니다. 하지만 그렇다고 해서, 저는 여기서 '차이가 사랑의 조건'이라는 말이 소수자의 문제를 해결하는 답이라고 주장할 생각은 없습니다.

이 왜요?

김 우리가 직면하고 있는 많은 세상일에 대해 무슨 답이 그렇게 간편하게 주어질 수 있는 게 아니니까요. 무슨 말이냐면, 답은 여기서도 우리들 마음속에 있는 거지, 누가 밖에서 줄 수 있는 게 아니에요. 그래서 세상이 바뀌기를 원한다면 마음이 바뀌어야 되는 거예요. 내가 차이를 불편함으로만 받아들이고 가능한 한 차이를 제거할 수 있도록 배제하기만을 원한다면, 사람과의 관계에서도 나와 다른 사람을 배제하려 할 것이고, 내가 사회적으로 우위에 있을 때는 폭력적으로 억압하려 하겠지요. 하지만 내가 차이를 사랑의 조건으로 받아들인다면, 차이는 억압되고 배제되어야 할 이물질이 아니라 만남을 위해 반드시 전제되고 또 인정되어야 할 필연적 요소가 되지 않겠어요?

이 둘 사이에서 내가 어떤 태도를 취하느냐 하는 것은 양쪽으로 열려 있는 가능성이에요. 그런 의미에서 그건 나의 자유로운 선택과 결단에 달려 있는 일이지요. 하지만 양쪽 모두가 동등한 가능성이라 해서, 두 가지 태도가 동일한 결과를 낳는 건 아니에요.

이 근본적인 차이가 있다는 말씀인가요?

김 내가 만약 나와 다른 사람, 또는 추상적으로 말해 타자성이나 차이를 불편하게만 생각하고 가능하면 배제하고 억압하려 한다면, 나는 만남을 포기해야죠. 그게 공정한 일이기도 하지만, 실제로도 그렇게 되더군요. 사례를 들어볼까요? 김용철 변호사의 책 『삼성을 생각한다』

(2010)에 보면, 예전에 이건희가 유럽 어디를 방문할 때, 누구의 방해도 받고 싶지 않아서 자기가 머무르는 호텔 주위의 산기슭을 아예 통째로 빌린 적이 있었나 봐요. 다른 시민들이 출입할 수 없도록 한 거죠. 그게 당시 거기서 물의를 빚었다고 하더라고요. 그리고 외국에 갈 때 묵는 호텔 방을 자기 집 방의 구조와 똑같게 만들었다든지, 아무튼 그런 인상적인 얘기들이 많아요. 모두 자기동일성에 대한 집착을 보여주는 사례들이죠. 그런데 정말 재미있는 게 뭐냐면.

이   뭐였습니까?

김   그 사람이 특이한 취미가 있더군요.

이   어떤?

김   혼자 거울을 보는 게 취미래요.

이   나르시스의 홀로주체성입니까?

김   그렇지요? 머슴들은 있어도 친구가 없으니, 혼자 거울이나 볼 수밖에 없는 거죠. 그러니까 만약 우리가 정말로 타자성을 배제하려 한다면, 마지막에 남는 건 거울밖에 없어요. 한평생 거울하고 놀다 가는 거죠.

이   무슨 뜻인지 알겠습니다. 그럼 여성 문제에 대해서는 어떻게 생각하시나요? 평소에 선생님께서는 여성 문제 또는 페미니즘에 대해서는 명시적으로 말씀하신 적이 없어서 좀 궁금하기도 했습니다.

김   남자가 페미니즘을 말하거나 페미니스트 행세를 하는 건 자칫하면 주제넘은 일이 되기 쉽습니다. 여성의 고통과 곤경을 직접 느끼지 못하면서 아는 척을 하기 십상이거든요. 저는 그런 의미에서 여성 문제에 관해 남성들이 가져야 할 일차적 태도는 신중한 겸손이라 생각합니다.

이   그래도 여성 문제의 중요성이나 심각성에 비추어 선생님께서 말씀을 좀 더 적극적으로 하실 수도 있지 않았을까 하는 아쉬움도 있습니다만.

김   말을 하더라도 철학자는 똑같은 문제에 대해서 철학적인 방식으로 말해야겠지요. 그런 의미에서 저는 저 나름대로 여성 문제를 천착

해왔다고도 말할 수 있지요. 다만 그걸 사람들이 별로 알아들은 것 같지는 않습니다만.

이　어떤 말씀을 하셨다는 건가요?

김　서로주체성이란 임신의 철학적 형상화입니다. 간단히 말하자면 서로주체성이란 내가 오직 너를 통해서만 내가 된다는 거잖아요. 너는 나의 외부에 떨어져 있는 타자가 아니고 나를 나로 만들어주는 타자, 그런 의미에서 본질적 타자인 거지요. 본질이란 것이 어떤 것을 바로 그것이 되게 만들어주는 근거라면, 너야말로 나를 나로 만들어주는 근거니까 나의 본질적 타자인 거예요. 만약 네가 없다면, 나도 없다는 거거든요. 물론 여기서 '나'는 생물학적인 개별자가 아니라 주체로서의 자기의식이라는 건 분명히 해야겠지요.

무슨 말이냐면, 사람들은 내가 따로 있고 네가 따로 있다 생각하는데, 이렇게 분리된 나는 실은 생물학적인 개별자로서 나의 몸이에요. 이에 반해 생각하는 주체로서의 나, 몸이 아닌 마음의 나는 그렇게 고립된 원자와도 같은 개체가 아니고, 비유하자면 내 몸과 남의 몸 사이에 놓여 있는 보이지 않는 다리와 같은 거예요. 다시 말해 하나의 몸과 다른 몸의 만남이 마음으로 존재하는 '나'라는 거지요. 그러니까 나의 몸은 공간 속의 테두리에 갇힌 개체지만 나의 마음은 무한히 열린 만남의 길이고 다리인 거예요. 그런 까닭에 나의 몸은 작은 공간을 차지하고 있을 뿐이지만 나의 마음은 만남이 확장됨에 따라 온 우주로 끝없이 뻗어 나갈 수 있는 거지요. 그런 마음으로서만 존재하는 나, 그게 주체로서의 나예요. 그렇게 주체가 고립된 원자가 아니라 만남 속에서만 일어난다는 것을 표시하기 위해 홀로주체성이 아니라 서로주체성이라고 불렀던 거고요.

이　그게 임신과 무슨 상관입니까?

김　임신은 여성적 신체의 어떤 상태지요. 여성의 몸은 임신을 할 수도 있고 하지 않을 수도 있으니까. 이건 나의 몸이 자기를 반성적으로

의식할 수도 있고, 아무런 자기의식 없이 잠든 상태나 무의식적인 식물 상태에 있을 수도 있는 것과 같아요. 주체의 자기의식이 사물적 실체가 아니라 활동하는 상태를 의미하는 것처럼 임신도 그런 거지요. 그런데 생물학적인 관점에서 보자면 여성적 신체는 임신을 통해 그 고유한 가능성이 현실적으로 실현된 상태가 된다고 말할 수 있겠지요. 이런 의미에서 저는 여성적 신체의 임신을 자기를 의식하는 마음, 곧 주체성의 으뜸가는 모범으로 삼은 거예요. 이건 사실과 무관하게 임신을 제가 눈에 보이지 않는 마음의 일인 자기의식의 도식으로 삼았다는 거니까 맞다 틀리다 시시비비를 가릴 일은 아니에요. 어차피 임신은 몸의 일이고 주체의 자기의식은 마음의 일이니까 같은 지평에서 일어나는 일은 아니죠. 다만 여기서 저는 임신이라는 여성적 신체의 활동적 상태가 자기 속에 남을 품음으로써 현실적인 여성적 신체가 된다는 것에 주목한 거예요. 임신한 신체 내의 태아는 임신한 신체의 입장에서 보자면 원래부터 자기에게 속한 부분이 아니죠. 쉽게 말해 태아는 신체의 일부인 장기와 달라요. 그건 임신한 신체가 아닌 타자적 생명, 곧 타인인 거예요. 그런데 여성적 신체가 가능성이 아니라 현실태로서 여성적 신체가 되는 것은 임신을 통해서니까, 여성적 신체는 타자적 신체를 분리할 수 없는 방식으로 자기 속에 품음으로써 여성적 신체가 된다고 말할 수 있겠지요. 추상적으로 말하자면 자기 속의 타자를 통해 자기가 되는 거지요. 이걸 자기의식의 언어로 바꾸면 내가 너를 통해 내가 되는 거예요. 더 나아가 여성적 신체가 임신하는 것은 자연 상태에서 보자면 외부의 (남성이라는 타자적) 신체를 통해서 이루어지는 일이니까, 임신의 신체는 이중적인 의미에서 타자와 본질적으로 관계하게 되거든요. 즉, 자기 안의 타자(태아)와 자기 밖의 타자(남성). 나를 나로 만들어주는 너 역시 나 속의 내재적인 너와 나 밖에서 나를 부르는 너도 있지요. 이런 의미에서 저는 『나르시스의 꿈』(2003)에서 '임신한 정신' 또는 '정신의 입덧'이란 말을 입에 올린 이래 단지 은유 이상의 의미를 담아 서로주체성의 이념을 임신을 통해 설명해왔어요. 그래서 데카르트의 자기의식의 명제가 '나는 생각한다, 그러므로 나는 존재한다'라면, 서로주체성의 이념은 '나는 임신한다, 그러므로 나는 존재한다'라고 표현해도 무방하다고 말할 수 있겠지요.

이   좀 더 분명하게 말씀하셨더라면 좋았겠습니다만.

김   그걸 꼭 말을 해야 하나요? 만해의 「님의 침묵」이나 소월의 「진달래꽃」의 시적 화자가 여성이라는 건 말하지 않아도 짐작할 수 있잖아요. 두 시인은 모두 남자들이지만 나름의 이유가 있어 여성적 화자에 빙의하여 시를 쓴 거라고 봐도 되겠지요. 하지만 그걸 만해나 소월이 내놓고 말한 적은 아마 없죠? 저도 마찬가지예요. 서로주체성의 이념은 굳이 말하자면 제가 생각한 여성적 주체성의 이념이에요. 그런데 제가 그걸 명시적으로 말하지 않는 건 제가 남자이기 때문이지요. 여자가 되어본 적이 없는데, 여성적 자기의식을 말한다면 우습잖아요. 하지만 상상해볼 수는 있으니까, 내가 상상한 여성적 자기의식 또는 임신의 자기의식이 서로주체성이에요. 그런데 내가 이렇게 말을 하는 순간 사방에서 그걸 두고 맞다 틀리다 시비를 걸 수 있지 않겠어요? 저는 상상한 것뿐이니까 맞다 틀리다 시비를 가리는 것이 별 의미도 없는데 말이에요. 그래서 애써 말하지는 않는 거죠. 저는 스스로 여성의 철학을 할 수도 없고 여성적 자기의식을 인식하고 제시할 수도 없어요. 저는 그게 마땅한 겸손이라 생각해요. 하지만 그러니까 나는 남성의 철학 안에 머물겠다는 건 아니에요. 여기서도 만남의 원리는 유효한데, 제가 할 수 있는 일은, 제가 남자니까, 남성의 철학에서 여성의 철학 쪽으로 다리를 놓는 거예요. 여성과 남성의 철학이 만날 수 있도록. 하지만 이쪽 끝에서 다리 놓기를 시작하는 건 제가 할 수 있지만 그 다리를 온전히 반대쪽 끝에서 이어주는 건 여성들이 응답해야 할 몫이겠죠.

이   응답이 있었습니까?

김   아니요. 시기상조일 수도 있고, 응답할 만한 가치가 없는 걸 수도 있겠죠. 그것이 어떻든 제 편에서는 철학적인 차원에서 페미니즘이 문제라면 서로주체성의 이념을 말할 수 있고, 사회적인 문맥에서 여성 차별이 문제라면 원론적으로 앞서 말한 응답의 윤리를 말하면 되리라 생각해요. 그런데 이 문제에 대해 또 한 가지 보태고 싶은 게 있어요.

이　어떤 것입니까?

김　페미니즘이란 것을 여성주의라고 번역한다면, 이것은 남성중심주의에 대한 비판으로 제시된 것 아니겠어요? 남성중심주의는 여러 가지 방식으로 나타날 수 있으니까 다양한 문맥에서 그에 대한 비판이 가능할 텐데, 이를테면 사회적으로 가부장주의를 여성주의적 입장에서 비판할 수도 있고, 철학적으로는 배려의 윤리나 보살핌의 윤리를 정의의 윤리에 대립시킬 수도 있겠지요.

이　네.

김　그런데 이처럼 페미니즘이 남성중심주의의 대항 담론으로서 정립되기 위해서는 남성중심주의라고 하는 것이 확고하게 정립되어 있어야 하지 않겠어요? 또는 남성중심주의라는 말이 너무 무겁다면 남성성(男性性)이라고 하는 것이 확립되어 있어야 그것에 대한 비판도 의미가 있지 않느냐 하는 뜻이에요.

이　네. 당연한 말씀이죠. 그리고 한국 사회가 다른 어떤 사회보다 더 가부장적이고 남성중심주의적인 사회 아닙니까?

김　보통 그렇게 말하지요. 그런데 그게 짝퉁이어서 문제예요.

이　무슨 뜻입니까? 한국의 가부장주의가 가짜라는 말인가요? 어떤 의미에서 그렇습니까?

김　간단히 말하자면 한국은 남자들이 지배하는 사회이기는 한데, 그 남자들이 거세된 남자들이에요. 그래서 가부장주의도 심각하게 왜곡되어 있다는 게 제 생각이에요. 세상의 모든 제도가 다 이유가 있어서 생기고 그 이유가 사라지면 소멸하는 건데, 가부장주의도 마찬가지예요. 그게 무작정 악인 것처럼 매도하는 것도 분별없는 거죠. 진짜 가부장주의는 가족을 지키기 위해 요구되었던 가부장의 용기와 희생에 존립하는 거예요. 그런데 한국의 경우에는 용기도 없고 희생도 하지 않는 가부장들이 지배만 하고 향유만 하려 하니까 문제인 거예요. 그래서 여자들이 한국에서 살기 힘든 거죠. 도무지 남자가 남자 구실을 못하니까 여성들이 집 안의 남자와 집 밖의 남자라는 이중의 적과 상대해야 하는 거예요. 그러다 보니 남자들은 비겁한데 도리어 여자들만 용감한 사회가 되었죠. 그러면 남자들은 더 큰 열등감을 느끼고 여자에게 더 공격적이 되고. 이런 악순환 속에 있는 거예요. 저는 강남역 살인 사건의 심리 구조가 그런 거라고 생각해요. 남자가 다른 남자에게 당하고 여자에게 분풀이하는 거지요.

물론 저는 한국 남자들이 선천적으로 거세된 남자들이라고 주장할 생각은 없어요. 동학에서부터 5·18 그리고 6월항쟁까지 외세의 침략에 맞서 싸우고 압제에 저항해온 우리의 역사를 생각하면 한국 남자들을 거세된 남자들이라고 말하는 건 모욕이죠. 그런데 문제는 한국 사회에서 그렇게 용기 있는 사람들이 사회의 주류를 이루고 이런 종류의 용기가 보편적으로 숭상되어왔다고 말할 수 없다는 거예요. 로마에서는 집정관 선거에 출마한 사람들은 가슴이 훤히 보이는 망사 옷 같은 걸 입고 다녔다고 해요. 가슴에 난 칼자국 같은 상처를 보여주기 위해서인데, 그건 전쟁터에서 적에게 등을 보이고 도망치지 않고 언제나 정면으로 맞서 싸운 용기를 증명하기 위해서였다는군요. 그런데 우리나라는 봉건적 압제와 외세의 침략에 맞서 싸운 전봉준 같은 영웅이 아니라 전쟁이 나면 가장 먼저 도망부터 가는 선조나 이승만처럼 천하에 비겁한 인간들이 다스려온 나라였어요.

이   선생님, 말씀을 끊어 죄송합니다만 그게 한국 사회의 여성 차별과 무슨 상관이 있습니까?

김   그러니까 한국 사회에서 심각한 여성들의 곤경을 개선하기 위해서는 일반적인 의미에서 남성중심주의나 가부장주의를 극복하는 것

못지않게, 거세된 한국 남성의 왜곡된 남성중심주의와 가부장주의를 극복하는 것도 대단히 중요하다는 말을 하고 싶었어요. 물론 이 말이 용기라는 것이 남성만의 전유물이라는 말도 아니고, 남자들에게 '먼저 남자가 되어라'라거나 우리 사회에서 무슨 올바른 남성성의 문화를 확립해야 한다는 뜻은 아닙니다. 왜냐하면 우리 시대는 그렇게 남자와 여자의 생물학적 성차에 따른 전통적인 역할 분담이란 것이 점점 더 사라져가고 있어서, 어릴 적부터 남녀공학에서 공부하면서 자라나, 남자만이 아니라 여자도 군대에 갈 수 있고 또 남성 병사들을 여성 소대장이 지휘할 수도 있는 시대니까요.

그럼에도 불구하고 한국 사회에서 현재 진행형이라고 말할 수 있는 과도한 여성 혐오 현상을 부정할 수 없는데, 그것을 극복하기 위해서는 그 현상이 왜 일어나는지 원인을 알아야 하지 않겠어요? 그런 의미에서 저는 한국 사회의 거세된 남성성이 문제라는 말씀을 드린 거예요.

이   들으면서 생각하니 이것도 주체성의 결핍에서 비롯되는 문제네요.

김   바로 그거예요. 개인이나 국가 전체나 주체성이란 게 없는 거죠. 국방장관이란 자들이 집단적으로 전시작전권을 갖지 않겠다고 성명을 발표하는 나라가 이 나라예요. 군대가 전시에 작전통제권을 포기한다면 외부의 적과 스스로 싸울 권리를 포기한다는 말이잖아요. 그렇다면 그런 군대의 존재이유가 뭐예요? 밖의 적과 싸울 권리를 스스로 포기했으니 군대의 존재이유가 없는 거 아니에요? 그래도 존재이유를 찾으려면 누군가와 싸워야 하니까 '내부의 적'과 싸우는 거죠. 그래서 간첩 만들기와 양민 학살이 일상사가 된 거예요. 박근혜 탄핵 반대 집회를 한다면서 성조기를 들고 나오고 군복 입고 나오는 게 그거지요. 군복은 외부의 적과 싸울 때 입을 옷인데, 이 나라의 군대는 적이 늘 내부에 있는 군대예요. 내가 이렇게 말하면 또 북한의 위협을 들고 나오겠지만, 남북의 분단과 적대적 대립 자체가 민족 전체로 보자면 내부의 적대성이에요. 객관적 관찰자의 입장에서 보자면 우리는 일치단결해서 일본하고도 못 싸우고 미국하고도 못 싸우고 소련하고도 못 싸우고, 그저 우리끼리 안에서 싸우다 분단된 나라예요. 거기 무슨 변명이 있어요? 이런 나라니까 외부로 발산되지 못하는 힘이 뒤틀리고 왜곡되어 더 잔인한 방식으로 내부의 약자에게 향해지는 거고요. 그러니까 소수자의 차별이든 여성 차별이든 주체가 되는 게 먼저예요. 하지만 그렇다고 해서 그 주체가 서양식의 홀로주체, 지배하는 주체가 아니라 만남의 주체가 되어야 한다는 게 제가 늘 해온 말이지요.

이 그렇다면 (한국의) 거세된 남성성도 아니고, (서양의) 가부장적인 남성중심주의도 아니면서, 그런 만남의 주체성에 입각하여 선생님이 제안하시려는 바람직한 여성과 남성의 관계는 어떤 것입니까?

김 추상적인 원칙부터 말하자면 '차이 속에서의 만남'이에요. 생물학적인 의미에서 적어도 아직은 여자만 임신할 수 있고 남자는 그럴 수 없는 차이가 있지만, 사회적 삶에서 고정된 여성성이나 남성성이란 것이 있는 건 아니라서, 여자도 하나가 아니고 남자도 하나가 아니죠. 남자 같은 여자도 있고 여자 같은 남자도 있고. 이런 건 다 아는 거니까, 말할 필요 없겠죠. 그렇게 무지개처럼 펼쳐지는 차이의 스펙트럼 속에서 각자에게 고유한 개성적 차이가 적대적으로 충돌하지 않으면서 서로 존중받을 수 있는 조건을 만들어내는 것이야말로 우리가 고민해야 할 과제예요.

이게 말은 쉬운데 실제로 실현하기는 결코 쉬운 일이 아니죠. 이를테면 공무원 시험에서 군 가산점을 주는 걸 두고 남녀 간에 적대적인 대립 전선이 형성되는 것이 하나의 사례가 되겠는데, 이 경우 공무원 시험 제도는 여성과 남성을 적대적으로 대립하게 하는 조건이 되는 거겠죠. 같은 직장에서 같은 팀의 구성원 가운데 어떤 여성이 임신과 출산을 하겠다고 하면 동료들이 마음으로 싫어하겠지요. 그 여성이 출산휴가를 내면 그의 업무가 다른 구성원들에게 전가되니까요. 이런 예를 들면 끝이 없을 거니까 이 정도로 해두죠.

이   그런 대립을 해소할 수 있는 방법이 있습니까?

김   이 문제를 일률적으로 해결할 수 있는 방법은 없어요.

이   왜 없습니까?

김   그게 추상적으로 말하자면 '만남의 비대칭성' 때문이에요. 참된 만남은 등호(=)로 표시할 수 있는 산술적 동일성이나 동등성에 존립하는 것이 아닙니다. 자기동일성의 반복은 만남이 아니에요. 오직 차이와 타자성 속에서만 만남은 일어나지요. 그런 까닭에 진정한 만남은 일종의 불균형에 존립할 수밖에 없어요. 이건 여자와 남자의 만남에서도 마찬가지인데, 그 둘이 만날 때, 어떤 때는 남자가 여자 때문에 손해를 보고, 또 어떤 때는 여자가 남자 때문에 손해를 보게 마련이잖아요. 그런데 이게 단순한 거래 관계라면 그냥 손해로 끝나겠지만, 만약 그 두 사람이 사랑하는 사이라면 어떻겠어요? 남자는 여자 **때문에** 손해를 보는 것이 아니고 여자를 **위하여** 손해를 보는 거고, 여자도 남자 **때문에** 손해를 보는 것이 아니라 남자를 **위하여** 기꺼이 손해를 보는 것으로 바뀌지 않겠어요? 그런데 '때문에' 손해를 보든 '위하여' 손해를 보든 여성과 남성은 서로의 차이와 비동일성 때문에 손해를 볼 수밖에 없는 경우가 반드시 생기지만, 따지고 보면 그 차이 때문에 또한 서로 자기에게 없는 것을 얻게 되기도 하잖아요. 남자와 여자가 더불어 새로운 생명을 탄생시키는 것처럼, 일상의 만남에서도 그렇게 가치 있는 것들을 더불어 창조할 수 있겠죠. 이렇게 서로를 위해 손해를 보면서 상대방으로부터 이익을 얻고 더불어 새로운 것을 창조하는 것이야말로 만남의 신비예요. 우리의 과제는 우리의 사회적 삶 속에서 이 만남의 원리를 구체적으로 실현할 수 있는 다양한 길을 열어 나가는 거지요. 그냥 내버려두면 적대적으로 충돌할 수 있는 차이를 만남과 창조의 조건으로 전환시키는 것이야말로 우리에게 필요한 실천적 지혜라고 말할 수 있겠군요.

물론 그 지혜가 정해진 법칙으로 주어질 수는 없어요. 왜냐하면 모든 경우가 다 같지 않거든요. 사물적 자연이라면 아무리 다양한 개별자라고 할지라도 동일하게 적용할 수 있는 물리적 법칙이 있을 수 있지만, 무수하게 다른 인격적 주체들 사이의 만남은 자유의 현실태이기 때문에 그 만남을 일률적으로 규정할 수 있는 법칙은 결코 있을 수 없어요. 이런 경우엔 칸트식으로 말하자면 법칙은 없고 오직 판단력의 준칙만 있을 수 있겠죠.

이   그럼 이 경우에 판단력의 준칙은 무엇인가요?

김   앞에서 제가 '사회적 의리'를 말했는데, 그와 비슷하게 이 문맥에서는 '사회적 사랑'을 말할 수 있겠지요. 예를 들어 우리와 같은 팀원인 김 대리가 출산을 앞두고 있습니다. 그때 같은 팀의 구성원들이 그걸 받아들이고 대처하는 태도가 올바르냐 아니냐 하는 것을 판단할 수 있는 기계적 법칙을 제시할 수는 없어요. 하지만 우리가 다음과 같이 서로 물어볼 수는 있겠죠. "이렇게 역할분담을 하면 우리가 김 대리 사랑하는 거 맞지?" 판단력의 준칙이란 머리가 아니라 가슴의 법칙이라고 말할 수 있을 텐데, 파스칼이 말했듯이 가슴은 머리가 알지 못하는 법칙을 가지고 있거든요.

저는 이 '사회적 사랑'이라는 가슴의 법칙이 비단 여성과 남성 사이뿐만 아니라 모든 개성적 차이 속에 있는 사람들의 사회적 만남에 적용될 수 있다고 생각해요. 예를 들면 장애인과 비장애인 사이에, 한국인과 이주민들 사이에, 노인과 청년 사이에, 또는 영남과 호남 사이에, 남한과 북한 사이에, 더 나아가 중국과 한국, 한국과 일본 또는 아시아와 아프리카 사이에, 어디나 적용할 수 있지 않겠어요?

남북통일에 대한 희망

이   이렇게 해서 우리 이야기가 자연스럽게 분단의 문제로 건너가도 될 것 같습니다. 이야기가 잘 나가다가 남북문제에 이르니 갑자기 다시 좀 막막해진 느낌입니다. 남북이 사회적 사랑 속에서 서로 만나, 보다 높은 하나를 이루려면 어떻게 해야 합니까?

김　먼저 각자가 참된 주체성을 끝까지 추구하는 게 먼저겠지요. 각자가 추구해온 주체성의 길이 좀 다르지만, 결국 그 다른 주체성의 길이 끝에 가서 만날 때, 통일이 올 거예요.

이　무슨 뜻입니까?

김　생각해보세요. 우리가 주체가 되어보지 못해 분단이 되고 분단 때문에 더욱더 내적 폭력으로 시달리면서 살았잖아요. 그런데 그 역사는 정말로 고통스러운 과정이었지만 무의미한 건 아니었어요. 그건 마치 용광로 속에서 모래가 금으로 정화되는 과정 같은 거였지요. 지난 현대사는 우리들 한국인이 쓰레기통의 들쥐 떼, 남의 집 머슴 노릇을 하던 백성으로부터 긍지 높은 시민으로 벼려져온 과정 아니었던가요. 그것이 탄핵으로 이어진 거고. 한마디로 말해 그건 시민적 주체성의 형성 과정이었지요.

그런데 박근혜 탄핵 사태로 시민적 주체성은 어느 정도 완성 단계에 이르렀다고 해도 좋을 거예요. 완성이란 말이 인간에게 어울리는 말은 아니지만 그래도 세상에 이 정도의 정치의식을 가진 겨레도 흔치 않죠. 그런데 전체로서의 민족 또는 겨레의 주체성이란 시민적 주체성만으로 충분하지 않고 국가의 주체성이 같이 있어야 돼요. 그 점에서 우리는 아직 많이 부족하죠. 사드를 도입하는 과정을 보면 이게 미국 식민지지 주권국가라고는 도저히 말할 수 없잖아요? 광장에서 성조기 들고 설치는 것도 다 그런 식민지적 상황의 반영이라고 해야겠죠.

그런데 그와는 정반대로 북한의 경우에는 개인 또는 시민의 주체성은 전혀 없고 오로지 국가의 주체성만 있다고 말할 수 있겠지요. 남쪽에서는 남한이 미국의 속국인 것처럼 북한도 중국의 속국이라 생각하고 중국보고 북한 핵실험이나 미사일 개발 같은 걸 못하게 제재하지 않는다고 비난하기도 하지만, 북한이 중국의 말을 듣나요? 중국이 북한이 말을 듣지 않는다고 잘못 제재했다가는 도리어 중국이 피곤해질 수도 있으니 그것도 쉬운 말은 아니에요. 중국의 입장에서는 순망치한이라고, 북한을 적으로 돌릴 수는 없거든요. 그러니 함부로 제재하기도 쉽지 않지요. 북한은 또 그런 사정을 잘 알고 있으니까 저 하고 싶은 대로 하는 거고. 하지만 개인의 입장에서 보자면 북한은 시민적 자율성이라고 하는 것은 전혀 없는 사회니까 그 점에서는 치명적 한계를 안고 있는 거죠. 남한이 식민지적 예속 때문에 시민적 자유와 자율성이 끊임없이 침해받아온 것처럼, 북한의 경우에는 거꾸로 시민적 자율성의 부재가 결국엔 국가 체제 자체의 위기를 가져올 거예요.

분단 이후 남한과 북한의 현대사는 자기를 상실한 민족이 안팎으로 수난받으면서 자아를 형성해가는 과정이라고 저는 생각해요. 그 과정에서 북한이 국가의 주권과 주체성을 형성하는 데 집중했다면, 남한은 시민적 주체성을 형성해왔던 거지요. 그런데 이 둘은 반드시 하나로 만나지 않으면 안 돼요. 시민 한 사람 한 사람의 주체성이 존중되고 발휘되는 만큼 국가의 주권과 주체성 역시 확립되어야지요. 하나만 있고 다른 것이 결여되면 반드시 있는 것도 위험에 처하게 되거든요. 국가의 주권과 주체성이 없다면 개별적 시민의 자유와 주체성 역시 외세의 간섭에 의해 침해될 수밖에 없고, 거꾸로 북한처럼 시민적 자율성이 없을 땐 아무리 국가의 주권과 주체성이 확고한 것처럼 보여도 그것은 모래성처럼 안으로부터 무너질 수밖에 없는 운명이에요. 그런 의미에서 남북통일이란 단순히 분단된 나라를 외부적으로 다시 합친다는 것만이 아니라 분단 이후 남북이 기형적으로 한쪽으로만 발전시켜온 주체성의 두 계기를 하나로 통일하여 보다 높은 차원으로 승화시키는 거라고 말할 수 있을 거예요. 그 과정에서 우리 모두 한 단계 더 성숙하겠지요. 그것이 저의 믿음이고 희망이에요.

이　그 희망의 징표를 좀 구체적으로 말씀해주실 수 있습니까?

김 　함석헌은 우리가 수많은 역사의 시험에서 때마다 떨어진 민족이라고 탄식했어요. 그리고 그것이 민족 전체의 수난으로 이어졌다고 보았지요. 그렇게 본 이유 가운데 하나가 저는 그분이 수난의 역사에 주목했을 뿐 저항과 항쟁의 역사에는 그렇게 주목하지 않았기 때문이라 생각해요. 하지만 지난 한두 세기 한국 민중항쟁의 역사를 세심하게 들여다보면 볼수록 저는 우리 겨레가 역사의 시험을 통해 조금씩 더 성숙해왔다는 확신을 가지게 돼요. 이번의 촛불혁명은 그에 대한 증명이기도 하지요. 이런 게 시민이고 민주주의구나 하는 걸 온 세계에 모범적으로 보여준 것 아닌가요?

그런데 하필 바로 이 시점에 우리가 사드 문제에 봉착하고 있다는 건 그렇게 성숙한 시민에게 역사가 제출한 새로운 시험문제라고 할 수 있죠. 내부의 민주주의와 시민적 성숙은 그만하면 됐으니까 이제는 새로운 문제를 풀어보라고 역사가 우리에게 제시하는 시험문제가 사드예요. 미국의 입장에서는 한국이 미국의 식민지니까 무슨 짓을 하더라도 상관이 없다고 생각할 것이고, 실제로 지금까지는 사드를 배치하는 과정에서 아무런 의미 있는 저항도 없었다고 말할 수 있지요. 그건 지금까지 한국의 주류 세력이 이런 문제에 관해 고민을 하거나 저항을 할 필요가 없었기 때문이지요. 그냥 미국이 하라는 대로 하면 되었으니까요.

하지만 중국의 보복이 본격화되면서 남한 사회는 마치 명나라와 청나라가 바뀔 때처럼 비로소 중국과 미국 사이에서 선택을 해야 하는 상황에 처하게 되었지요. 게다가 한국의 정치적 의사 결정을 주도하는 주류 세력이 소수의 특권계층에서 광범위한 시민 공동체로 교체되고 있는 시점에 말이에요. 그렇다면 이런 상황에서 이성을 가진 사람이라면 누가 맹목적으로, 미국이 시키는 대로 또는 중국이 원하는 대로 우리는 하면 된다고 말할 수 있겠어요? 결국 미국의 요구든 중국의 요구든 우리들 자신의 주체적인 관점에서 판단하고 결정할 수밖에 없는 것 아니겠어요? 저는 우여곡절이 있더라도 이 문제가 우리를 그렇게 주체적인 겨레(nation)로 한 단계 더 성숙하게 만들어줄 계기가 될 거라고 생각해요.

이 　북한도 그런 식으로 변할까요?

김 　"모든 것은 흐른다. 아무것도 머무르지 않는다"라는 헤라클레이토스의 말은 만고의 진리예요. 박근혜가 임기를 마칠 수 없을 거라고 예견했던 사람으로서 북한에 대해 일종의 예측을 하자면 저는 김정은 체제가 길어야 10년이라 생각해요. 지금 우리 시대는 정말로 급속한 변화의 시대인데, 특히 동아시아는 더욱 극적인 변화 속에 있어요. 지난 2, 3백년 동안 이른바 서세동점의 시대는 이제 끝났어요. 동아시아의 밤은 지나고 이제 아침이 되었지요. 서양 문명의 침탈에 속수무책으로 당할 수밖에 없었던 중국이 이제는 미국을 제치고 새로운 초강대국으로 등장했다고 보아도 무방할 거예요. 이른바 트럼프 현상이 보여주듯이 이제 미국은 내부의 모순으로 말미암아 서서히 침몰하는 항공모함이나 다름없어요. 아무리 많은 핵무기, 아무리 많은 전투기가 그 속에 쌓여 있어도, 안으로부터 침몰하는 국가를 구원하지는 못합니다. 그건 역사의 불변하는 법칙과도 같아요.

돌이켜보면 남한의 독재 체제도 그랬지만, 북한의 족벌 독재 체제 역시 미국과 남한이라는 적이 있었기 때문에 유지될 수 있었어요. 흔히 하는 말로 적대적 공생 관계였지요. 그런데 남한이 안으로 보다 민주적이 되고 밖으로 보다 주체적이 되는 만큼, 그리고 미국이 자기 내부 문제로 말미암아 대외적으로도 허약해지고 국제적으로 도덕성을 잃어버리는 만큼, 북한 체제 역시 취약해지고 흔들릴 수밖에 없어요. 싸울 적이 없어지는데, 어떻게 과거와 같은 내부적 동원이 가능하겠어요? 그런 의미에서도 남한이 먼저 남북한 사이의 적대적 긴장을 완화하기 위해 적극적으로 노력할 필요가 있지요. 아니 보다 적극적으로 한반도의 평화 정착을 위해 말이 아니라 구체적인 실천이 필요한 것이 지금이에요.

이 　구체적으로 어떤 조치가 필요합니까?

김 　한편에서는 군사력을 실질적으로 강화할 필요가 있고요, 다른 한편에서는 징병제 폐지하고 전문적인 직업군인 제도로 가야 한다는 것이 제 생각입니다.

이 　군사력 강화와 징병제 폐지는 상호 모순 아닙니까?

김 　일본이 세계 최고 수준의 군사력을 보유한 것이 징병제가 있어서는 아니죠? 한국의 징병제는 외국의 침략으로부터 나라를 지키기 위해서가 아니고 내부적으로 시민을 노예적으로 훈육하기 위해서일 뿐이에요. 그래서 반드시 폐지해야 합니다. 특히 지금처럼 경제적 위기 상황에서 한창 창의성을 발휘할 스무 살 안팎의 청년들을 군대에 집단적으로 수용해 허송세월하도록 만드는 걸 더는 용납해서는 안 돼요.

현대 국가의 군사력이 징병제가 아니라 군인의 전문성과 첨단의 기술이 결합될 때 확보될 수 있다는 건 모든 나라들이 실제로 보여주는 사실이지요. 특히 전시작전통제권, 다시 말해 군사 주권이 없는 나라가 국방력을 입에 올리는 것 자체가 가소로운 희극이에요. 일단 군사 주권부터 되찾고 스스로 일어서는 능력을 갖추는 게 먼저예요. 그래야 군사력이 실질적으로 강화될 수 있어요. 스스로 싸움의 주체가 못 되고 남의 싸움에 하청받아 싸우는 군대가 무슨 군대예요? 일단 군사 주권을 되찾아온 뒤에 국방력 강화를 위해 필요한 것이 무엇인지 진지하게 논의하면서 하나씩 쌓아 올려야지요. 그런데 요즘 재벌 개혁이나 검찰 법조 개혁 말은 많이 해도 군대 개혁 소리 하는 사람 별로 없는데, 그것도 생각하면 딱한 일이에요.

이 　남경필 지사처럼 모병제로 가야 한다고 주장한 후보도 있습니다. 흙수저들만 군대 가게 될 거라는 비판도 있고요.

김 　그런 주장을 남 지사가 하는 게 우리 정치의 비극이에요. 김대중 씨가 처음 대통령 선거에 나섰을 때, 예비군 폐지를 입에 올렸다가 빨갱이로 몰렸던 게 벌써 몇십 년 전의 일인데, 한국의 진보 정치는 이 문제에서 그때보다 반 발짝도 진보하지 못한 거지요. 흙수저만 군대 가지 않도록 하기 위해서는 군대를 미국식 모병제가 아니라 일본식 직업 군인 제도에 가깝게 설계하면 되고, 서로 가고 싶어하는 군대가 되도록 운영을 합리화하고 처우를 개선해주면 되지요. 그런데 여기서 하나 보태고 싶은 게 있는데, 직업군인 위주로 군인의 숫자를 줄이는 대신에 모든 젊은이들이 원칙적으로 최소한의 군사훈련을 받을 필요는 있다고 생각해요. 최소한 석 달, 최대 반년 이내에서 군사훈련을 받으면 되리라 생각하지요.

이 　 징병제 폐지를 말씀하시다가 갑자기 왜?

김 　 평화에 대한 추구가 속없는 무능력으로 흐르지 않기 위해 군사훈련을 받을 필요는 있지요. 그렇지 않을 경우 밖에서 침략해올 때 스스로 총을 들고 싸울 수도 없고, 내부의 독재자가 군대를 동원해 시민을 공격할 때, 5·18 때처럼 시민이 총을 들 수도 없을 테니까요. 총을 쏘고 무기를 다루는 법을 알고 있어야, 자기를 노예로 삼으려는 모든 폭력에 스스로 맞서 싸울 수 있지 않겠어요? 3·1운동이나 이번 촛불혁명의 비폭력이 우리가 마땅히 따라야 할 길이겠지만, 상황에 따라서는 동학 농민군이나 5·18 시민군처럼 무기를 들고 싸워야 할 때도 있어요. 그게 인간의 역사예요. 물론 저는 여호와의 증인들처럼 절대로 살상 무기를 들지 않겠다고 결단한 사람들의 양심은 존중해야 한다고 생각해요. 그런 사람들은 그런 사람들의 역할이 또 있겠지요.

이 　 알겠습니다. 그런데 말씀을 나누다 보니 벌써 밤이 많이 깊었습니다. 통일까지 이야기했으니까 우리 대화도 거의 끝에 온 것 같습니다. 그래서 오늘은 여기까지 말씀을 나누고 한두 가지 남은 이야기는 다음에 이어서 하면 어떨까 싶은데요.

김 　 네. 저도 그게 좋겠습니다. 곧 탄핵 심판도 있을 듯하니까, 우리도 한 주일쯤 쉬었다가 결과도 보고 우리 이야기를 매듭짓도록 하지요.

제 3 부

네가

나라다

가난한 청년의 출가(出家)

김상봉 한 주일 새 세상이 바뀌었습니다! 다들 기분이 어떻습니까?

최○○ 말로 표현하기 어렵습니다. 다만 한 가지 분명한 건, 역사가 무엇인지 실감하겠습니다.

김 바로 그겁니다. 그 감격이 이제 여러분의 평생을 이끌어줄 거예요.

최 동시에 두렵기도 합니다.

김 왜요?

최 지난번 『한겨레21』에 실린 선생님 인터뷰 보면서 든 생각인데요, 거기서 선생님이 기성 세대 전체가 적폐니까 이제 20대 청년들이 새 역사를 써야 한다고 말씀하셨잖아요.

김 그야 늘 하던 얘기 아닙니까?

최 그런데 막상 탄핵이 최종적으로 결정 나니까, 새삼 두려운 마음이 들더라고요. 과연 우리 세대가 스스로 새로운 역사를 쓸 수 있을까?

김 구체적으로 뭐가 제일 두렵습니까?

최 여기 나루 씨도 말했지만, 당장 먹고살기도 힘든데, 역사까지 써야 하나 싶은 생각도 들고요.

김　먹고살기 힘드니까 역사를 새로 써야죠. 먹고살 만하면 굳이 정치에 관심을 가지거나 더 나아가 새 역사를 써야겠다는 생각 없이 살아도 되지요.

최　그야 논리적으로는 수긍할 수 있는 말씀이지만, 현실적으로 다 알바하느라 바쁜데, 언제 역사를 새로 쓰나 싶은 생각도 듭니다.

김　미안한 말입니다만, 부모님이 생활비를 안 주시나요?

최　선생님, 요즘 그렇게 형편 좋은 가정이 어디 흔합니까? 국립대 교수가 어디 가서 그렇게 물어보시면 젊은 사람들에게 욕먹습니다. 공연히 '헬조선'이라는 줄 아세요?

김　때로는 위기가 기회가 되기도 하지요.

최　무슨 말씀인가요?

김　부모님이 생활비 주지 않는 것 말입니다. 그게 다 나쁜 건 아니라는 생각이 들어서요.

최　그렇다고 젊은이들의 가난이 좋은 일은 아니지 않습니까?

김　네. 하지만 한번 생각을 해보세요. 경제적 자립 없이 정신의 자립이 가능할 것 같습니까? 우리가 지금 계속 주체성에 대해 이야기해오지 않았습니까?

최　그게 부모님이 주는 생활비와 무슨 상관이 있습니까?

김　한국의 젊은이들이 경제적으로 자립을 하지 못한 것이 정신적인 자립과 주체성의 확립을 방해한 한 가지 이유가 아니었을까요? 지금까지는 거품경제 덕분에 부모가 많이 보태줬죠. 그런데 세상 어디에 결혼 후에도 부모에게 의지해서 사는 것이 당연한 나라가 있답니까? 부잣집이면 부잣집일수록 어른이 되어서도 부모에게 기대서 살잖아요. 재벌 2세, 3세가 다 그런 자들 아니에요? 그런데 말이 좋아 부모의 도움이지, 그거 부모에게 예속되는 거잖아요. 그렇지 않아요?

최　생각하니 그렇군요.

김　근대성이란 사실 가족으로부터 개인의 자립이에요. 그런데 우리는 한 번도 가족으로부터 해방되지 못한 채 근대화된 겨레예요. 박정희-박근혜의 계보도, 김일성-김정은의 계보도 그리고 이건희-이재용의 계보도 다 가족의 계보잖아요. 국가도 기업도 가족국가고 가족기업이지요. 그러니까 우리의 근대화는 가짜 근대화였던 거예요. 내면의 근대화 없는 껍데기만의 근대화였던 거지요.

그런데 불행하게도 그런 가짜 근대화의 결과로 이제 흥청망청 경제도 끝나고 국민 대다수가 재벌 집 머슴살이로 간신히 입에 풀칠이나 하고 살 수밖에 없는 상황이 되었군요. 그래서 부모가 더는 자식을 도와줄 수 없는 상황이 되었죠. 그게 얼마나 특별한 거였으면, 정유라 같은 금수저들이 부모 재산을 자랑하는 상황이 된 거고. 그 결과 여러분들이 본의 아니게 경제적으로 독립할 수밖에 없는 상황이 된 거잖아요. 독립이라 해봤자 식당이나 술집 또는 편의점 알바 같은 것 외에는 할 수 있는 일도 별로 없지만, 어떻든 여러분이 경제적으로 독립할 수밖에 없도록 강요받고 있는 건 사실 아니겠어요?

최　무슨 말씀을 하시려는지 이제 알겠습니다.

김　박근혜 탄핵보다 더 중요한 것이 마음속의 박정희 망령에서 벗어나는 거라고 우리가 말했었죠?

최　네.

김　이제 마지막으로 여러분들이 벗어나야 할 굴레가 가족의 굴레예요. 출가(出家)해야 돼요. 2천 년 된 성씨의 족보가 지금도 이어져오는 나라, 이거 잘못된 거예요. 그런 나라에서, 가족에서 해방되는 것이 그렇게 어려울 것 같다가 여러분들이 어쩔 수 없이 가족의 울타리를 벗어나 독립할 수밖에 없는 상황이 되었으니, 생각하면 얼마나 다행입니까? 이제 비로소 여러분들은 누구의 아들이나 딸이 아니라, 천상천하유아독존인 개인으로서 하늘과 땅 사이에 자립할 수 있게 된 것 아니겠어요?

최　너무도 공감이 되는 말씀이지만, 현실에 닥친 가난이 두려운 것도 사실입니다.

김　너무 걱정 마세요. 한국이 돈 없는 나라는 아니잖아요. 1인당 국민소득이 적게 잡아도 2만 8천 달러인 나라예요. 산술적으로 계산하면 여러분과 나를 포함해 갓난아기까지 모든 국민의 평균 연봉이 한 3천만 원은 된다는 얘기지요. 그런데 갓난아기, 청소년, 노인들은 경제활동을 하지 않으니까, 그런 사람들 빼고 어림잡아서 보면 직장 생활을 하는 사람의 평균 연봉이 5~6천만 원은 되어야 한다는 말이에요. 그런데 아니잖아요. 그럼 그 돈 다 어디 있어요? 극소수 금수저들이 쌓아두고 있을 것 아니에요? 벌써 2년 전에 10대 재벌 사내 유보금 총액이 500조 원이라 했어요. 아마 지금은 더 늘었겠죠? 한국 돈 많아요. 그러니 염려 마세요.

최　남의 돈 아닌가요?

김　그거 다 도둑질한 거죠. 그러니까 주눅 들지 말고 내놓으라 하세요. 여러분들의 돈이에요. 그게 경제의 공공성이에요. 4대강 사업에 수십 조를 처넣는 나라에서 왜 여러분들이 생계를 걱정해야 한답니까? 촛불을 들든 횃불을 들든, 정정당당하게 평화적으로 요구하세요. 결국 여러분들의 미래예요.

최　그럼 저희가 계속 촛불을 들어야 하는 거네요? 알바하기도 바쁜데.

김　그것도 좋은 거예요.

최　무슨 말씀인지?

김　이제 좀 정상적으로 살아야지요. 의병과 독립운동 그리고 반독재 투쟁을 하는 동안 정말로 한국인들은 너무 처절하게 싸워왔어요. 이제 그런 투쟁 방식은 그만 내려놓고 좀 웃으면서 세상을 바꾸면 안 되나요? 가난해서 알바하는 게 무슨 죄예요? 알바하면서 책 읽고 공부하고, 알바하면서 학생 조직에 참여하고, 알바하면서 촛불 들면 안 돼요? 알바하면서 시민운동을 하고, 알바하면서 정당 운동을 하면 안 되나요?

꼭 돈이 남아돌아야 그런 일 하는 건 아니잖아요.

돌이켜보면 우리 세대는 정치적 참여를 하려면 자기 삶을 거의 다 걸어야 했어요. 우리 부모나 할머니 할아버지 세대는 말할 것도 없고. 그래서 뭘 하려면 자기를 전부 희생하고 지사(志士)적으로 살아야만 했거든요. 그런데 저는 이제 그런 역사는 끝내야 한다고 생각해요. 이제 즐겁게 웃으면서 같이 세상을 바꿀 수 있잖아요. 박근혜도 몰아냈는데, 여러분이 마음만 먹는다면 뭘 못하겠어요? 재벌도 해체하고, 징병제도 폐지하고, 헌법도 내각제로 바꾸고, 대학도 평준화하고. 할 일 많네요. 이제 여러분의 시대예요. 우리 세대가 민주화를 했으니 여러분은 통일을 해야죠. 안 그래요? 이제는 그렇게 자유로운 주체들이 평등하게 만나 새로운 나라를 만들어가야지요. 그게 여러분들 세대의 몫이에요.

사랑의 나라

최   저희가 만들어가야 할 나라가 어떤 나라인지 한마디로 말씀해주실 수 있습니까?

김   사랑의 나라입니다.

최   정치 얘기를 하다가 사랑이라는 낱말을 들으니까, 낯설게 들립니다.

김   맞습니다. 헤겔의 『법철학』에도 보면 사랑은 가족의 원리이지 사회나 국가의 구성 원리가 아닙니다. 하지만 저는 그것이 서양 정치 이론의 한계라고 생각합니다. 우리가 그 한계를 반복해야 할 이유는 없지요. 함석헌은 자유, 평등, 박애 세 가지 가치 가운데 서양 사람들이 자유도 할 만큼 해봤고, 평등도 할 만큼 해봤지만, 사랑의 원리는 정치에서 관철된 적이 없다면서, 이제는 나라와 정치의 영역에서도 사랑의 원리를 근본으로 삼을 때가 되었다고 말한 적이 있습니다. 잘 알려져 있지는 않지만, 1970년대 말 부산대에서 처음 생긴 이른바 지하 이념 서클의 이름이 '사랑공화국'이었습니다. 여러분들 또래의 대학생들이 무슨 대단한 학문이나 이론적 식견이 있어서 그런 이름을 붙인 건 아니지만, 바로 그런 까닭에 어떤 심오한 이론이나 철학보다도 가슴을 울리는 이름 아닙니까? 야만적인 국가 폭력이 지배하는 나라에서 순수한 영혼의 젊은이들이 간절히 동경해서 마음에 품었던 나라가 사랑의 나라였던 거지요. 생각하면 전봉준이 꿈꾼 나라, 전태일이 꿈꾸었던 나라, 윤상원이 꿈꾸었던 나라를 알기 쉽게 이름하자면 사랑의 나라가 아니겠어요? 사랑이 단순히 가족이나 사사로운 인간관계의 원리가 아니라 사회와 국가의 형성 원리가 되는 세상 말입니다.

한 번 더 함석헌에게 기대어 말하자면, 그런 나라는 우리 모두가 서로에게 "너도 나라!"(너도 나이니라)라고 말하는 나라라고 할 수 있겠지요. 너를 가리켜 "네가 바로 나야!"라고 말할 수 있다면, 그 이상의 사랑이 어디 있겠어요? 그런데 함석헌은 바로 그런 경지가 참된 나라라고 말했던 거예요. 나는 나 너는 너, 우리는 동지 너희는 박멸해야 할 적, 이런 게 아니고, '너도 나'라고 말하는 것이 진짜 나라라고. 말장난처럼 들릴 수도 있지만, 실은 처절한 절규예요.

돌이켜보면 여러분들의 할아버지 세대, 우리 부모 세대는 삶이 말 그대로 전쟁이었어요. 20대에 동족상잔의 전쟁의 한복판에 던져졌던 그들의 삶은 일상의 생활에서도 본질적으로는 한국전쟁에 의해 규정된 것이거든요. 햄릿이 사느냐 죽느냐 그것이 문제라고 했지만, 그거 참 한가한 소리죠. 한국전쟁 세대에겐 사느냐 죽느냐가 아니라, 죽느냐 죽이느냐가 문제였어요. 자기가 살아남기 위해서는 친구 정도가 아니라 부모, 형제, 자식까지 죽여야만 했던 세대가 그 세대예요. 전쟁은 그 세대로 하여금 오로지 적과 동지의 이분법에 따라 세상을 바라보도록 만들었고, 전쟁의 한복판에서 나약하고 무력한 개인은 압도적인 권력에 굴종하는 것 외에 다른 어떤 생존의 전략도 수립할 수 없었지요. 그 세대의 절망, 그 세대의 공포를 생각하면, 지금 광장의 한구석에서 태극기와 성조기를 흔들고 있는 사람들의 비이성적 행태도 그 시대의 남은 흉터로서 이해 못할 것도 없어요.

앞에서도 우리가 박정희 체제의 근본이나 1987년 이후 기업국가 체제에 대해 말하면서 대한민국이라는 국가가 어떤 의미에서 공화국이었던 적이 없는지 살펴보았지만, 더 거슬러 올라가보자면 해방 이후부터 기초가 잘못 놓인 나라가 대한민국이에요. 불법적인 방식으로 국가권력을 장악한 이 나라의 지배계급이 자신의 취약한 권력 기반을 공고히 하기 위해 동원했던 어떤 이데올로기적인 장치 또는 제도적인 장치가 대립의 극단화, 곧 상시적 전쟁 상황의 조성이었던 거지요.

한국의 지배계급은 이 적대적인 대립 관계를 통해서 우리 모두가 어쩔 수 없이 나는 나, 너는 너, 이런 방식으로 내적으로 분열될 수밖에 없는 조건을 재생산해왔던 거예요. 남북 분단이라고 하는 것이 모든 내적인 분열의 시작인데, 이 내적인 분열이 단순한 차이로 끝나는 것이 아니고 죽느냐 죽이느냐라는 적대적인 대립으로 치달은 거지요. 그리고 그것이 구체적으로 드러나는 결과가 한국전쟁이었는데, 그 후 적과 동지 사이에서 생사를 건 투쟁이라고 하는 것이 일상의 삶에서도 한국인의 삶을 규정했던 근본 구조였다고 할 수 있습니다.

최 그런 의미에서 삶이 전쟁이라고 말씀하신 거군요.

김 대한민국의 정부 수립 자체가 전쟁 상황과 다름없는 폭력적 학살 위에서 이루어진 일입니다. 사실은 좌·우, 남·북을 가릴 것 없이 폭력적 수단을 통해 국가권력을 장악하려 했고 그 과정에서 한국인은 살아남기 위해 자기 의사와 무관하게 당파적 대립 구도 속에서 어느 한편에 굴종하는 법을 배우지 않으면 안 되었습니다. 하지만 그렇게 굴종해서 살아남는 것조차 때로는 쉬운 일은 아니었어요. 제주 4·3의 전말을 한번 생각해보세요. 남로당 제주 지부가 남한만의 단독정부 수립에 반대해서 무장투쟁을 시작했을 때, 그 숫자는 아무리 많이 잡아도 5백

명을 넘지 않았으리라는 것이 정설이에요. 그런데 남한 군경이 그 5백 명을 잡겠다는 핑계로 학살한 제주 사람이 3만이 넘습니다. 마치 민간인 학살에 좋은 명분이 생겼다는 듯이 상황을 수습하기 위한 모든 제안을 거부하고 학살에 광분한 것이 이승만과 그 하수인들이었습니다.

최   정말로 그렇게까지 해야 했던 이유가 무엇입니까? 아무리 이해해보려 해도 도저히 이해가 되지 않습니다.

김   공포의 확대 재생산이야말로 그들에게는 통치의 기술이었습니다. 국민이 자기와 동등한 공동체 구성원이 아니고 오로지 지배의 대상일 뿐이니까, 그들을 죽이고 살리는 건 아무 문제도 되지 않았던 거지요. 도리어 여기저기서 조금이라도 자기들의 권력 행사에 저항하는 기미가 있으면 야만적인 학살을 자행함으로써 본보기를 보였어요. 이렇게 죽고 싶지 않으면 가만히 있으라는 거예요. 그게 4·3에서 5·18까지 모든 국가 폭력의 원리였어요.

국가 폭력이라 하지만, 사실 그건 국가도 아니죠. 따지고 보자면 4·3 때도 5·18 때도 정당한 국가기구가 아니고 국가를 참칭한 폭도 집단이 시민들에게 총질을 한 거니까요. 4·3의 경우에는 아직 정부도 수립되기 전부터 미국이라고 하는 새로운 점령군의 비호 아래 권력을 장악하고 있던 이승만 세력이 그 권력을 계속 이어가기 위해 시민을 적으로 삼아 폭력 시위를 벌인 것이고, 5·18도 박정희 암살 이후 정당한 국가권력의 공백 상태에서 국가권력을 찬탈한 전두환 신군부가 광주 시민들을 상대로 폭력을 시위한 것이라고 말할 수 있지요. 죽고 싶지 않거든 무릎을 꿇으라는 거지요. 그러니까 제주에서든 광주에서든 국가 폭력의 목적은 공포의 확대 재생산이에요. 그건 처음부터 국민의 지지를 받지도 못하고 받을 생각도 없었던 무리가 선택한 통치의 기술이었던 거죠.

그런데 1987년 민주화를 통해 그런 야만적 폭력의 시대가 종말을 고한 뒤에 지금까지 우리가 살아온 세상은 온통 경쟁이 지배하는 세상이었어요.

최　전쟁에서 경쟁으로 이행한 것이군요.

김　네. 경쟁이란 내면화된 전쟁이라고 말할 수도 있겠지요. 방식만 달라졌을 뿐, 사람과 사람의 관계가 적대적인 건 마찬가지니까요. 우리 사회에서 적대적 생존경쟁이 상시적인 삶의 문법이 되어버린 게 지난 30년입니다. 그 경쟁 속에서 우리의 삶은 또 다른 종류의 공포에 짓눌려왔습니다.

최　어떤 공포입니까?

김　낙오의 공포지요. 그 공포 때문에 낙오하지 않으려고 어린 시절부터 학벌 경쟁에서 승리하기 위해 발버둥치고 온갖 스펙을 쌓아야 하는데, 죽을 고생 끝에 들어간 직장에서도 평화는 없고 거기는 거기대로 성과를 내지 않으면 언제 도태되고 언제 해고될지 모르는 삶을 사는 게 우리 인생이지요. 그런 경쟁 속에서 모든 사람이 서로에게 총만 들지 않았을 뿐 자기가 살기 위해 남을 죽여야 하는 상황에 있으니까, 지배계급의 입장에서는 이거 얼마나 좋은 일이겠어요? 도무지 민중이 죽자 살자 서로 경쟁하는 데 눈이 멀어 더불어 단결해서 자기들에게 저항할 생각을 하지 못하니까.

최　그러니까 이것도 지배의 전략에 속하는 것이로군요.

김　네. 그렇게 흙수저들을 서로 경쟁시켜놓고 정유라 같은 금수저는 뒷문으로 대학 들어가는 거지요. 이런 나라를 나라라고 할 수 있겠어요? 촛불혁명은 '이런 나라, 나라 아니다!'라고 탄핵한 거지요. 하지만 이런 나라가 나라 아니면 어떤 나라가 참된 나라입니까? 전쟁도, 경쟁도 아니라면, 과연 무엇이 우리가 동경하는 나라의 형성 원리인가요?

최　그것이 사랑이라는 말씀이시죠?

김　전태일이 어린 여공들에게 품었던 사랑, 그들의 가난과 고통을 덜어주겠다고 자기의 눈을 팔겠다고 내놓았던 사랑, 그것조차 무위로 돌아간 뒤에 마지막으로 자기를 불태워 세상을 밝힌 사랑, 곧 사회적 사랑이지요. 그런 사랑이 나라의 형성 원리가 되는 것이야말로 전쟁과 경쟁을 관통하는 폭력의 원리에 대항해 지금 우리가 추구해야 할 과제라고 저는 생각해요.

최　구체적으로 어떻게 하면 그런 나라를 만들 수 있습니까?

김　그 물음에 대해서 저는 5·18에서 계시된 새로운 나라의 이념 말고는 달리 말할 게 없습니다. 그건 앞에서도 말했지만, 안팎의 불의에 같이 맞서 싸우고, 상처받은 사람의 고통에 동참하며, 또한 누구도 배제하지 않고 같이 주먹밥을 먹는 나라지요. 그리고 나랏일에 대해 모두가 열린 광장에 모여 토론하는 나라입니다. (하지만 이런 이야기는 다른 책에서 많이 이야기한 것이니 여기서는 이렇게 언급하는 걸로 그쳐야겠죠?)

한국 경제의 위기와 재벌 해체의 당위성

최　5·18에 대한 말씀은 다른 책에서도 읽었던지라 말씀의 뜻은 충분히 이해도 되고 공감도 됩니다만, 한 가지 남는 의문은 있습니다.

김　무엇입니까?

최　불의에 대항해 같이 싸우는 것도 상상이 되고, 고통에 동참하는 것도 상상이 되는데, 같이 먹는 것이 어떻게 가능한지는 상상이 잘 되지 않습니다. 제 말은 현재의 자본주의 경제체제 아래서 같이 먹는다는 것이 구체적으로 무엇을 의미하는지 설명이 필요하다는 뜻입니다. 특히 오늘날처럼 젊은 세대에게 가난의 문제가 현실적으로 심각하게 닥쳐 있는 상황에서는 이건 더욱더 중요한 문제라고 생각됩니다.

김　말이 나왔으니 자세를 바로잡고 현재 우리가 처해 있는 경제적 위기 상황에 대해 생각해봅시다. 실은 저는 여러분들이 염려하는 것 이상으로 한국 경제가 총체적 붕괴라고까지 말할 수 있는 심각한 위기 앞에 서 있다고 생각하고 있습니다. 그것은 외환위기를 비롯해서 지금까지 우리가 겪었던 어떤 경제 위기보다 심각할 텐데, 지금으로서는 정치권에서 누구도 이 문제에 대해 명확한 인식도 없고 대안도 준비하지 않으므로 그 위기가 더욱 증폭될 거라고 생각하고 있습니다. 그래서 적어도 앞으로 2~3년 동안은 우리 모두가 심각한 경제 위기로 말미암아 예전보다 훨씬 더 어려운 상황에 처하리라고 생각하고 있어요.

제가 과문해서 그런지 모르겠지만, 현재 한국 경제의 개혁을 입에 올리는 분들의 경우에도 말하자면 재벌의 '오너 리스크' 같은 것에 국한해서 뭔가 한국 경제를 합리화해야 된다, 또는 좋은 의미에서 국제 기준에 좀 맞춰야 한다는 정도의 이야기를 할 뿐 보다 근원적인 문제의식과 처방을 말하는 건 거의 듣지 못했어요. 하지만 지금 우리가 맞이하게 될 경제 위기는 정말로 근본적인 대수술을 하지 않으면 결코 돌파할 수 없으리라 생각합니다.

최　위기가 얼마나 심각하면 그렇습니까?

김　그걸 알기 위해 지금 우리가 직면한 경제 위기의 실상을 인식할 필요가 있습니다. 먼저 위기의 구조를 인식하기 위해, 지금까지 한국 경제 발전의 비결이 뭐였는지 한번 생각해봅시다. 그건 다른 무엇보다 국가가 주도해서, 가능하면 첨단의 생산 설비를 대규모로 마련합니다. 그리고 그 생산 설비에 노동자들을 저임금으로 투입하는 거지요. 그래서 자동차도 만들고 반도체나 스마트폰도 만들었어요. 그래서 다른 나라에 비해 싼값에 파는 거거든요. 그런데 이런 중후장대(重厚長大)형 동원경제가 이젠 수명이 다한 거예요. 그게 구조적 위기의 시작이지요.

최　왜 그런 경제체제가 지속 가능하지 않은 겁니까?

김　왜냐하면 그건 이제 다른 나라, 이를테면 중국이 우리보다 훨씬 더 잘할 수 있으니까요. 중국이 보유하고 있는 천문학적인 외환을 가지고서 우리보다 훨씬 더 큰 반도체 제조 라인, 훨씬 더 덩치 큰 스마트폰 제조 라인을 깔 수 있고, 또 자기들이 원하면 우리보다 훨씬 더 큰 자동차 생산 라인을 깔 수 있는 거죠. 실제로 중국에서 만드는 스마트폰이 서서히 세계시장에서 삼성의 시장 점유율을 잠식해오기 시작했잖아요. 이런 일은 어디서나 계속될 거란 말이죠. 그리고 피할 수도 없는 일이고요.

생각하면 우리 경제도 처음엔 아무것도 없는 상태에서 출발했잖아요. 외국자본을 들여서 선진국이 버린 산업 설비를 깔고 저임금 노동을 통해 초보적인 제품을 대량생산하기 시작했지요. 처음에는 태반이 섬유공장이었어요. 거기서 시작해 자동차도 만들고, 배도 만들고, 스마트폰도 만들고, 반도체도 만들었지요. 그런데 여기서 배가 제일 먼저 떨어져 나갔어요. 처음에 조선 산업은 배를 유럽이나 미국에서 만들던 것이 채산성이 안 맞으니까 한국으로 건너온 것 아니겠어요. 그래서 수십 년 동안 우리가 배 만들어서 돈을 많이 벌었지요. 그런데 이제 그 시대가 끝난 거예요. 덩치만 클 뿐, 어디서나 만들 수 있는 고만고만한 수준의 배를 만들어서는 더 이상 경쟁력이 없는 거예요. 그러니까 이제 한진중공업이 필리핀으로 공장을 옮기는 일이 일어나는 거지요. 이런 일이 조선업만 그렇겠어요? 일본이 만들던 걸 한국이 만들었으면, 한국이 만들던 걸 중국은 왜 못 만들며, 베트남은 왜 못 만들겠어요?

최 그럼 아무 대책이 없는 겁니까?

김 왜 없겠어요? 하지만 사람들이 여전히 엉뚱한 곳에서 대책을 찾고 있으니까 문제예요.

최 그건 또 무슨 말입니까?

김 사람에게서 희망을 찾지 않고 자꾸 다른 곳에서 해결책을 찾으려 해요. 그래서 암담하죠. 사람들이 경제를 돈의 문제, 기술의 문제, 또는 더 나아가 눈에 보이는 설비의 문제라고만 생각하는 경향이 있어요. 특히 한국에서는 그게 좀 심한 것 같아요. 그래서 문화나 문화 산업을 말할 때조차 사람이 문화를 창조한다는 생각을 하는 게 아니고, 어디에 얼마를 투자하면 어떤 이익이 날지 그런 것부터 먼저 생각하는 거예요. 자유로운 창조성을 통해서만 꽃필 수 있는 문화나 예술의 영역에서도 그런 형편인데, 하물며 경제를 말할 때는 어떻겠어요? 이를테면 요즘엔 사람들이 너도나도 4차 산업혁명을 입에 올리더군요. 그런데 거기서 과연 누가 4차 산업혁명을 주도할 수 있으며 어떻게 하면 그런 사람들을 키우고 지원할 수 있는지 고민하는 목소리는 별로 들어보지 못했어요. 그저 인공지능이 어떻고 사물 인터넷이 어떻고 하는 기술적인 문제에 관심을 가지거나, 아니면 삼성전자가 하만을 인수한 것처럼 특정 기업의 동향에 관심을 가지거나, 또는 차기 정부가 어떤 사업을 국가적 차원에서 육성할 것인지 등등에는 관심을 가지면서도 그게 4차 산업혁명이든 5차 산업혁명이든 정작 새로운 경제를 이끌어 나갈 사람에는 아무 관심이 없어요. 간단히 말해 우리 사회에서 사람들이 경제를 생각할 때 인간은 늘 종속변수, 아니 그냥 기계 부품 취급을 받는 거지요. 그런데 이런 생각을 버리지 못하는 한 우리 경제의 미래는 없어요.

최 다소 원론적인 질문입니다만, 경제에서 자본이나 기술보다 사람이 중요한 이유가 뭡니까?

김 경제를 생각할 때 수요-공급의 곡선을 먼저 생각하면, 사람이 보이지 않습니다. 하지만 수요와 공급 이전에 전제되어야 할 것이 재화인데, 그 재화를 산출하는 것은 인간입니다. 그런 의미에서 경제는 인간의 창조적 활동성의 표현입니다. 인간은 신이 아니므로 절대적인 무로부터 무엇인가를 창조할 수는 없습니다. 인간이 할 수 있는 것은 변형이지요. 주어진 것으로부터 새로운 것을 만들어내는 것, 이것이 인간에게 허락된 창조성입니다. 경제 현상은 거래(trade-off)나 계약 이전에 이런 창조성에 뿌리박고 있는 거지요.

인간의 노동, 인간의 원초적 생산 활동은 그런 창조성의 표현입니다. 그런데 그런 창조적 경제활동이 보다 발전하고 복잡해지면서 경제활동의 총체적 형식 또는 지평이 거의 단절적으로 새로운 단계에 진입하는 것을 볼 수 있는데, 그것을 우리는 몇 차 산업혁명이라고 부를 수도 있고, 또는 고대 노예제 경제, 근대 자본주의 경제, 이런 식으로 이름 붙일 수도 있겠습니다. 그런데 경제 현상을 이렇게 거시적인 관점에서 보면 그 속에서 활동하는 인간 개개인은 구조의 노예일 뿐 아무런 의미도 없는 것처럼 보입니다. 그래서 다시 인간이 경제 현상을 움직이는 주체라는 사실을 잊어버리게 되지요.

하지만 거시적 경제체제의 변화는 결국에는 한 사람 한 사람의 경제 활동 속에서 일어나는 창조적 활동, 곧 새로움 때문입니다. 만약 경제 활동이란 것이 똑같은 행위의 반복이라면 거시적인 경제체제에도 변화가 있을 수 없겠지요. 그러니까 거시적이고 구조적인 변화 역시 인간의 창조적 활동이 쌓여서 일어나는 거예요. 이처럼 경제적 활동에서의 창조성을 가리켜 사람들은 혁신(innovation)이라 부르는데, 이건 말 그대로 '새롭게 함' 아니겠어요? 그런데 여기서 새삼스러운 질문이 처음에 창조성 운운하면 당연히 인간의 자유와 자발성이 창조성의 근원이라는 것을 쉽게 이해하지만, 경제의 '혁신'에 대해 말하기 시작하면 그것이 인간의 문제라는 것을 또다시 잊어버리기 쉽습니다.

최   혁신 하면 제일 먼저 기술 혁신을 떠올리기 때문이겠지요.

김   네. 바로 그겁니다. 경제가 더는 동일한 방식으로 성장하기 어려운 단계에 이르렀을 때, 무언가 혁신이 필요하다는 건 모두가 이해하고 동의할 수 있지요. 그런데 그 혁신이 어디에서 어떤 방식으로 일어나느냐? 이걸 모르면 아무리 혁신을 추구한다 하더라도 결국 실패할 수밖에 없지 않겠어요. 그런데 우리 사회에서 너무도 많은 사람들이 그 혁신을 사람의 창조성이 아니라 새로운 기술에서 찾습니다.

최   창조성이 인간의 자유와 자발성에 존립한다는 것은 원칙적으로 이해하겠습니다만, 구체적인 경제 상황에서 새로운 기술에 몰입하는 게 왜 문제인지 좀 설명해주실 수 있습니까?

김   지금 우리 경제의 문제는, 앞서 말했듯이 우리가 만드는 걸 남들도 만들 수 있다는 거예요. 그것도 우리보다 더 싼값에 만든다는 말입니다. 그래서 우리가 만드는 제품이 더는 비교우위를 가질 수가 없는 거죠. 그런데 이런 곤경을 돌파하기 위해 다시 기계에 의존하면 됩니까? 그건 길이 아니에요. 왜냐하면 그건 남들도 하니까요. 오직 기계가 할 수 없는 무엇인가를 찾아내야 되는 거예요. 기계가 아니라 인간만이 발휘할 수 있는 능력, 그게 창조성이고 그게 혁신이에요. 아무리 좋은 기계라도, 기계는 동일한 것을 반복할 뿐 창조하지는 않아요. 창조하는 건 사람이거든요. 개성적인 차이도 사람에게서 나오는 거지요. 모방하고 반복하기 어려운 요소는 기계가 아니라 사람에게서 나오는 거란 말이에요. 그리고 그런 요소들이 모여 경쟁력을 이루는 거고. 그러니까 최고의 제품이란 이미 어디나 깔려 있고 또 설치할 수 있는 설비에서 만들어져 나오는 것이 아니고, 미리 규정하거나 예측할 수 없는 장인의 손끝에서만 나올 수 있는 거예요.

최   기계적 생산이 아니라 수공업으로 돌아가야 한다는 말처럼 들립니다.

김   당연히 그런 뜻은 아니죠. 제 말뜻은 기계를 기계가 만들지는 못한다는 말입니다. 기계를 만드는 건 마지막엔 인간입니다. 그런 의미에서 인간이 중요하다는 거예요. 물론 하나의 기계가 다른 기계를 만들지요. 하지만 그렇게 만들어진 기계에서 시작해 그 기계를 만드는 기계, 그리고 기계를 만드는 기계를 만드는 기계, 이렇게 소급해 올라가면 마지막엔 결국 인간이 기계를 만드는 것 아니겠어요? 이뿐만 아니라 기계 A가 기계 B를 만드는 과정이 일반적인 의미에서 상품생산의 과정이라 하더라도, 그 과정을 제어하는 인간으로부터 모든 차별성이 나오게 마련이라는 거지요. 그래서 우리가 똑같은 회사, 똑같은 설비에서 생산된 제품이라도 메이드 인 코리아인지 메이드 인 차이나인지를 따지는 것 아니겠어요? 그런 의미에서도 경쟁력은 사람에게 달려 있다는 거지요.

그런데 최첨단 설비를 깔아놓고, 약간 과장해서 말하자면, 그냥 한글만 해독할 줄 아는 정도의 지적 수준을 가진 사람을 한나절 교육해가지고 그 생산 라인에 투입해서 최고의 제품이 그대로 만들어져 나올 수 있는 공장이 한국의 자본가가 생각하는 꿈의 공장이에요. 사람은 단지 기계의 부속품으로서만 존재하는 공장인 거지요. 하지만 그렇게 기계의 부속품으로 전락한 인간으로부터 창의성이 나올 수 있겠어요?

최　그렇다면 한국의 자본가들이나 기업가들이 그렇게 인간의 창의성보다 첨단의 기계 설비에 매달리는 이유가 뭡니까?

김　그래야 자본이 노동에 예속되거나 종속되지 않을 수 있으니까 그렇지요. 더 쉽게 말하자면 그래야 노동자들을 마음대로 자를 수가 있으니까요.

최　무슨 말인지 언뜻 이해가 안 되는데요.

김　몇 해 전에 독일에서 방직공장의 베 짜는 기계를 만드는 회사를 방문한 적이 있어요. 방직공장에서 천을 만들어내는 건 기계인데, 그 기계를 만드는 건 기계가 아니고 사람이더라고요. 가서 보니까 큰 작업장 안에, 지름이 한 5미터가 조금 넘을까 말까 꽤 큰 원뿔 모양의 베 짜는 기계 앞에서 그 기계 하나하나마다 나이가 오륙십이 다 된 마이스터가 한 사람씩 서서 손으로 그 기계를 만들고 있어요. 한국을 포함해 전 세계에 수출하는 기계를 그렇게 사람이 만드는 거지요. 그리고 그 기계의 경쟁력은 평생 그 기계를 만들어온 사람의 경험과 숙련된 기능에서 나오는데, 이처럼 사람의 머릿속에 저장된 경험과 노하우는 절대로 돈 주고 살 수 없는 거잖아요.

그런데 만약에 한국의 노동자들이 그런 의미에서 숙련된 노하우와 경제학자들이 말하는 암묵적 지식, 교과서가 줄 수도 없고 기계가 대신할 수도 없는 자기만의 노하우를 가지고 있고 그걸 통해서 제품이 만들어진다고 가정해보세요. 그러면 자본가가 그런 노동자를 마음대로 자를 수 있겠습니까.

최　못 자르겠네요.

김　그래서 그렇게 숙련된 노동자보다는 말 잘 듣는 기계를 원하는 거고요. 그리고 바로 그런 이유 때문에 한국 경제에 진정한 혁신이 어려운 거예요. 혁신은 사람이 하는 것인데, 사람보다 기계에 매달리니까요.

최　선생님은 인간이 혁신의 출발점이라고 하시는데, 요즘은 예를 들어 알파고의 등장을 두고 우리의 노동은 더 단순해질 것이고, 최종적으로 인간은 소비자일 뿐이라고 이야기도 하던데요.

김　그것도 틀린 이야기죠. 알파고가 이세돌을 이겼다는 결과에만 놀라면서 그 알파고를 만든 게 사람이라고 하는 걸 잊어버려서 하는 소리예요. 요즘은 알파고 같은 인공지능들끼리 바둑 대회도 한다면서요? 그럼 각각의 인공지능 바둑 기계를 누가 만들겠어요? 사람이 만들고 그 사람의 차이가 각각의 바둑 기계의 능력의 차이로 나타나는 것 아니겠어요? 그럼 누가 그런 인공지능을 프로그래밍하겠어요? 컴퓨터를 공부한 학생들이 해야 되는 거 아니에요? 그들이 끊임없이 컴퓨터 기술의 혁신을 통해 보다 뛰어난 알파고를 만들어내는 거지요.

최　그런데 듣고 보니 예전에 이건희도 똑같지는 않지만 비슷한 말을 한 것 같습니다. 결국 소수의 혁신가가 미래를 책임진다는 얘기를 한 것 같던데요.

김　소수의 혁신가가 다수를 먹여 살린다는 말은 한국에서나 통하는 이데올로기입니다. 물론 저도 모든 사람이 똑같이 창조적 혁신을 수행한다고 생각하지는 않아요. 창조하는 자는 언제나 소수지요. 그런데 문제는 그 소수가 누구냐는 거예요. 창조적으로 혁신하는 소수가 누군지, 미리 정해져 있고 미리 알 수 있습니까? 테슬라 모터스의 엘론 머스크는 남아공 이민자였고, 애플의 스티브 잡스는 친아버지가 시리아 출신이었는데 남의 집에 입양되어 양부모 밑에서 성장한 사람입니다. 한국 같으면 다 흙수저들이지요. 미국이라는 사회가 여러 가지 면에서 부도덕하고 문제 많은 곳임에도 불구하고, 그런 흙수저들이 무일푼에서 시작해 자기의 재능을 펼칠 수 있는 사회니까 유지되는 거지요. 하지만 한국에서 말하는 창조적 소수는 다 서울대 나와야 되고 하버드 다녀와야 된다 생각하지요. 그래서 가짜라는 거예요. 오직 미리 결정되지 않은 개방성 속에서만 창조적 정신이 출현하는 법인데, 우리 사회는 그런 창조성조차 금수저들이 독점하고 전유하려 해요. 그리고 이를 통해 자기들의 기득권과 지배를 정당화하는 거죠. 그래서 모든 좋은 말이 위선이 되고 마는 거예요.

다시 말해 이건희 같은 자들이 말하는 창조적 소수자들이란 언제 어디서 출현할지 모르는 소수자, 그러니까 우리 모두에게 열려 있는 가능성으로서의 소수자가 아니라 이미 기득권을 움켜쥐고 있는 지배적 소수자를 의미하는 거예요. 그러니까 그건 이 나라의 재벌과 금수저들이 자기들의 소수자 지배를 정당화하기 위해 내거는 이데올로기인 거지요. 이데올로기란 이 경우에도 진실을 은폐하기 위한 사이비 담론이에요. 그런데 그런 지배적 소수자들이 두려워하는 일이 뭐겠어요? 진정한 의미의 창조적 소수자들이 나타나 자기들의 권력을 위협하는 것 아니겠어요? 그래서 그들은 입으로는 창조적 혁신을 숭상하는 것처럼 허세를 떨지만 실제로는 끊임없이 경제적 권력의 독점을 추구하면서 남들이 자기들이 지배하는 시장에 진입할 수 없도록 온갖 수단을 동원해 진입 장벽을 쌓아요.

최　그래서도 재벌을 해체해야 되겠군요.

김　물론입니다. 재벌을 그대로 두고 한국 경제의 미래를 말하는 건 이대로 그냥 망하자는 말과 같습니다. 경제학자들이 말하는 독점의 폐해를 한국처럼 적나라하게 보여주는 나라도 없을 거예요. 자본주의 경제의 가장 큰 장점이 자유로운 경제활동이 보장됨으로써 경제가 활력을 유지하는 건데, 한국 사회에서 재벌 대기업이 시장을 거의 완벽하게 장악하고 통제하는 까닭에 새로운 진입이 거의 불가능한 상태에 이르렀어요. 창업을 하면 납품을 해야 하는데 납품을 하려면 대기업에 예속되지 않으면 안 되거든요. 단가 후려치기로 영업이익을 다 뺏어가고 기술을 개발해놓으면 대기업이 다 약탈해가버리는 상황에서 어떻게 테슬라 모터스나 애플 같은 기업이 출현할 수 있겠어요? 그러니 지금 한국 상황에서는 새로운 기업이 출현하지는 못하니까 있는 기업 망하는 것 말고는 다른 아무것도 기대할 것이 없어요. 그래서 위기라는 거예요.

최 그렇다면 위기를 극복하기 위해 필요한 것이 뭡니까?

김 여기서도 주체성을 확립하는 것이 가장 먼저 해야 할 일입니다. 현대자동차처럼 첨단의 기업조차 아무런 부끄럼도 없이 기업의 으뜸가는 경영 전략이 '패스트 팔로워'(fast follower) 전략이라고 스스로 말합니다. 패스트 팔로워가 뭐예요? 추격자잖아요. 추격자에게는 언제나 앞서가는 선구자가 있게 마련이지요. 그러니까 현대자동차는 스스로 선구자가 되어 정말로 새로운 기술 혁신을 이루고 새로운 표준과 척도를 정립하려는 생각은 처음부터 포기한 채 다른 누군가가 프론티어(frontier), 곧 선구자로서 새로운 혁신을 이루고 그것이 대세가 될 것처럼 보이면 재빨리 그것을 따라가겠다는 거지요.

최 아무리 한국이 주체성이 없는 나라라도 경제에서까지 그런 줄은 몰랐습니다.

김 정치도 학문도 경제도 모두 예외 없이 그냥 대세 추종의 사대주의적 근성을 못 버린 거예요. 그런데 이처럼 추격자 또는 추종자로서 경제가 그럭저럭 굴러가면 큰 문제가 없겠는데, 지금 우리 상황이 그걸 허락하지 않으니 그게 문제예요.

최 앞서 말씀하신대로 이를테면 중국이 한국보다 이제는 훨씬 더 유능한 추격자라는 말씀이시죠?

김 아니요. 단지 그게 아닙니다. 중국은 우리처럼 사대적인 나라가 아니에요. 5천 년 역사의 제국이거든요. 함석헌이 그랬지요. 중국은 펄펄 끓는 가마솥 같아서 아무리 심한 눈이 내려도 중국이란 가마솥 안에서 흔적도 없이 녹아버린다고. 그 사람들은 아무리 가난해도 자존심을 버리지 않고 자기를 지켜요. 그건 정치나 군사적인 측면만이 아니라 경제에서도 똑같이 드러나지요.

최 구체적으로 말씀해주실 수 있습니까?

김　하나의 예를 들면 전기차를 들 수 있겠습니다. 이미 2009년 이래 중국은 부동의 세계 최대 자동차 생산 국가예요. 이건 그보다 훨씬 전부터 세계의 온갖 자동차 메이커들이 중국에서 자동차를 생산했다는 것을 뜻하겠지요. 그럼 이렇게 세계 최대의 자동차 공장이자 시장이 되었으니, 우리 같으면 어떻게 했겠어요?

최　자국의 자동차 메이커를 육성했겠지요.

김　맞습니다. 중국도 처음엔 그렇게 했어요. 그런데 곧 그것이 전부가 아니라는 걸 깨달아요. 폴크스바겐이나 도요타를 모방하고 따라잡는 것이 능사가 아니라는 걸 깨달은 거죠. 일단 기술 면에서 너무 격차가 크고, 다른 한편에서는 화석연료에 의지하는 현재의 내연기관 자동차가 한없이 굴러다닐 수 없으리란 것도 내다보았지요. 그리고 멀리 갈 것도 없이 모든 중국인이 휘발유 차나 디젤 차를 몰고 다닐 때 환경의 관점에서도 지속 가능하지 않다는 것을 내다본 거지요.

최　그래서 어떻게 했습니까?

김　모방 전략을 버리고 선구자로 나섰지요. 그래서 중국이 선택한 새로운 자동차 산업의 길이 전기차입니다. 중국은 이미 1991년 8차 5개년 계획에서부터 전기차 산업을 육성하기로 하고 꾸준히 지원해왔어요. 그때는 누구도 전기차를 진지하게 생각하지 않았던 시기였어요. 그런데 중국은 머지않아 전기차의 시대가 올 거라는 걸 내다본 거예요. 그리고 25년이 지난 2016년, 중국은 세계 전기 자동차 생산량 1위 국가가 되었습니다. 그런데 내연기관 자동차 생산량의 많은 부분이 중국 내의 외국 자동차 회사에서 생산되는 것과 달리, 전기차는 모두 중국 자체 메이커에서 생산돼요. 그러니까 지난해 중국의 전기차 생산량이 세계 최고라는 것은 단순히 시장의 규모에 의지해서만 얻어낸 결과가 아니라 오랜 기간 축적되어온 기술의 뒷받침을 통해 얻은 성과인 거예요. 그래서 내연기관 자동차 기술에서는 중국이 한국에 뒤져 있지만, 전기차 기술에 관해서는 한국보다 훨씬 앞서 있습니다. 그런데 이제 내연기관은 수명이 끝나가고 전기차의 시대가 열리고 있다는 건 이 문제에 대해 조금만 관심을 가지고 들여다보면 누구라도 알 수 있는 일입니다. 그렇다면 산업 연관 효과가 가장 크다는 자동차 산업에서 두 나라의 미래가 어떨지 짐작되지 않습니까?

이게 모두 모방의 경제와 창조적 경제의 차이에서 비롯되는 일입니다. 개인의 차원에서든 국가의 차원에서든 스스로 새로운 길을 열어가는 경제가 있는가 하면, 남이 먼저 길을 열어놓으면 그 길을 뒤따라가는 경제도 있는데, 중국이 어려운 경제 상황에서도 새로운 길을 스스로 연 선구자라면, 우리는 이제나저제나 늘 추종자인 거예요. 하지만 모방과 추종은 경제 발전의 첫 단계에서는 허락되지만 우리처럼 기술 수준과 경제 규모가 이미 성장할 대로 성장한 나라가 계속해서 모방하는 추종자로만 머물겠다고 한다면, 이는 마치 어른이 된 사람이 기저귀 차고 어린아이 행세하는 것처럼 순리에 맞지 않는 일이어서, 반드시 현실의 보복을 받게 마련입니다.

최　그래서 모방하고 추종하는 경제는 그만하자고 박근혜가 창조경제를 들고 나왔던 것 아니겠습니까?

김　하하하, 그뿐만 아니라 경제 민주화도 박근혜 선거공약이었지요. 그런데 유감스럽게도 한국의 정치인들이 내거는 공약이란 하지 않겠다는 약속입니다. 어떤 일을 자기도 하지 않고 남도 하지 못하게 만들기 위해 선점하는 거지요. 삼성 본관 앞에서 '반올림' 같은 단체가 삼성을 규탄하는 시위를 하지 못하게 할 목적으로 정체불명의 단체 이름으로 1년 내내 집회 신고를 미리 내놓는 것과 비슷하다고나 할까요. 하지만 함석헌이 그랬지요. 가짜는 진짜의 전조라고! 박근혜가 경제 민주화와 창조경제를 들고 나온 것 역시 우리가 정말로 추구해야 할 새로운 경제의 전조였다고 말할 수 있을 거예요. 비록 할 생각은 없었지만, 창조경제와 경제 민주화가 우리 경제의 나아갈 방향이란 건 인정한 거지요. 다만 앞서 말했듯이 내심으로는 경제의 민주화도 창조성도 원하지 않으니까, 남도 그걸 추진하지 못하도록 미리 선점한 거라고 생각하면 되겠습니다. 그러나 우리 경제가 나아가야 할 방향, 그리고 지금 닥친 위기를 극복할 수 있는 방안이 재벌 해체와 경제 민주화에 있다는 건 분명한 일입니다.

최　어떤 의미에서 그런지 설명을 좀 해주세요.

김　지금 한국 경제에 가장 결여된 것이 창조성인데, 창조성이란 자유의 표현입니다. 앞서도 말했듯이 기계는 아무것도 창조할 수 없습니다. 그것은 동일성의 원리와 필연의 법칙 아래 있기 때문이에요. 기계는 자기에게 주어진 기능을 영원히 자기 동일적으로 반복할 뿐이지요. 오직 살아 있는 생명만이 동일성의 원리를 깨뜨리고 나오고, 자유로운 인간만이 필연의 사슬을 끊어내고 나옵니다. 그래서 인간은 과오를 범하기도 하고 오류에 빠지기도 하지만, 동시에 주어진 것으로부터 전혀 다른 것을 만들어낼 수도 있는 거지요. 그게 창조입니다. 그리고 경제활동이란 그 창조성을 사물적 대상을 매개로 해서 발휘함으로써 유용한 재화와 가치를 만들어내는 거예요.

그런데 민주주의가 뭡니까? 쉽게 말해 독재의 반대말이잖아요. 정치든 경제든 민주주의란 개인의 자유와 주체성의 긍정에 존립하는 거잖아요. 시키는 대로, 명령에 따라 움직이는 게 아니라 스스로 판단하고 결정하고 행위할 수 있는 권리를 가능한 한 제한하지 않고 인정해주는 것이야말로 민주주의의 근본 아니겠어요? 그런데 우리는 이런 민주주의를 정치의 영역에서는 잘 알고 있지만, 경제의 영역에서는 전혀 생각도 하지 않고 요구도 하지 않았어요. 하지만 경제의 영역에서도 자유와 자발성이 보편적으로 확립되어 있지 않다면 창조도 혁신도 다 헛구호에 지나지 않습니다. 다시 말해 경제활동에 참여하는 모든 경제주체들에게 자유와 자발성이 가능한 한 제한 없이 보장되어야 합니다. 그래야 그 모든 경제주체들의 자유로운 활동으로부터 창조적 혁신이 일어날 수 있는 거지요.

그런데 재벌 체제란 정치에 빗대어 말하자면 경제적 독재체제거든요. 그것도 세습 독재체제지요. 이런 세습 독재체제 아래서는 경제적 주체로서 인간의 창조성이나 자발성이 꽃필 수 없어요. 오직 재벌 기업주 한 사람의 명령에 따라서만 움직여야 되는 거니까요. 이건 단순히 노동의 자율성의 문제만이 아니고 중소기업을 포함해서 기업 경영의 관점에서도 치명적인 걸림돌이에요. 재벌들은 한국 경제의 문제를 말할 때 자주 정부의 규제 때문에 기업하기 힘들다고 말하지만, 자기들이 자유로운 창업과 기업 활동을 치명적으로 방해한다는 것을 인정하지는 않지요.

재벌 체제의 옹호론자들은 입만 열면 경제적 자유를 입에 올리지만, 그건 박정희가 지키겠다던 자유민주주의가 자유도 민주주의도 아니었던 것과 똑같아요. 박정희 시대에 자유란 것이 박정희가 허락한 범위 내에서의 자유, 박정희에게 굴종할 자유였던 것처럼 지금 재벌 체제 아래서 경제적 자유란 것도 재벌이 허락하는 범위 내에서 재벌에 이익이 되는 방식으로 기업 활동을 할 수 있는 사이비 자유에 지나지 않아요. 그 결과 재벌 혼자 천문학적인 재산을 축적할 동안 국민의 삶은 조금씩 더 가난해져서, 이제는 대다수 사람들이 안정된 미래를 기약할 수 없는 상황까지 온 거예요. 그동안 그럭저럭 굴러가던 경제 상황 때문에 국민들이 재벌의 불합리와 불의에 크게 관심 갖지 않고 방치해왔지만 이제는 우리들 삶의 안정과 한국 경제의 위기 극복을 위해서도 재벌은 반드시 해체해야 됩니다.

요약해서 말하자면 한국 경제의 위기를 극복하기 위해서는, 위로는 재벌을 해체해서 시장의 독점이나 진입 장벽을 없애고, 이를 통해 중소기업에 활력을 불어넣어야 합니다. 그리고 동시에 노동자들에게 자율성과 참여의 권한을 제도적으로 부여함으로써 그들이 기계의 한 부품이 아니라 기업 활동과 생산과정에 주체적으로 참여할 수 있는 길을 열어주어야지요. 경제의 영역에서도 그렇게 인간을 자유로운 주체로 대접할 때만 경제 자체가 살아날 수 있어요. 아무것도 가진 것 없는 우리의 입장에서는 사람밖에 믿을 게 없어요. 지배층이 도망간 나라를 의병들이 구했던 역사처럼 지금 우리가 믿고 기댈 수 있는 것도 민중의 열정밖에 없습니다. 그 열정이 발휘될 수 있도록 제도적인 장치를 만드는 것이야말로 앞으로 우리가 반드시 이루어야 할 경제 민주화의 과제입니다. 요약하자면 재벌 해체 그리고 노동자의 경영 참여, 이 두 가지야말로 지금 우리 경제의 가장 중요한 화두입니다. 이를 통해 자본이 인간을 지배하는 것이 아니라 인간이 자본을 도구로서 사용하는 그런 경제체제를 모색해 나가지 않으면 안 됩니다. 하루아침에 이루어지지 않는다 하더라도 결코 포기해서는 안 될 과제지요.

노동자의 경영 참여와 기업의 민주화

최　재벌 해체와 노동자의 경영 참여를 같이 말씀하셨는데, 앞의 것에 동의하더라도 노동자의 경영 참여에 대해서는 몇 가지 의문이 있습니다. 우선 기업에서 현실적으로 사장은 한 명이지 않습니까? 어떤 회사의 구성원이 100명이라면 사장은 한 명이고 나머지 99명은 사장이 아닌데 어떻게 그 99명이 경영에 참여한다는 겁니까?

김　그건 별로 어려운 이야기가 아닙니다. 노동자의 경영 참여란 것이 여러 가지 의미에서 이해될 수 있는데, 이는 민주주의가 여러 가지 방식으로 이해되는 것과 마찬가지입니다. 현대 민주국가에서 국민의 참정권이 국민 모두가 무차별하게 모든 일에 간섭할 수 있는 권리를 의미하는 것은 아니잖아요? 민주주의 정치제도와 주권재민의 원리란 것이 아무나 청와대 문 열고 들어가 대통령의 업무를 간섭해도 된다는 게 아니듯이, 노동자의 경영 참여의 권리라는 것도 노동자들이 기업 경영의 모든 일에 관해 똑같은 방식으로 의사 결정에 참여할 수 있는 권리를 뜻하지는 않습니다.

최 그렇다면 기업의 민주화나 노동자의 경영 참여가 의미하는 것이 무엇입니까?

김 핵심적인 것은 민주공화국에서 국가의 주권이 국민에게서 나온다고 하는 것처럼, 민주적으로 운영되는 기업의 경우에도 기업의 경영권이 노동자에게서 나온다는 원칙이지요. 마치 나라의 대표를 국민이 선출하듯이, 기업의 대표를 종업원이 선출하는 것이 원칙적으로 보자면 기업의 민주화라고 말할 수 있겠습니다. 그러나 민주주의에도 직접민주주의와 대의민주주의가 있듯이, 기업의 민주화에도 규모가 작을 때는 직접민주주의적 의사 결정이 가능하겠지만, 규모가 커지면 대의민주주의 방식으로 나아가는 것이 일반적인 경우겠지요. 그러나 어떤 경우든 중요한 것은 경영권이 누군가에게 배타적으로 소유된 권한이 아니고 언제나 기업의 구성원들로부터 위임받은 권한이라는 원칙입니다.

최 기업의 대표를 종업원이 선출하는 것이 기업의 민주화라면, 그건 협동조합에서만 가능한 것 아닙니까? 노동자 협동조합이 아니라면 그게 어떻게 가능한 일입니까?

김 당연히, 개인기업에서는 기업의 대표를 종업원이 선출한다거나 기업의 경영권이 궁극적으로 종업원에게 귀속한다고 말하는 것은 부당한 일입니다. 왜냐하면 개인기업은 개인의 사적 소유물이기 때문입니다. 사업이 망하기라도 하면 그 사업체를 소유한 기업인이 그에 대해 무한책임을 질 수밖에 없으니까, 개인 사업체에 대한 경영권이 그 사업체에 대한 소유권자에게 있는 게 너무도 당연하지요. 이 경우 종업원들은 노동계약에 따라 자기 노동에 대한 대가를 받고 또 각종 노동 관련 법에 따라 그 권리를 보호받기는 하겠지만, 경영권을 일부든 전부든 달라고 말할 수는 없겠지요. 왜냐하면 그건 사업체를 소유하고 모든 책임을 짊어진 사람에게 자동적으로 속하는 권리일 테니까요.

최 그렇다면 많은 사람들은 자본주의 사회에서 국가가 운영하는 공기업이라면 모를까 민간 기업은 모두 누군가의 소유물이니까, 그런 사적 소유물에 대해 종업원들이 경영권을 달라고 말하는 것은 재산권이나 소유권의 침해라고 주장할 것 같은데요.

김   그것은 한국 사회에서 통용되는 미신입니다. 마치 박정희나 박근혜가 대한민국의 주인이라고 말하는 것이 미신이듯이, 국영기업이 아니면 모든 기업에 주인이 있다고 믿는 것 역시 틀린 말입니다.

최   왜 그렇습니까?

김   이건 앞에서도 말했는데, 아무리 말해도 실감이 나지 않으니까 똑같은 질문에 똑같은 대답을 반복하게 됩니다.

최   현대 사회에서 대다수 기업이 법인 기업이라는 말씀이시죠?

김   네. 주식회사가 대표적인 법인 기업인데, 법인이란 법이 인정한 인격체여서 소유의 주체는 될 수 있어도 소유의 대상은 될 수 없어요. 오직 대표만 있는 거지요. 그런 점에서 국가하고 똑같아요.

최   주식회사의 경영권이라 하든, 대표권이라 하든, 그 운영권은 주주의 소유 아닙니까?

김   그것도 아닙니다. 주식회사의 경영권이란 처음부터 자명하게 주주의 권리라고 정해져 있는 것은 아니고, 법이 누구에게 그 대표권을 주느냐에 따라 달라집니다. 미국에서는 그 권리가 주주에게 주어져 있지만 현실적으로는 전문 경영인이 좌우하는 경우가 많고, 일본에서는 법적으로는 미국처럼 주식회사의 이사진을 주주총회에서 선임하지만 실질적으로는 이사진이 종업원 대표의 성격을 강하게 지니고 있으며, 독일에서는 2천 명 이상의 종업원을 가진 법인 기업의 경우에는 이사진의 절반을 종업원들이 선임하도록 아예 법으로 규정되어 있습니다. 5백 명 이상 2천 명 미만의 기업의 경우에는 1/3이 종업원 몫입니다. 이처럼 법이나 관행이 나라에 따라 다르니까 우리도 우리의 현실에 적합하게 주식회사의 공공적 운영과 노동자의 경영 참여의 규칙을 만들면 됩니다. 예를 들어 모든 언론사는 공공적 성격을 감안해 종업원이 사장을 선출할 권리를 행사하는 것이 옳고, 대기업의 경우에는 사외이사의 선임권을 종업원에게 주는 것이 무난하겠지요. 구체적인 경우마다 가장 적합한 지배 구조가 조금씩 다를 수 있으니까 진지하게 토론해서 기업 지배 구조를 보다 민주적으로 바꾸어가면 되지 않겠어요? 더불어 작업 현장에서 노동자들의 공동결정권을 확대해서 서울 지하철 구의역에서 스크린도어 고치다가 사망한 노동자나, 삼성반도체에서 일하다가 백혈병으로 사망한 노동자들이 다시는 그런 사고를 겪지 않도록 해야겠지요. 노동 현장의 작업 조건을 정할 때 노동자들이 공동결정권을 행사하지 못한다면 그런 사고는 필연적으로 반복될 수밖에 없어요.

최 그런 제도 개선이 자본주의의 모순을 해결해주지는 않는 것 아닙니까?

김 그럴 수도 있고 아닐 수도 있겠지요. 다만 저는 우리가 한꺼번에 지옥에서 천당으로 도약하는 것은 불가능하다는 것을 기억했으면 합니다. 우리가 정치의 영역에서 이루어온 민주주의의 확장과 진보가 모든 정치적 문제를 해결해주지 않지만, 그래도 우리는 그 과정을 통해 세상이 조금씩 더 좋아졌다는 것을 인정하고 또 앞으로도 우리의 민주주의를 더 발전시키기 위해 선의를 가지고 고민하지 않습니까. 경제의 문제도 그런 마음가짐이 필요하다고 생각해요.

제 학창 시절을 회상해보면, 군부독재 아래 민주주의도 이루어지지 않은 상태인데, 마르크스 책 몇 줄 읽었다고 그 민주주의를 부르주아민주주의 운운하면서 비판하던 사람들도 많이 있었습니다. 그런데 지금 우리들 대다수는 민주주의가 아무리 불완전하다 하더라도 그게 얼마나 큰 가치를 가지고 있는지 인정하지 않습니까? 우리가 민주주의의 한계를 인정하면서도 그 민주주의의 가치를 인식하고 발전시켜왔듯이, 자본주의 시장경제에 많은 문제가 있지만 그렇다고 해서 그것이 만악의 근원이고 아무 가치도 없는 것이라고 매도하기 시작하면, 우리는 정말로 중요한 싸움을 포기하는 것과 같다고 생각해요. 중요한 건 세상을 이데올로기적으로 규정해놓고 허구적인 적과 싸우는 것이 아니라 지금 우리 현실에서 우리를 괴롭히는 문제가 무엇인지 정확히 파악하고 그에 맞서 싸우는 거지요.

최　그렇다면 지금 우리 현실에서 가장 시급하고 심각한 문제가 뭐라고 생각하세요?

김　저는 경제적 영역에서 크고 작은 경제활동의 단위들을 가족 원리가 아니라 사회적 원리에 따라 운영하는 것을 제도와 관습 모두의 차원에서 확립하는 것이야말로 지금 우리가 이루어내야 할 가장 중요한 과제라고 생각합니다.

최　노동자의 경영 참여 문제를 말씀하시다가 갑자기 너무 일반론적 논의로 건너가신 것 아닙니까?

김　아닙니다. 실은 노동자의 경영 참여도 경제의 민주화도 모두 다 한국 경제를 근본에서 규정하고 있는 가족주의를 극복하기 위해 제시하는 방안입니다.

최　그럼 가족주의가 어떤 의미에서 한국 경제의 모순의 근원인지 좀 설명해주실 수 있습니까?

김　이 문맥에서 근대적 공화국의 이념을 생각하자면, 가족의 소유물이었던 국가가 국민의 것으로 사회화된 것 아니겠어요? 이건 서양의 경우도 그렇고 우리도 마찬가지 아닙니까? 그런데 우리는 국가에 대해서만 이런 사회화 과정이 일어났다고 생각하기 쉬운데, 실은 기업의 경우에도 마찬가지입니다. 근대 시민혁명을 통해 왕의 국가가 시민의 국가로 바뀌었다면, 19세기 이후 기업의 역사는 개인 소유 기업이 점점 더 사회화되어온 역사라고 보아도 크게 틀리지 않습니다. 현대 사회에서 지배적인 기업형태가 주식회사라고 하는 것은 기업이 개인이 아니라 사회적으로 운영된다는 것을 의미해요. 아까도 말했듯이 주식회사에는 주인이 있을 수 없거든요. 그게 주주든 종업원이든 아니면 다른 이해 당사자든, 주식회사는 특정한 개인이 주인일 수 없는 법인이므로 어떤 식으로든 공공적으로 운영될 수밖에 없어요. 그런데 제가 아무리 이렇게 말해도 한국에서는 이 말이 도무지 받아들여지지 않잖아요.

최　그러게 말입니다.

김　그래서 사회적으로 운영되어야 할 법인 기업이 개인의 소유물이 되어 가족 중심으로 운영되는 것이 우리의 현실 아닙니까? 그런데 이런 사정은 단지 영리법인으로서 기업에만 해당되는 일이 아니에요. 사회는 수많은 작은 사회들로 이루어지는데, 현대 사회에서 우리가 관계 맺는 중요한 사회들이 실은 법인입니다. 예를 들면 한국 교육의 대부분을 담당하는 사립학교는 학교법인이지요. 사립학교가 법인이란다고 공공적으로 운영되느냐면, 그거 아니거든요. 대다수는 그냥 가족이 국가로부터 운영비를 지원받아서 운영하는 족벌 사학에 지나지 않아요.

이처럼 한국 사회는 모든 사회 구성체가 자율적인 시민의 수평적인 만남의 현실태가 아니고, 부모 자식, 언니 동생의 수직적 가족 관계 속에서 유지되는 전근대적 사회인 거예요. 생각하면 국가기구부터가 그렇지요. 박근혜의 나라도 가족 원리에 의해 통치되던 나라가 아니었던가요? 그의 권력은 더도 덜도 아니고 아비인 박정희의 권력을 상속받은 거였으니까요. 이처럼 국가가 시민의 공동체가 아니라 가족 공동체인 것은 북한의 경우엔 극단화될 대로 극단화되어, 아예 공공연한 국가 이념이 되었다고 말할 수 있어요.

최　가족사회주의 같은 것도 있습니까?

김　맞아요! 바로 그거예요. 거기 헌법 서문, 우리의 헌법 전문에 해당하는 부분은 "조선민주주의인민공화국은 김일성 동지의 사상과 영도를 구현한 주체의 사회주의 조국이다"라고 시작해서 문장마다 반복되는 김일성 찬양을 통해 '조선'이라는 국가가 오로지 김일성이라는 개인의 국가라는 것을 반복해서 주입하는데, 가운데쯤 내려가면 김일성이 "온 사회를 일심단결된 하나의 대가정으로 전변시키시었다"라는 말이 나옵니다. 그러니까 근대화란 가족이 사회를 통해 지양되는 과정인데, 명색이 '사회주의 조국'이라는 북한에서는 사회가 대가정으로 전변되었다니 기가 막히지 않습니까. 어쩌면 남한이나 북한이나 그렇게 가족에 집착하는지, 이 고질병을 치유하지 않으면 우리에게 미래는 없어요.

우리는 정치의 영역에서는 박근혜를 감옥에 가둠으로써 비로소 길고도 오랜 왕조 시대를 끝냈다고 말할 수 있지만, 이것만으로는 사회 전반에 뿌리내린 가족주의를 근절했다고 말하기는 어렵습니다. 그러니까 앞으로 기업은 물론 다른 모든 사회 구성체를 가족 원리가 아니라 서로 간에 자립적인 개인들 사이의 자유롭고도 호혜적인 만남에 입각해서 새롭게 조직해 나가는 것이야말로 우리의 과제라고 할 수 있겠습니다. 그리고 이런 과정 속에서 저는 지금 우리가 직면한 불평등과 가난의 문제도 해결할 수 있으리라 생각합니다.

최　가난의 문제도 가족주의와 맞물려 있습니까?

김　헤겔의 『법철학』에 보면 근대 사회는 인간을 가족의 유대로부터 해방해서 너나 할 것 없이 시민사회의 자녀로 만들었다는 말이 나옵니다. 그런데 인간을 시민사회의 자녀로 만들었으면, 예전에 가족이 책임지던 생계를 사회가 같이 책임지는 것이 당연한 일 아니겠어요? 이런 의미에서 모든 사회 구성원들에게 경제적 측면에서 최소한의 인간다운 삶을 보장하는 것은 현대 국가의 가장 중요한 책무이자 존재이유에 속하는 것입니다. 그런데 우리나라에서는 국가가 시민의 생계를 책임져야 한다는 의식이 굳건하게 확립되어 있지는 않아요. 예로부터 가난은 나랏님도 못 구한다는 속담도 있거니와, 우리는 먹고사는 문제의 일차적 책임을 국가가 아니라 가족에게 떠넘기지요. 그러니 개인은 부동산 투기에 목매달 수밖에 없는 상황으로 자꾸 떠밀려가는 거란 말입니다. 그렇게 땅값과 아파트값이 거품처럼 부풀어 오르는 과정에서 소수는 부자가 되겠지만, 대다수 사람들의 삶은 점점 더 힘들어진 것이 지금 우리가 처한 상황이지요.

하지만 이제 이런 악순환을 끝낼 때가 되었어요. 스피노자가 말했듯이, 가난의 문제는 개인이 해결하기엔 너무 큰 문제인 까닭에 오직 국가만이 해결할 수 있습니다. 그러니까 우리도 이제 발상을 바꾸어서, 가난의 문제를 철저히 사회적으로 해결할 생각을 해야 합니다. 그런 의미에서 사회복지에 대한 관념도 획기적으로 바꿀 필요가 있어요. 도대체 무상 급식을 두고 당파적인 논쟁을 벌이는 나라가 정상이라 할 수 있습니까? 그게 어떻게 좌-우 대립이나 보수-진보의 대립으로 나타날 수 있어요? 독일 사회보장제도의 기초를 놓은 것이 사회주의 탄압법을 만들었던 보수 정치가 비스마르크 아닙니까? 사회복지 하자는 데 무슨 좌우 대립을 끌어들입니까? 그것도 국가가 학교에서 학생들에게 무상 급식을 하는 걸 가지고서. 4대강에 수십 조를 들이붓는 나라에서 말이에요. 이제 그런 한심한 논란은 끝낼 때가 되었습니다.

복지국가의 길

최 가난에 대한 질문에서 시작해서 재벌 해체와 노동자 경영 참여라는 대답을 거쳐 마지막엔 사회복지에 이른 셈이군요. 이 세 가지가 지금 우리가 당면한 경제 위기와 청년 실업 그리고 점점 더 심각해져가는 빈곤 문제를 해결하기 위해 선생님이 제시하시는 해법이라고 이해하면 되겠습니까?

김 네. 잘 정리해주어서 고맙습니다. 처음의 질문으로 돌아가 생각해보면 당연히 재벌 해체나 노동자 경영 참여 같은 거대 담론이 지금 당장 생존의 벼랑 끝에 서 있는 젊은이들의 생계를 해결해주는 것은 아니죠. 하지만 개인의 가난을 일거에 해결해줄 수 있는 '슈퍼 리치'(super rich)를 우리가 기다리는 것이 아니라면, 결국 지금 젊은이들의 가난은 사회적으로 해결할 수밖에 없는데, 그걸 위해 현재의 한국의 경제 질서를 바꾸는 것은 일종의 선결 조건과 같은 것이므로 재벌 해체와 노동자의 경영 참여가 젊은이들의 가난의 해결과 결코 무관한 문제는 아닙니다. 하지만 그리로 나아가는 과정에서 지금 당장 젊은이들의 가난을 완화하는 것도 절박한 과제인 데다가, 굳이 그게 아니라도 사회적 안전망과 사회복지를 기본적으로 확립하는 것 자체가 대한민국이 제대로 된 국가 체제를 갖추기 위해서 반드시 요구되는 일이기도 하니까, 이제 사회복지에 대해서도 진지하게 시민들의 적극적인 관심을 불러일으키고 그 구체적 방안에 대해서 사회적 합의를 이끌어낼 필요가 있지요. 저는 그런 토론 과정 자체가 지금 우리에게 대단히 필요하고도 소중한 정치 행위라고 생각하고 있습니다.

최 사회복지 하면 사람들은 가장 먼저 재원에 대한 염려부터 할 텐데, 재원을 염려할 필요는 없습니까?

김 사람은 누구라도 개인의 경험을 전체 사회나 국가에 투사하게 되지요. 그런데 개인적으로는 젊은 세대든 기성 세대든 가난을 염려하지 않을 수 없는 상황인 건 분명하지만, 사회 전체로 보자면 한국이라는 나라가 젊은 세대가 국민의 생계를 염려해야 할 만큼 가난한 나라라고 말할 수는 없지요.

제가 가끔 베트남을 가잖아요. 사회과학원에서 경제나 정치에 대해서 토론을 할 때, 제가 한국 사회에 대해서 좋은 점도 이야기하고 나쁜 점도 이야기를 하지요. 그런데 경제 문제만 나오면 제가 아무리 한국 경제의 구조적 문제를 말해도 잘 전달이 안 돼요. 제가 아무리 한국 사회의 병폐를 논리적으로 설명해도, 그냥 한 가지 수치가 나오면 얘기가 끝나 버린다니까요.

최 어떤 수치입니까?

김 한국이 국민소득 3만 달러인 나라라는 거죠. 베트남은 2천 달러가 조금 넘어요. 그런데 왜 지금 베트남의 젊은 대학생들보다 이 나라의 대학생들이 가난에 대해서 더 걱정을 해야 합니까? 이거 무언가 잘못된 것 아니에요?

최 뭐가 문제인 겁니까?

김   저도 그걸 같이 생각해보자고 말씀드리는 거예요. 앞에서도 말했듯이 우리나라 1인당 국민소득을 감안할 때 돈이 다 어디 있겠어요? 벌써 2년 전에 10대 재벌 사내 유보금 총액이 500조 원이라 했어요. 아마 지금은 더 늘었겠죠? 한국 돈 많아요. 그러니 염려 마세요. 극소수 금수저들이 쌓아두고 있을 것 아니에요? 많은 사람들이 이걸 그냥 나와 상관없는 기업의 문제라고 생각하겠지만, 실은 기업의 내부유보금이 그렇게 천문학적으로 늘어난 건, 복잡하게 말할 것 없이 재벌 기업이 종업원에게 지급해야 할 임금을 줄 만큼 주지 않고, 협력 업체로 이전되어야 할 영업이익을 이전해주지 않고 독점했기 때문이에요. 수치상으로 국민소득이 늘어도 실질적으로는 국민 대다수가 가난한 게 그 때문이에요. 재벌 기업이 국민 전체를 착취해서 자기들만 부자가 된 거지요. 돈이 문제라면 한국은 여전히 부자 나라예요. 문제는 그 돈이 공정하게 분배되지 않는 데 있지요. 그러니까 일단 재벌에게 움켜쥐고 있는 돈을 내놓으라고 해야 돼요.

최   그게 어떻게 가능합니까?

김   불가능한 일도 아니죠. 예를 들어 장하성 교수는 "기업이 적정한 수준 이상으로 유보한 이익에 대해서는 '초과 내부유보세'를 부과하는 것"이 하나의 방법이랍니다(장하성, 『한국자본주의』, 528쪽). 한국도 2001년 전까지만 하더라도 적정 유보 소득을 초과한 이익 유보에 과세하는 제도가 있었다는군요. 그러니까 그 사이에 이 나라가 얼마나 고삐 풀린 기업국가가 되었는지 이것만 봐도 알 수 있죠. 아무튼 구체적인 방안이 무엇이든 지금 우리에게 필요한 건 급진적인 재분배 정책입니다.

최   요즘 대선 주자들이 말하는 기본소득 같은 것도 그 정책에 포함될 수 있겠군요.

김   네. 하지만 저라면 순서를 좀 바꾸고 싶어요.

최   무슨 뜻입니까?

김   일단 보편적인 사회 안전망을 갖추는 것부터 하고 싶어요. 만약 우리나라에서 모든 사람이 기본적으로 인생에서 반드시 필요한 것들에 관해, 그리고 누구나 거칠 수밖에 없는 삶의 과정에서 특별한 불안이나 공포 없이 살 수 있는 나라라면 기본소득을 제공하는 것도 얼마든지 좋은 일이라 생각해요. 예를 들어 기본소득을 놓고 국민투표를 실시했던 스위스의 경우를 보자면, 기본소득 이전에 사회보장제도가 먼저 확립되어 있었던 거지요. 그런데 만약 우리가 그건 무시하고 기본소득에만 주목한다면, 이건 다소 순서가 뒤바뀐 것이 아닌가 하는 생각이 드는 거죠.

기본소득이란 개인에게 자유로이 처분할 수 있는 소득을 조건 없이 주는 거잖아요. 개인은 그걸 개인의 필요와 취향에 따라 사용하게 되겠지요. 그런데 저는 이것도 좋은 일이지만, 지금 우리나라의 단계에서는 사회적인 안전망을 체계적으로 확립하는 일이 더 시급하다고 생각해요. 예를 들면 모든 국민에게 한 해에 1백만 원씩 기본소득을 줄 돈이 있다면, 저는 그 돈을 다 모아 육아 문제를 해결하는 데 쓰고 싶어요. 언제까지 직장에 다니는 이른바 '워킹 맘'들이 아이들 유치원 입학 때문에 노심초사하면서 살아야겠어요? 말이 나왔으니, 임신과 출산 과정에 있는 여성은 말할 것도 없고 그 배우자가 되는 남성에게도 육아휴직을 넉넉하게 허락해서 여성뿐만 아니라 남성도 육아에 같이 참여시킴으로써 임신과 출산이 여성의 사회적 경력 단절로만 이어지지 않도록 해야 하리라고 생각해요. 이렇게 남성과 여성이 같이 육아에 참여하고 경력 단절도 여성과 남성이 같이 감당하는 사회가 된다면, 우리가 사는 세상이 지금보다 훨씬 밝아지지 않겠어요? 지금 우리에게 필요한 건 태어나서 죽을 때까지 인간이 반드시 거칠 수밖에 없는 과정을 보다 안전하고 또 안정된 방식으로 사회가 같이 돌보는 것이라 생각해요. 그리고 이를 위해 시민들이 먼저 상상력을 발휘할 필요가 있다는 거예요. 사실 어떤 집이나 늙은 부모를 자식들이 예전처럼 옆에서 모시지 못하는 건 거의 마찬가지잖아요. 수명은 점점 더 늘어나는 시대에 부모가 치매라도 걸리면 자기 살기도 어려운 자식들이 무얼 어떻게 할 수 있겠어요? 그러니까 이제 새로 태어나는 생명부터 죽음의 문턱에 이른 노인의 삶에 이르기까지 우리가 모두 거칠 수밖에 없는 삶의 과정을 사회적으로 돌보는 시스템을 마련하는 것이야말로 지금 우리나라에서 시급한 과제라는 거지요. 이런 식으로 시급한 것들부터 순서를 정해서 하나씩 사회적인 안전망 및 돌봄의 체계를 만들어 나가는 것이 먼저가 아닌가 싶어요.

최　말씀하신 세상이 너무 장밋빛이라 도리어 낯설게 들리기도 하고 현실적으로 다시 재원에 대한 걱정도 듭니다만.

김　당연히 재원의 문제는 따져봐야 할 일이지만, 순서를 따지자면 그렇다는 뜻입니다. 하지만 우리나라의 경제력으로 보았을 때, 제 말이 그다지 비현실적인 것도 아니라고 저는 생각해요. 다시 다른 나라 예를 들어 말씀드리자면, 군대 없는 나라로 유명한 코스타리카에 학회 참석차 간 적이 있어요. 1인당 GDP가 1만 달러 정도예요. 그런데 그런 나라가 무상 의료와 무상 교육을 한대요. 젊어서는 자녀 교육비 때문에 전전긍긍 안 해도 되고, 늙어서는 의료비 때문에 전전긍긍 안 해도 된다는 얘기잖아요. 1만 달러밖에 안 되는 나라가. 그러니까 우리도 하려고 마음만 먹는다면, 할 수 있는 거지요. 사실 우리 삶에서 교육과 병원 일만 무상으로 해도 삶이 얼마나 가벼워지겠어요? 그런 다음에 먹는 것과 주거의 문제를 사회적으로 해결할 수 있는 방법을 찾으면 되겠죠. 이를 실현하기 위해 재원의 문제는 중요하지만 저는 그보다 원칙이 더 중요하다고 생각하는데요.

최　어떤 원칙 말씀입니까?

김　말하자면 '주먹밥 정신'이라고 부를 수 있을 원칙이지요. 5·18 때 고립된 상황에서도 광주 시민들이 사재기하지 않고 같이 먹었잖아요. 있으면 있는 대로 없으면 없는 대로 같이 먹는 것이 참된 나라라는 원칙을 확립하는 것이 지금 우리에게 가장 필요한 일이에요. 먹어도 같이 먹고 굶어도 같이 굶자는 거지요. 저는 이 원칙이 가장 중요하고 그 다음으로는 선택적 복지보다 보편적 복지를 원칙으로 하는 것이 중요하다고 생각해요.

최   선택적 복지보다 보편적 복지를 먼저 확립해야 할 이유는 뭡니까?

김   한국 사회에 사회복지에 대한 이상한 편견이 있죠. 유럽의 잘나갔던 나라들도 복지 때문에 망했다거나, 망하기 직전이라거나, 그래서 복지를 줄인다고 하더라거나, 우리같이 없는 나라에서 무슨 복지냐, 하는 소리들을 어렵지 않게 들을 수 있지요. 구체적인 사실에서 맞는 말도 있고 틀린 말도 있겠지만, 그와 무관하게 아직 한국 사회에서는 복지에 대한 맹목적 거부감이 많이 남아 있는데, 이런 식으로 복지에 대해 편견이나 반감을 가지는 이유가 다른 무엇보다 우리 사회에서 사회복지라는 것이 기본적으로 선택적 복지인 경우가 많기 때문이라고 저는 생각해요. 대다수의 사람들은 간신히 혼자 생존할 수 있을 정도의 소득에 의존해서 살고 있는 게 현실인데, 거기에서 누군가가 국가의 도움으로 내가 받지 못하는 어떤 혜택을 받는다고 할 때 그것에 반감을 가지게 되는 거죠. "나도 힘든데 ……" 하는 거란 말이죠.

복지가 보편화되지 않고 선택적인 시혜로 나타나다 보니까 사회의 최극빈 계층에게 선택적으로 시혜하듯이 국가가 지원해주는 것이 지금까지 한국 사회의 사회복지 프레임처럼 되어 있는데, 차상위 계층의 입장에서 볼 때는 이게 억울하고 불만이 될 수 있어요. 왜냐하면 관점과 기준에 따라서는 국가에 의해서 지원을 받고 있는 사람보다도 자기가 더 열악한 조건 속에 있을 수 있거든요. 쟤는 지원을 받는데, 실제로는 더 힘들게 사는 나는 아무런 지원을 못 받네. 이렇게 되면 억울해지는 거죠. 사회복지 제도가 시민들을 분열시키는 기제로서 악용된 셈입니다. 더 나아가 이런 분열상이 사회복지 제도 그 자체에 대한 반감을 낳게 되고요. 이런 상황을 극복하기 위해서는 먼저 보편적인 사회복지 제도가 확립되어 모두에게 명백한 혜택이 돌아가게 만들어야 합니다. 그리고 이를 통해 국가의 존재이유가 국가 구성원들을 보편적으로 돌보는 것임을 몸소 경험하고 분명하게 인식하게 만드는 것이 중요하겠지요.

요컨대 지금 여러분들에게 필요한 것은 사회적 상상력입니다. 지금까지는 전쟁과 경쟁의 원리가 지배하는 사회에서 혼자 살아남기 위해 발버둥쳐왔다면, 이제부터는 모든 문제를 사회적으로, 공공적으로 해결하기 위해 다양한 길을 찾아내는 상상력이 필요합니다. 지금까지 제가 말한 모든 것들이 결국 그 상상력을 일깨우기 위한 것이었다고 말할 수 있겠습니다. 저는 할 말을 거의 다 한 것 같으니, 남은 많은 것들은 이제 여러분들이 스스로 찾아가야겠지요.

철학 없는 시대

최 이래서 이제 저희들이 자력갱생해야 하는 겁니까?

김 네, 역사는 늘 그렇게 용감한 젊은이들에 의해 진보해왔으니까요.

최 알겠습니다. 그래도 마지막으로 확인하고 싶어서 한 번 더 여쭈어보고 싶은 게 있습니다.

김 뭡니까?

최 선생님은 예전부터 늘 20대가 희망이라고 말씀하셨는데, 정말로 20대가 역사의 주역이 된다고 믿으시는 겁니까, 아니면 그냥 격려 차원에서 하시는 말씀인가요?

김 바로 이 문맥에서 저는 여러분들이 자기에 대한 믿음과 동료 인간에 대한 믿음, 그리고 우리 역사에 대한 믿음을 가지는 것이 중요하다는 말씀을 다시 한 번 드리고 싶습니다. 앞에서 해월 최시형 선생이나 니체의 말에 기대어 창조하려는 자에게 가장 필요한 것이 믿음이라는 말을 했습니다만, 그런 말이 그냥 당위론적인 것으로 들릴 것 같아 한마디 보태자면, 예전부터 우리나라에서 세상을 바꾼 사람들은 다 여러분들 같은 20대였어요. 복잡하게 말할 것 없이 지금 한국 사회를 형성한 세대를 한번 생각해보세요. 말하자면 여러분들의 부모 세대가 그 세대인데, 이른바 민주화 운동 세대잖아요. 그런데 그 세대가 한국 사회를 새롭게 형성하기 위해 싸웠던 것이 넓게 잡으면 1970년에서 1990년까지 한 20년이었어요. 그 세대는 사건으로 말하자면 1970년 11월 13일 전태일의 분신에 대한 응답으로 잉태된 세대이고, 그다음으로 박정희의 제2의 쿠데타라고 부를 수도 있을 1972년 10월유신에 대한 저항을 통해 태어난 시대지요. 그들이 20년 가까운 투쟁 끝에 얻어낸 결실이 1987년의 민주화였단 말입니다. 그런데 그들이 그렇게 새로운 역사를 쓰기 시작했을 때가 몇 살이나 되었을 것 같아요? 다 20대였지요. 전태일이 분신한 것이 고작 스물두 살 때였어요. 민주노조 운동의 효시라고도 말할 수 있을 동일방직 여공들도 대부분 20대 초반이었고요. 그리고 그들과 연대했던 수많은 대학생들도 당연히 20대였지요. 1971년 체포되어 옥살이를 시작했던, 서경식 선생의 형님들인 서승, 서준식 두 형제도 그때는 푸릇푸릇한 20대였습니다. 그러니까 1970년 전태일의 분신부터 1979년 10월 16일 부마항쟁까지 1970년대 역사를 쓴 건 20대였어요. 조금 넓게 잡아도 김지하 시인이 1941년생이니까 30대였지요. 그러니까 당시 20대와 30대가 지금 우리 시대를 만들기 시작했던 거예요. 이런 사정은 1980년대 들어서도 크게 다르지 않았지요. 5·18부터 1987년 6월항쟁까지 전두환의 신군부 독재와 싸우면서 민주주의의 기초를 놓은 사람들, 나중에 386이라 불리며 한동안 동네북 신세였던 사람들도 당시에는 20대였어요.

    모세가 세상을 떠나기 직전에 눈의 아들 여호수아를 이스라엘 민족의 지도자로 세웠을 때, 여호수아의 나이가 스물이었답니다. 그건 남의 나라 얘기라 칩시다. 우리 역사에서 스물일곱에 병조판서가 되었던 남이 장군이 남긴 시에 "남아이십미평국 후세수칭대장부"(男兒二十 未平國 後世誰稱 大丈夫)라는 것 있지 않아요? "사나이 스물에 나라를 평정하지 못한다면 후세에 누가 대장부라 불러주리오." 함석헌과 김교신이 『성서조선』을 창간한 것도 20대였어요. 그러니 예나 지금이나 우리나라나 다른 나라나 정말로 세상을 바꾸는 건 여러분 같은 청춘입니다.

최 그렇게 20대 청년들이 역사의 주역이 될 수밖에 없는 무언가 객관적인 이유라도 있습니까?

김 세상을 바꾸기 위해서는 다른 무엇보다 생각이 바뀌어야 됩니다. 사람들 생각이 바뀌면 현실도 바뀌지요. 아니 더 정확하게 말하자면 생각이 바뀌어야만 현실도 바뀝니다. 생각의 변화 없이 현실만 바꿀 경우에는 설령 그것이 한동안 가능하다 하더라도 반드시 과거로 되돌아가고 말지요. 그런데 나이가 들면 들수록 사람들은 아무래도 자기 자신의 경험에 생각이 매여 있는지라 기존의 사고방식을 바꾸는 것이 상대적으로 더 어렵습니다. 특히 나름대로 열심히 세상을 바꾸기 위해 활동해왔던 사람일수록 더 그렇지요. "우리도 다 해봤는데 아무것도 되지 않더라"라고 생각하기 쉽거든요. 그래서 예나 지금이나 20~30대가 새로운 역사를 쓰는 일에 주역이 되는 까닭이 생각이 활달하기 때문이 아닌가 합니다.

최 말씀은 고맙습니다만, 저희는 생각이 활달하다기보다는 생각이 아예 없어서 걱정입니다. 세상을 바꾸어야 한다는 것은 잘 알겠는데, 어떻게 바꾸어야 할지 그걸 알 수 없으니까 막막한 거지요. 선생님이 작년 『한겨레』에 쓰신 글의 끝에 세상을 형성하려면 설계도와 형성의 지혜가 있어야 한다고 말씀하셨는데, 지금 우리 세대에게 새로운 국가의 형성을 위한 철학이 무엇이 있겠습니까? 그뿐 아니라 어제 선생님들의 대화를 들으면서도 새삼 우리가 한국의 역사에 대해 너무 모른다는 것을 절감했습니다. 지난 길을 되돌아보는 것도 어렵고 앞날을 내다보는 것도 어려우니, 실은 막막한 마음뿐입니다.

김 실은 그것도 희망입니다.

최 오늘은 선생님이 대단히 낙관적이시군요. 탄핵이 결정되었기 때문인가요? 그런데 어떤 의미에서 희망입니까?

김　그게 소크라테스적 무지 아닌가요. 모든 지혜의 출발이라는 무지의 자각 말입니다. 그런데 우리 세대에게는 그런 지혜가 없었습니다. 문득 1980년 5월이 기억납니다. 비상계엄이 전국으로 확대되고 5·18이 터지기 직전, 학교 서클 룸, 지금으로 말하자면 동아리방에 앉아 있는데, 후배 하나가 방문을 열고 들어오면서 의기양양하게 그러더라고요. 사흘 후면 우리가 중앙청을 접수한다고. (참, 당시엔 지금 서울 광화문 자리에 조선총독부 건물이 아직 해체되지 않고 정부 청사로 쓰이고 있었는데, 그걸 중앙청이라 불렀습니다.) 제가 그랬지요. "접수해서 어쩌게?" 하지만 이런 걱정은 저 같은 사람이나 하는 거였고, 대개는 일단 권력을 장악하면 그걸로 충분하다고 생각하는 편이었습니다. 독재 체제가 무너지고 민주주의가 정착되기만 하면 모든 문제가 다 해결될 것처럼 생각하는 분위기였지요. 좋게 말하면 낭만적인 시대였다고나 할까요.

최　1980년대 이후에도 비슷했습니까? 선생님이 부마항쟁에 대해 쓰신 글에서, 1970년대가 부끄러움의 시대였다면 1980년대는 분노의 시대였다고 말씀하셨는데, 지적인 면에서는 차이가 없었습니까?

김　아니요. 조금 달랐습니다. 1970년대는 가슴으로 운동을 한 시대라고 말할 수 있습니다. 물론 그 시절에도 공부를 하지 않은 건 아니지만, 그다지 체계적인 학습이 이루어진 것은 아니었습니다. 그리고 책을 읽어도 상대적으로 감성적인 책들을 많이 읽은 편입니다. 굳이 이렇게 분야를 나누자면, 1970년대는 전체적으로 사회과학의 시대라기보다는 문학의 시대였다고 말할 수도 있겠습니다. 제가 1970년대를 대표하는 몇 가지 책을 예로 들면 아마 여러분들도 그 시대의 분위기를 짐작할 수 있겠는데, 제 경우엔 가장 먼저 생각나는 책이 조세희 선생의 소설 『난장이가 쏘아올린 작은 공』입니다. 시인으로는 김지하 시인이 발군이었고, 고은, 신경림, 이시영, 김남주 등 이름을 다 드는 것이 불가능할 정도입니다. 번역된 책들 가운데서는 잉게 숄이라는 저자가 히틀러 치하에서 저항운동을 하다가 발각되어 처형당한 누나 오빠의 저항과 죽음을 서술한 『아무도 미워하지 않는 자의 죽음』이 박정희 독재 아래에서 숨죽이고 살아야 했던 젊은이들을 많이도 울렸던 걸로 기억합니다. 사회과학의 범주에 들 만한 책으로는 역시 돌아가신 리영희 선생의 『전환시대의 논리』를 첫손에 꼽아야 하지 않을까 합니다. 외국의 철학자들로는 프랑크푸르트 학파로 알려진 마르쿠제나 에리히 프롬 또는 루카치 같은 마르크스주의 철학자의 책들이 좀 읽혔는데, 지금 생각하면 그런 게 다 무슨 소용이 있었을까 싶습니다. 저 개인적으로는 함석헌 선생의 『뜻으로 본 한국 역사』도 빼놓아서는 안 되겠는데, 유신 시절 내내 함석헌 선생이 펴냈던 『씨알의 소리』는 백낙청 선생의 『창작과비평』과 함께 어두운 시대의 등불이었다고 말할 수 있겠습니다.

최　마르크스는 없군요.

김　대중적으로 접할 수 있는 건 아니었지요. 그때는 아직 마르크스를 번역해 출판하는 것이 불가능한 시대였습니다. 읽고 싶은 사람은 몰래 영어 책이나 일본어 책을 복사해서 읽었습니다. 어쩌면 그게 1970년대와 1980년대를 가르는 차이라고 말할 수도 있겠네요. 물론 1980년대라고 해서 당장 마르크스가 해금된 것은 아니지만, 1970년대와는 달리 1980년대는 분단과 한국전쟁 이후 마르크스의 이름이 금기시되어온 남한 사회에서 사회주의가 다른 어떤 시대보다 압도적인 영향을 미친 시대라고 말할 수 있겠습니다. 그리고 문학이 주도하던 1970년대의 지적 풍토가 1980년대에 들어서는 사회과학이 주도하는 단계로 넘어갔다고 말할 수도 있을 거고요. 그리고 운동의 양상도 많이 달라졌는데, 그건 다른 무엇보다 주된 활동 공간이 달라진 데서 분명히 나타납니다.

최　활동 공간이라니요?

김　운동이 결국 만남입니다. 사람과 사람이 만나 역사를 만들어내는 거잖아요. 그리고 여기서 중요한 건 자기와 다른 사람 사이의 만남이지요. 그런데 만남은 언제나 특정한 공간을 전제하게 마련입니다. 1970년대에는 전태일의 분신으로 촉발된 대학생과 노동자의 만남이 주로 교회나 성당의 공간에서 야학의 형태로 일어났었습니다. 이런 의미에서 1970년대 운동은 노동자와 학생 그리고 종교인의 만남으로 특징지어집니다. 그리고 운동의 성격 역시 만남의 세 주체와 만남이 일어난 종교적 공간이라는 특수성에 의해 일정하게 규정되지요. '도시산업선교회'는 그 시절의 진보 운동을 대표하는 이름이라고 말할 수 있습니다. 영화 「변호인」에 보면 주인공이 야학 활동을 하다가 체포당하는데, 그게 1970년대의 익숙한 풍경이라고 생각해도 됩니다. 수첩을 남기고 세상을 떠나 김기춘을 감옥에 보낸 김영한 전 청와대 민정수석조차 당시엔 열성적인 야학 선생이었습니다. 지금 새누리당 비대위원장으로 있는 인명진 목사는 '도시산업선교회'의 얼굴이나 마찬가지였고요. 세월이 그렇게 흘렀네요.

최   앞서도 말씀을 나누기는 했지만 옛날 얘기를 듣다 보면 과거에 그렇게 치열하게 불의와 싸웠던 분들의 변신이랄까 변절이랄까, 그게 새삼 기이하다 싶은 생각이 듭니다.

김   다 철학이 없어서 그래요. 삶에서 원칙이 없으니까 그렇게 속절없이 변질되는 거지요.

최   그 말씀은 이해할 수 있을 것 같으면서도, 참 이해하기 어렵습니다. 철학이 뭔지, 어떤 경우에 철학이 있고 또 어떤 경우에 없는 건지, 잘 모르겠습니다.

김   여기서 그 얘기를 어렵게 하자면 한없이 어렵게 끌고 갈 수 있겠지만, 그러면 안 되겠지요? 간단히 말해서, 철학이란 일관되고 체계적인 세계관입니다. 그런데 이 세계관이 객관적 세계 전체에 대한 전망과 믿음이면서 동시에 가장 내면적이고 주체적인 개성의 표현이어야 합니다. 앞에서 말했듯이 이념이면서 사명이어야 하는 거지요. 함석헌식으로 말하자면 전체 속에서 내 존재의 뜻을 자각하고 세우는 것이 철학이고 세계관이고 또 참된 지혜입니다. 이를 위해 밖으로는 전체를 알고 안으로는 나를 돌아보는 것이 필요한 거지요. 그런데 그게 쉬운 일은 아니잖아요. 하지만 아무리 어려운 일이더라도 그런 지혜가 없으면 안되는 것이, 그런 지혜가 없을 때 인간의 삶은 지도도 나침반도, 아니 다른 무엇보다 가야 할 목표조차 없이 한바다에서 표류하는 배와 같기 때문이에요. 이런 경우 우리가 그때그때 닥쳐오는 파도를 피하면서 간신히 시류를 헤쳐 나갈 수는 있겠지만, 스스로 갈 곳을 알지 못하는데 어디에 가닿을 수 있겠어요? 오직 전체에 대한 전망과 삶의 목표를 분명하게 정립한 정신만이 방랑 속에서도 방향을 잃지 않을 수 있는 거지요. 이처럼 진정한 의미의 철학을 가진 사람은 변화하는 역사 속에서 자기 자신 역시 변할 수 있지만, 그 변화는 퇴보와 변절이 아니라 성숙일 거예요. 그런데 우리에겐 어느 세대든 전체로서 그런 철학이 없었어요. 세계에 대한 전망도, 나아가야 할 역사의 목표도 없이 부지런을 떨었으니, 피어린 투쟁을 통해 독재를 타도할 수는 있었어도 정말로 바람직한 나라를 세우는 데 이르지는 못한 거지요.

그런데 더 큰 문제는 이런 철학의 결핍을 스스로 자각하기 어렵다는 겁습니다. 철학 없이 사는 사람들이 스스로 그런 결핍을 느끼지 못하기 때문에 상황이 더 나빠지는 거죠.

최   그렇게 결핍을 자각하지 못하는 까닭은 무엇입니까?

김   철학은 없는데, 세계관도 지혜도 없는데, 부질없이 지식이 너무 많기 때문입니다. 아는 것이 많아요. 그러니까 그게 철학인 줄 알고, 그게 지혜인 줄 착각합니다. 그런 의미에서 처음에 최 선생이 말했던 것, 우리 세대가 생각이 없어서 걱정이라는 말이 희망이라는 겁니다. 그걸 자각해야 사람이 진짜 철학과 지혜를 찾게 됩니다.

김일성과 마르크스

최   1970년대는 그렇다 치고 1980년대 상황은 어땠습니까? 그때도 비슷하게 철학이 없었나요?

김   앞서도 말했듯이, 1980년대는 사회주의의 시대였습니다. 그 갈래가 둘이었는데, 하나가 김일성주의였고, 다른 하나가 마르크스-레닌주의였습니다. 그런데 둘 다 한국 사회를 적극적으로 형성하는 데 실패했다는 것은 현실이 말해주고 있으니까 제가 굳이 강조하지 않아도 되겠지요. 생각하면 19세기 유럽 사회를 대상으로 전개된 마르크스의 이론이 지금 우리 시대의 한국 사회에 그대로 적용될 수 없다는 건 너무도 당연한 일입니다. 마르크스가 자본주의를 아무리 비판했다 하더라도 그것을 과학적으로 분석할 수 있었던 까닭은 자본주의가 합리적 구조 속에서 움직이기 때문입니다. 다시 말해 악에도 합법칙성과 합리적 구조가 있기 때문에 그것을 분석하는 것이 가능한 거지요. 하지만 한국 사회에 설령 악하더라도 사회를 움직이는 그런 구조적 합리성이라는 게 있습니까? 박근혜와 최순실이 보여주듯이 오직 종잡을 수 없는 천한 욕망만이 지배하는 나라에서? 그래서 우리에겐 그들과는 좀 다른 자기인식의 틀이 필요한데, 그 시절엔 그런 자각이 없었지요.

최   김일성은 어떻습니까?

김   저는 김일성이 1950년대부터 자주성과 주체성을 강조한 것을 높이 평가합니다. 그것이 지금까지도 반(半)식민지 상태에 머물러 있는 남한 사회와의 대립 구도에서 북한 체제를 지탱하는 근원적인 토대겠지요. 그런 점에서 저는 남한 사회에서 북한에 동경을 품고 있는 사람들의 마음도 어느 정도 이해할 수 있습니다. 하지만 그 주체성이란 것이 홀로주체성이므로 우리가 그대로 받아들일 수 없는 것이지요. 수령이 혼자 주체이고 인민은 팔다리라는데, 내가 김일성의 팔다리가 될 수는 없는 것 아닙니까. 그게 사회주의라는 것도 우습고. 제 생각엔 마르크스부터 김일성까지 사회주의 이론가나 지도자를 자처한 사람들 가운데 한두 사람 빼고는 다 가짜입니다.

최   그게 누굽니까?

김   체 게바라처럼 권력을 포기하고 밀림에서 싸우다 세상을 떠난 사회주의자들 말고 권력을 행사했던 지도자들 가운데서 살펴보자면, 제가 아는 범위에서는 두 사람의 이름밖에 떠오르지 않습니다. 하나는 쿠바의 카스트로이고 다른 하나는 베트남의 호치민입니다. 그런데 카스트로는 저에겐 좀 멀리 있는 사람이라 딱히 할 말이 없지만, 베트남의 호치민 주석은 정말로 어떤 찬사로도 존경을 다 표현하기 어려운 인물입니다.

최   이유가 뭡니까?

김   철학자가 아니었기 때문이지요.

최   네? 무슨 뜻인지 이해하지 못했습니다.

김   우리가 지금 철학 얘기를 하고 있잖아요? 특히 사회주의 철학 말입니다.

최   네. 맞습니다.

김   그런데 사회주의 철학이 왜 문제인지 생각해본 적 있습니까?

최   예. 없지는 않지만 아직 확신할 만한 대답을 얻지는 못했습니다.

김   그럼 질문을 바꾸어볼게요. 현실 사회주의가 왜 몰락했다고 생각하세요?

최   보통, 일당독재 때문이라고 하지 않나요?

김   거기서 얘기를 풀어봅시다. 저는 그렇게 생각하지 않습니다.

최   일당독재 때문에 사회주의가 몰락한 것이 아니라는 말씀인가요? 그건 상식과 좀 동떨어진 말씀 같습니다만.

김   그 상식은 아마도 옛 소련의 경우엔 들어맞는 것처럼 보일지도 모르겠습니다. 그런데 중국이나 베트남을 보면 일당 지배 체제이기 때문에 사회주의가 몰락했다는 건 사실과 맞지 않는 이야기 아닙니까? 그 나라들은 일당 지배 체제를 취하고 있으면서도 큰 문제 없이 국가 체제를 유지하고 있으니까요. 그러니까 앞서 말한 상식은 일종의 오리엔탈리즘의 표현으로서, 사람들이 유럽의 사회주의 국가들이 현실 사회주의 국가의 전부라고 생각하고 아시아의 사회주의 국가의 실험은 무의미하다고 생각하기 때문에 생겨난 이론적인 착시일 뿐, 현실 자체와 합치하는 것은 아니라고 보아야지요.

예를 들어 미국의 민주당과 공화당이 단순히 다당제 내에서 국가권력을 두고 경쟁한다 한들 결과적으로 볼 때 그 두 정당의 분립이 미국 국민의 입장에서나 세계의 다른 나라 사람들의 입장에서 볼 때 무슨 대단한 차이가 있겠어요? 안으로는 공공적 의료보험 제도 하나 제대로 못 만들고 밖으로는 예나 지금이나 군산복합체 제국주의 국가이기는 마찬가지 아닙니까?

최 그래도 그렇게 정당이 분리되어 경쟁하니까 자유로운 토론이 가능한 것 아닙니까? 그리고 거기에 시민적인 자유도 존립하는 거라고 생각하는데요.

김 바로 그겁니다. 자유로운 토론은 일당제나 다당제냐 하는 문제와는 무관해요. 박근혜의 새누리당 내에 무슨 토론의 자유가 있었나요? 아니면 박근혜 정부 때 해산된 통진당 내에 토론의 자유가 있었을까요? 새누리당과 통진당 사이에 개방적이고 자유로운 토론이 없었던 것은 말할 필요도 없겠죠. 그러니까 생각의 자유, 또는 자유로운 토론이란 다당제냐 일당제냐 하는 것과 상관없는 문화의 문제예요.

이건 반대의 상황을 생각하면 더 분명한데, 중국 공산당이나 베트남 공산당처럼 하나의 단일 정당이 국가를 운영하더라도 단지 당이 하나이기 때문에 자유로운 토론이 불가능한 건 아니에요. 당연히 북한처럼 공산당 단일 정당 지배 아래 자유로운 토론이 허락되지 않을 뿐 아니라 통치 권력까지 세습되는 경우도 있지만, 반대로 베트남 공산당처럼 얼마든지 당 안팎에서 나랏일에 대한 민주적인 토론이 가능하고 또 권력 교체가 제도화된 사회주의 국가도 있거든요. 그러니까 중국이나 베트남에서 하나의 당이 나라를 통치한다 해서 그걸 옛 소련 스탈린의 독재나 북한의 김일성 집안의 세습 독재와 그대로 동일시할 수는 없는 거죠.

최　그렇군요. 민주적 토론이 일당제, 다당제와 논리적으로 별개의 문제라는 건 이해하겠습니다. 그런데 이게 철학과 무슨 상관입니까? 그리고 호치민도 꽤 오랫동안 국가의 최고 권력을 행사하지 않았던가요?

김　호치민은 1945년 베트남이 건국된 후 1969년 사망할 때까지 국가주석, 우리로 치면 대통령이었습니다. 그러니까 24년 동안 베트남 최고의 권력자였지요. 그러니까 이것만 보자면 그 24년 동안 베트남은 일당독재인 동시에 1인 지배 체제였다고 말할 수 있습니다. 하지만 이런 단일 지배 체제에도 불구하고 호치민의 베트남은 스탈린 치하의 소련이나 김일성 가문이 지배하는 북한 같은 야만적 전체주의에 빠져들지는 않았습니다.

최　그 비결이 무엇이었습니까?

김　여러 가지 이유가 있겠지만 제가 보기에 가장 중요한 건, 생각이 다르다고 해서 사람을 박해하지 않는 거예요. 함석헌이 그랬죠. "민중은 생각이 다르다고 해서 사람을 버리지 않는다"라고. "생각이 다르다고 사람을 죽이고 박해하는 건 언제나 배운 놈들 짓이라"라고. 사실 내 생각도 어제 다르고 오늘 다르잖아요. 그런데 남이 나와 생각이 다르다고 미워하거나 박해하는 게 얼마나 우스운 일이에요? 자기 생각도 자기가 책임지지 못하는데. 또 오늘은 내 생각이 맞을 수도 있지만 내일은 내 생각이 틀리고 남의 생각이 맞을 수도 있는 거고. 그런데 나하고 생각이 다르다고 남을 배제하기 시작하면 마지막에 누가 자기 주변에 남아 있겠어요? 지금 박근혜처럼 김무성부터 유승민까지 다 배신자라고 몰아내고 나면 최순실처럼 통장을 같이 쓰는 사람 정도만 남겠죠.

그런데 베트남 사람들도 배울 만큼 배운 사람들이에요. 봉건 왕조 때는 중국 문화와 인도 문화를 골고루 받아들였고, 근대에 들어서는 우리보다 서양 문물을 먼저 접했던 나라지요. 당연히 온갖 다양한 생각의 갈래들이 서로 대립하지 않았겠어요? 호치민 역시 여러 나라 말을 자유로이 구사했던 당대 최고 수준의 지식인이었어요. 그런 만큼 자기의 입장과 생각이 있었겠죠. 하지만 자기와 생각이 다르다고 사람을 박해하지는 않았어요. 저는 그게 베트남 사람들이 그렇게 열악한 상황에서 한 번은 프랑스, 한 번은 미국과 한국을 포함한 수십 개 국가의 침략 전쟁에 맞서 끝내 전쟁에서 이길 수 있었던 가장 중요한 원인이었다고 생각해요.

그런데 생각이 다르다고 사람을 박해하거나 죽이지 않기 위해서는 반드시 전제되어야 할 조건들이 있는데 그 가운데서도 가장 중요한 것이, 어떤 생각도 특권화, 또는 비슷한 말이지만 권력화되지 않아야 한다는 거예요. 그런데 하나의 당 그리고 한 사람이 24년을 통치한 나라에서 어떤 생각도 특권화되지 않으려면 어떻게 해야겠어요?

최　글쎄요.

김　권력자가 철학자가 되지 않아야 되는 거지요. 플라톤식으로 말해 왕이 철학자가 되지 말아야 하는 거예요. 사실 그 점에서 플라톤은 틀렸어요. 레닌도, 스탈린도, 마오쩌둥도 김일성도 다 자칭 철학자들이었잖아요. 철학자 왕들이었죠. 그리고 그 때문에 망한 거예요. 호치민은 그걸 알았던 사람이에요. 거기 그의 위대함이 있어요. 한번은 외국에서 온 손님 하나가 호치민에게 물었답니다. 왜 당신은 철학을 하지 않느냐고. 그러자 호치민이 웃으며 그랬답니다. 철학은 마오 주석이 다 했으니까 굳이 자기까지 할 필요는 없을 거라고.

새로운 철학에 대한 요청

최 　철학이 권력이 되어서는 안 된다거나 권력자가 철학을 독점해서는 안 된다는 말은 이해할 수도 있고, 또 얼마든지 동의할 수도 있겠습니다만, 남는 의문이 있습니다. 선생님 비유를 사용해서, 만약 철학이 새로운 세계를 형성할 설계도라면 그 설계도는 하나로 명확하게 정해져 있어야 하는 것 아닙니까? 내가 집을 짓는데 설계도가 여러 개일 수는 없는 것일 테니까요. 그런 의미에서 보자면 철학이 현실화된다는 건 그것이 권력화된다는 것과 일맥상통하는 것이 아닌가 하는 생각이 들고, 1980년대 운동권에서 유행했던 마르크스-레닌주의나 김일성주의가 특권화되어 신성불가침의 교리나 일종의 고정된 매뉴얼처럼 받아들여진 것도 어쩌면 불가피한 일이 아니었을까 하는 의문이 듭니다. 제가 1980년대 이후에 태어난 세대라서 조심스럽기는 합니다만, 1980년대에 어떤 의미에서는 그렇게 교조적인 철학이 많은 사람들에게 공유되어 있었기 때문에 1987년의 역사를 이룰 수 있었던 것이 아닐까요?

　그런데 그에 비하면 지금 우리 시대 또는 우리 세대가 처해 있는 지적 상황은 가히 무정부적이라 불러도 좋을 만큼 아무런 중심도 일관성도 없는 혼돈 속에 있고, 이런 상황에서 우리들 한국인이 어떤 공통의 이념이나 척도에 따라 새로운 나라를 형성하는 건 불가능한 일이라 생각됩니다. 선생님이 계속 철학의 중요성을 말씀해오신 것도 같은 이유 때문이라고 저는 이해하고 있었는데, 그러니까 우리가 새로운 나라를 형성하려면 플라톤이 꿈꾸었던 철학자 왕과 비슷하게 스탈린 또는 김일성처럼 권력자 개인이 철학자가 되지는 않는다 하더라도, 최소한 어떤 하나의 철학이 특권화되어야 하는 것 아닙니까?

김 　무슨 말인지 충분히 이해하겠습니다만, 특권화라는 표현은 적절하지 않습니다.

최 　뭐라고 표현하든지 간에, 우리가 공유할 수 있는 공통의 세계관은 필요한 것이 아닌가요? 그것이 특권화되어서는 안 되지만, 그럼에도 불구하고 어떤 공통적인 생각의 지평이 되어야 한다면 그런 철학을 가리켜 뭐라고 부르면 좋겠습니까?

　김　철학이 특권화되면 안 된다는 말은, 다른 무엇보다 그것이 권력과 결합해서는 안 된다는 것, 또는 위로부터 강요되어서는 안 된다는 뜻이겠지요. 더 나아가 어떤 철학에 대한 해석이 독점되어서도 안 된다는 말이고요. 이 점에서 현실 사회주의는 물론 넓은 의미에서 마르크스 이후의 공산주의 철학이 잘못되었다고 저는 생각하고 있습니다. 철학이 권력과 결합했을 뿐만 아니라 해석까지도 권력이 독점했으니까요. 그러니까 각 시대와 나라에 따라 무언가 공유된 철학이 필요하겠지만, 그것은 국가권력에 의해 위로부터 강요되어서는 안 되고 오직 아래로부터의 자발적 동의에 의해 정립되어야 하는 거지요.

　최　그 말씀은 우리가 공유할 철학이 일종의 집단 지성에 의해 공동으로 창조되어야 한다는 뜻입니까?

　김　그렇기도 하고 아니기도 하겠지요. 철학을 여럿이 모여 물건을 만들 듯이 조립해서 만들 수 있는 것이 아니라는 점에서 보자면, 집단 지성의 공동 창작이란 말은 그다지 적절한 말은 아니겠지요. 여기서 제가 오해를 피하기 위해 말해두고 싶은 것이 있는데, 우리가 새로운 시대의 형성을 집을 짓는 일에 비유하면서 철학이 설계도와 같다는 말을 했습니다만, 이걸 곧이곧대로 받아들이면 안 됩니다. 집의 설계도는 하나뿐이지만, 철학은 어떤 시대에도 하나일 수는 없습니다. 그리고 더 나아가 철학을 건축술에 비유하는 것은 사실 편리한 비유이기는 하지만 옳지는 않습니다. 더 나아가 철학을 데카르트처럼 나무에 비유하거나, 현대의 프랑스 철학에서처럼 리좀 어쩌고 하면서 식물에 비유하는 것도 옳지 않습니다.

　최　그렇다면 철학은 무엇에 비유할 수 있습니까?

　김　철학은 길입니다. 만남의 길이지요. 집을 짓기 위해서는 하나의 설계도가 있을 뿐이지만, 길은 하나뿐이어야 할 필요가 없습니다. 왜냐하면 다양한 종류의 만남이 가능할 테니까요. 저도 우리가 주체적인 철학 없이 살아온 것에 대해 심각한 문제의식을 가지고 있습니다만, 그렇다고 해서 주체적인 철학을 추구하는 것이 북한처럼 유일한 철학을 추구하는 것은 아닙니다. 철학은 길인데, 철학의 길은 어떤 경우에도 혼자 만들지는 못합니다. 그것은 만남을 나 혼자 이룰 수 없는 것과 같습니다. 내가 너를 향해 길을 열어 나아가는 것과 마찬가지로 네가 나를 향해 나아올 때, 비로소 길은 열리는 것이지요. 저는 철학이 그런 의미에서 만남의 길을 열어 나가는 활동이라 생각합니다.

그리고 그런 한에서 어떤 철학도 홀로주체의 고립된 노동 속에서 완성될 수는 없습니다. 고립된 주체의 독백처럼 보이는 말도 그 시원에서 보면 시대의 물음에 대한 응답이 아니겠습니까? 하지만 철학이 응답으로서 제출되는 순간, 그것은 동시에 시대를 향한 부름이 되는 거지요. 그리고 그 부름에 다시 응답하는 목소리가 있을 때, 그 철학은 비로소 공공적인 생명력을 가지는 것입니다. 그런 물음과 대답 그리고 부름과 응답 속에서 비로소 철학의 길은 사방으로 열리는 것이지요. 그리고 길은 늘 새롭게 열릴 수 있으니까, 어떤 길도 유일한 길일 수 없고 최종적인 길일 수도 없습니다. 다만 그렇게 열리는 많은 길들 중에서도 보다 많은 사람들이 오가는 길이 어떤 시대의 흐름이 될 수는 있겠지요. 하지만 누가 이 길만 걸어야 한다고 강요할 수 있겠어요? 우리는 다만 보다 많은 사람이 걸을 수 있는 길을 더불어 열어갈 수 있을 뿐이지요. 시대의 물음에 응답하는 목소리와 그 응답을 새로운 부름으로 듣고 응답하는 목소리들이 모여 거대한 함성이 될 때, 우리에게도 새로운 정신의 역사가 시작될 겁니다. 아니 사실은 이미 시작된 것이라고 해야지요. 함석헌이 말했듯이 역사는 이어감으로써만 역사로 일어나는데, 이미 우리가 앞선 세대의 정신을 이어가고 있으니까요.

최   동학도 이어가고, 함석헌도 이어간다는 말씀이시죠?

김   3·1운동의 정신도, 5·18의 정신도 이어가고 있으니까요.

최   그렇게 세월호도 이어가야지요?

김   네. 여러분들이 끝내 통일의 항구에 닿을 때까지.